关于朝辉（私募）投资管理机构

朝辉（私募）投资管理机构由国内顶级操盘大师伍朝辉先生于1999年在广州发起创立，是一个纯民间私募投资理财组织。朝辉（私募）投资管理机构主要为内部会员提供个性化投资决策、全权委托理财服务，并由伍朝辉先生直接负责指挥操盘。

机构自创立以来，与国内多家证券公司、投资机构均有不同深度的合作，如广发证券、中投证券、联合证券、湘财证券、大鹏证券、光大证券等；近10年来，组织大量资金跟进每波主流行情，内部会员获利极为丰厚。仅2005年以来，内部钻石会员的平均收益率达到468%！白金会员的平均收益率达到300%以上！普通会员平均收益率达到190%以上（普通会员以随机调查取样统计结果）。以2006年12月11日入会的钻石会员邓先生为例：入市资金为132万元，截止2007年12月，资产总额已经达到1595万元，收益率超过10倍！

朝辉（私募）投资管理机构经过10多年的发展，由最初仅1800万元启动资金5个钻石会员客户，到如今，已经拥有200亿以上资金总量，并在全国20个省80多个城市100余家证券公司拥有会员交易账户，从而成为华南地区特大型民间私募组织之一。

特大型私募机构职业操盘手培训教程

《中国证券职业操盘培训教程》系列丛书

道破涨停天机

伍朝辉 著

彩图版

（上册）

必将为你带来终生财富的工具书

廣東省出版集團
广东经济出版社
·广州·

图书在版编目（CIP）数据

道破涨停天机：彩图版. 上册 / 伍朝辉著. —广州：广东经济出版社，2013.3
（《中国证券职业操盘培训教程》系列丛书）
ISBN 978－7－5454－2158－3

Ⅰ.①道… Ⅱ.①伍… Ⅲ①股票交易—基本知识 Ⅳ.①F830.91

中国版本图书馆 CIP 数据核字（2013）第 041672 号

出版发行	广东经济出版社（广州市环市东路水荫路 11 号 11～12 楼）
经销	全国新华书店
印刷	佛山市浩文彩色印刷有限公司（南海狮山科技工业园 A 区）
开本	787 毫米×1092 毫米 1/16
印张	16 2 插页
字数	175 000 字
版次	2013 年 3 月第 1 版
印次	2013 年 3 月第 1 次
印数	1～10 000 册
书号	ISBN 978－7－5454－2158－3
定价	80.00 元

如发现印装质量问题，影响阅读，请与承印厂联系调换。
发行部地址：广州市环市东路水荫路 11 号 11 楼
电话：（020）38306055 38306107 邮政编码：510075
邮购地址：广州市环市东路水荫路 11 号 11 楼
电话：（020）37601950 营销网址：**http://www.gebook.com**
广东经济出版社新浪官方微博：**http://e.weibo.com/gebook**
广东经济出版社常年法律顾问：何剑桥律师

《中国证券职业操盘培训教程》策划手记

《中国证券职业操盘培训教程》系列丛书是我国第一套以证券职业操盘技术为基础、以提高普通投资者投资技能为手段、以规避投资风险为要领、以创造神奇绩效为目的的系统性专业化培训教材。它将开创我国首次将证券职业操盘技术作为一门学科进行理论化研究应用的先例。《中国证券职业操盘培训教程》全套教材设想共分为 10 大系列 80 分册，合计超过 1680 余万字数，超过 18880 幅股票实战图谱，全部按照职业化、系统化、细节化、工具化和模块化的思路来架构，并本着简洁明了、通俗易懂的行文方式来写作。力求做到简明实用、针对性强，以便对投资者有切实的帮助，进而达到职业操盘手的专业水准。

一、《中国证券职业操盘培训教程》系列丛书的显著特色

本套教材具有系统化、模块化、工具化、细节化和职业化等特色。所谓系统化，是指教材根据股市投资操盘技术的各个方面进行系统化分类展开创作和出版。所谓模块化，是指教材的行文格式全面采用图文结构的模块思路。所谓工具化，是指教材的用途力求做到成为中小投资者的操盘技术指导工具。所谓细节化，是指教材根据系统化分类原则，对各个操盘技术分别进行细节性描述，力求精练易懂易学实用。所谓职业化，是指教材突出职业化培训特色，打造职业化投资者队伍，培养投资者的职业素质。

二、《中国证券职业操盘培训教程》系列丛书的发展目标

我们策划出版这套丛书，希望能够成为我国第一套基于中小投资者职业技能与素质教育的培训教材。希望能够获得政府机关、监管部门、行业机构和广大中小投资者一致认可。希望能够成为机构投资者首选职业技能培训教材。而且希望能够争取发行量达到100万套以上。这是我们的追求，这是我们的宏愿，希望能够得到广大朋友们的鼎力支持。

三、《中国证券职业操盘培训教程》系列丛书的出版计划

《中国证券职业操盘培训教程》系列丛书全套教材共80册，每册约20万字和240幅实战图谱，总字数为1600万，共19320幅图谱左右。本教材计划分为10辑，第1辑为入门知识篇，共12册，计划于2012年12月创作完毕并交稿，并于2013年12月出版完毕。以后每年出版一批，力争在10年内完成所有工作。

四、《中国证券职业操盘培训教程》系列丛书的写作规划

《中国证券职业操盘培训教程》系列丛书规模宏大，册数众多，按照规划，将首先出版最基础的入门教程，分别涵盖盘口技术、短线技术、涨停技术、趋势技术、K线技术和选股技术几个方面，这部分内容是最重要的基础知识，将在《道破股市天机》系列丛书的基础上修订，并于2013年完成所有工作。这是第一辑。接下来，还将出版的教材详细计划参见下边的表格所示，这里列举一个例子，供大家参考。例如盘口波形就包括以下内容：

序号	核心教程	内容方案
第1册	试盘波	技术理论、图谱讲解、实战案例
第2册	冲击波	技术理论、图谱讲解、实战案例
第3册	攻击波	技术理论、图谱讲解、实战案例
第4册	回头波	技术理论、图谱讲解、实战案例
第5册	脉冲波	技术理论、图谱讲解、实战案例
第6册	蚯蚓波	技术理论、图谱讲解、实战案例
第7册	震仓波	技术理论、图谱讲解、实战案例
第8册	假升波	技术理论、图谱讲解、实战案例
第9册	瀑布波	技术理论、图谱讲解、实战案例
第10册	跌停波	技术理论、图谱讲解、实战案例

等等，因为内容众多，限于篇幅，不作一一列举，敬请谅解。

《中国证券职业操盘培训教程》系列丛书全套教材通过模块化、工具化、细节化、职业化和系统化的教学程序，让所有的读者得到更全面的指导和更加系统化的职业教育。

《中国证券职业操盘培训教程》系列丛书作为操盘学研究会在新的市场背景下对中国股市作出的重要贡献，同时，也是为我们的机构即将到来的阳光化建立良好的品牌形象。

《中国证券职业操盘培训教程》系列丛书将由操盘学研究会管理人伍朝辉先生授权广东经济出版社独家出版发行，是广东经济出版社在中国证券市场新的发展时期的经典之作。《中国证券职业操盘培训教程》系列丛书既是对中国证券界的杰出奉献，更是里程碑之作。它将标志着我国股民在接受职业化、专业化、系统化投资教育方面步入了一个崭新的时期。因为这套教材的出版问世，将极大地提高普通投资者在中国股市的实战投资技能和抗风险能力，这对我国股市任重道远的风险投资教育而言，起到了一个巨大的推动作用。

《道破涨停天机》彩图版前言

2008 年元月，广州的天气已经进入寒冬。在本书第一版即将杀青之时，深沪两市指数已经经历了连续三天的大跌，和这个寒冬一样，市场的空气也同样冰冷的令人心寒。上证指数从 4800 点的底部反转以来，好不容易攀上 5500 点，却连续三天再次暴跌至 5100 点，很多股票突然从上升通道之中迅速转入阶段性大调整状态。前几日还在兴高采烈的股民朋友瞬间进入套牢的煎熬之中。

股市往往就是这样不近人情，其残酷性不亚于在战场上真刀真枪的流血厮杀。同时，在这样的市场里面，我们也深刻体会到个人力量的缈小，是如此的不堪一击。如何才能规避如此残酷的市场风险？光靠风险教育喊几句口号显然是不行的！股民朋友必须要学会自保。而自保的最佳方式不是去依赖某些所谓的理财组织，也不是膜拜我伍朝辉，而是必须加强学习，学习买卖法则和操盘技术，这才是自保的根本出路。尤其是对于职业投资者和职业操盘手而言，学习操盘技术更是自古华山一条路，除此之外没有第二种选择！

《道破涨停天机》是一本介绍如何买卖涨停黑马股票的操盘指导工具书，本书主要告诉投资者和职业操盘手什么样的涨停板是买入信号，而什么样的涨停板是卖出信号。全书将涨停板按时间段的先后顺序来进行强弱特征的划分，直接指导社会大众投资者和广大职业操盘手正确识别各种不同涨停板所蕴含的盘口技术特征，指明主力的操盘意图，并由此而作出正确的买卖决策，做出正确的交易行为。

可以这样说，涨停买入技术在所有操盘技术中是一门难度最高而获利最有保障的技术。难度最高是指投资者可能很难把握和判断主力的涨停真伪，一招不慎，就会遭主力高位套牢。因此，历来大部分操盘手、分析师均不建议投资者追涨停买入。而获利最有保障则是指凡是敢于涨停的股票均是极端财富的极端体现，只有最为强悍的主力才能、才敢、才会操作目标股票的涨停。因此，往往一个涨停板形成之后，随之而来的，则是代表了股价在一个阶段的运行趋势。所以，涨停的买入信号在所有操盘技术中是最高最强的。

本书是《道破涨停天机》第一版的修订版，除了保持原书的精华部分之外，根据培训的需要，增加了大量新的内容，并且结合实战需要更新了所有培训课件案例。特地说明。

在学习和使用本书的过程中，如果遇到什么问题，可以联系操盘学院，寻求援助。读者交流园地 QQ 群号码是 114991640，业务邮箱是 caopanxue@ qq. com。

目　录

第一章

黑马多从涨停出

职业操盘培训要点：

（一）了解和掌握主力资金的操盘思路。

（二）了解和掌握涨停在操盘技术中的地位和作用。

（三）了解和掌握涨停主要的技术表现形式。

（四）了解和掌握涨停在盘口的表现形式。

（五）了解和掌握涨停牛股在时间和空间的表现形式。

第一节　关于主力资金

每一只黑马股票的涨停都有其一定的内在因素，这些内在因素包括主力资金、技术形态、盈利能力和宏观利好等，通过这些内在因素由此而构成了黑马股票持续涨停、甚至翻倍的大牛股基础条件。由于中小投资者在获取上市公司信息以及宏观政策方面的信息手段要比机构投资者落后一步甚至好几步，因此，基本面的信息将不作为本书的重要分析内容。在本章节中，笔者着重介绍涨停黑马在主力资金和技术形态层面的持续上涨基础，因为，这是中小投资者能够把握的、也是最容易把握和控制的投资先决条件。

涨停黑马的主力资金通常分为两大部分，一是长庄控盘的老主力，一是新进的机构主力（或为游资，如宁波涨停板敢死队之类等）。按投资阵营划分，可以分为国家正规军和民间生力军，这两大阵营具体包括如下：

一、国家正规军

国家正规军包括以下这些机构：

（一）开放式基金或封闭式基金。

（二）社保基金。

（三）QFII。

（四）商业银行。

（五）证券公司。

（六）上市公司。

（七）信托投资公司。

（八）其他国有性质的资金。

经过我们团队多年来的观察、分析和研究，可以得知上述八大主力机构构成了目前在中国股市最活跃的国家正规军阵营。（注：由于 QFII 目前是通过与中资机构的合作形式进入中国股市的，因此，笔者在此将他们也划入国家正规军阵营。）

二、民间生力军

民间生力军包括以下这些资金：

（一）私募基金。

（二）商业公司。

（三）地下钱庄。

（四）个人大户。

（五）各类非官方性质的游资。

上述五大主力资金构成了目前在中国股市最活跃的民间生力军阵营。这里面需要指出的是，随着国家法律法规的健全，私募基金正在走向阳光化、合法化。而商业公司、地下钱庄、个人大户以及各类非官方性质的游资则是目前股市经常出现的短线炒作部队。他们来无影去无踪，作战速度快捷，通常出击局部热点，获取短期利益。这些资金具有短线庄家的特点，同时具有游资的特点。比如最典型的例子就是在2002－2005年间，宁波涨停板敢死队风光一时，给股市投资者留下极为深刻的印象。在股市调整市态中，这类资金通常在市场中兴风作浪，引起广大股民的跟风热情，造成市场短暂的快感。

前面分析的两大主力资金从历年参与股市各阶段的行情作战特点来看，国家正规军阵营惯于大规模的集团作战与阵地作战形式，注重阶段性牛市行情节奏的把握；而民间生力军阵营则习惯于运动战与游击战之类的作战形式，在阶段性熊市调整初期与平衡震荡市况中经常出击局部热点，操作手段灵活多变，速度快捷。当然，在阶段性的牛市行情中，民间生力军也是集团作战与阵地作战的重要参与者。

主力资金在市场上行动，由于操盘计划与操盘目的的需要，往往会在进驻的目标股票K线图上留下操盘的痕迹，这些痕迹构成主力操盘的性格与操盘特征。对于一只涨停的股票而言，主力资金通常会在这只股票身上产生两个明显的结果：其一是量，其二是价。

先说量。无论成交量突然放大还是缩小，这都是主力资金操盘的结果。放量涨停，说明主力大资金大规模进入主动性攻击；缩量涨停，说明主力已经高度控盘或用大资金直接在集合竞价时封住涨停板不让跟风盘有抢筹的机会。这两种行为都暴露了主力操盘的坚定决心和强大周密严谨的投资计划。如图例001与图例002所示：

【道破涨停天机】实战图谱001

如图例001所示，2006年12月18日600784鲁银投资早盘突然高开，放巨量攻击。第一时间段股价在盘中快速回调，但未跌穿昨收盘价。实现震仓之后，主力以二波涨停操盘手法于第二时间段突击性实现涨停。在突击推高的过程中，主力不

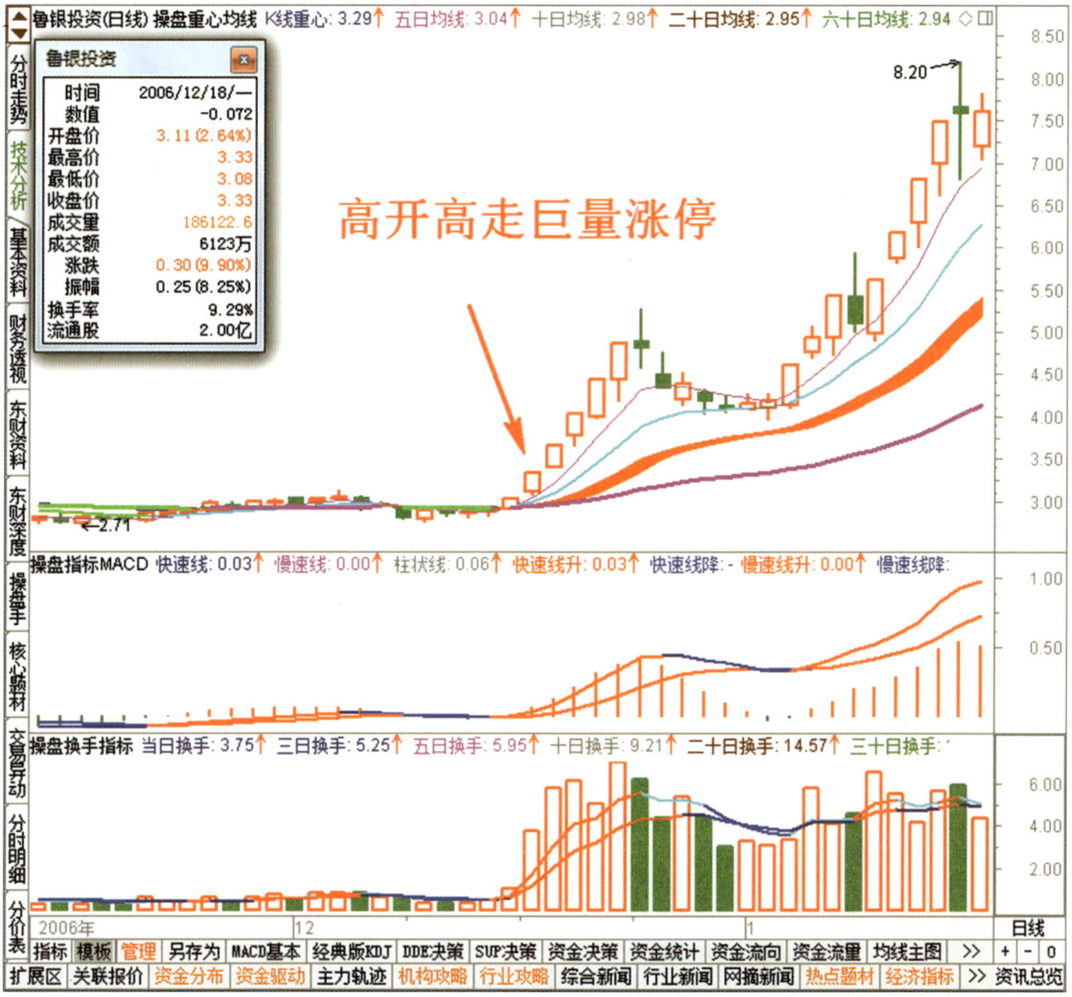

图例 001 鲁银投资（600784）日 K 线走势图谱

断投入巨资进场扫货，兀现巨大的做盘决心。股价封停后，主力为实现快速建仓的目的，在涨停板位置以开板诱空手法，诱使投资者在盘中筹码抛出。

【道破涨停天机】实战图谱 002

在图例 002 中，我们可以发现，主力在盘中有三次缺口式开板动作。第一次和第二次均发生在第二时间段，主力封住涨停之后的 20 分钟内，做出一幅上档抛压沉重的样子，盘中开板。第一次开板被勉强封停后，不到 10 分钟左右，涨停又再度被打开，此时盘中散户不明就里，开始出现筹码松动的迹象。然而，出于做盘的需要，主力仍然很快地再次封住涨停板。此时，盘中成交量迅速萎缩，市场一致

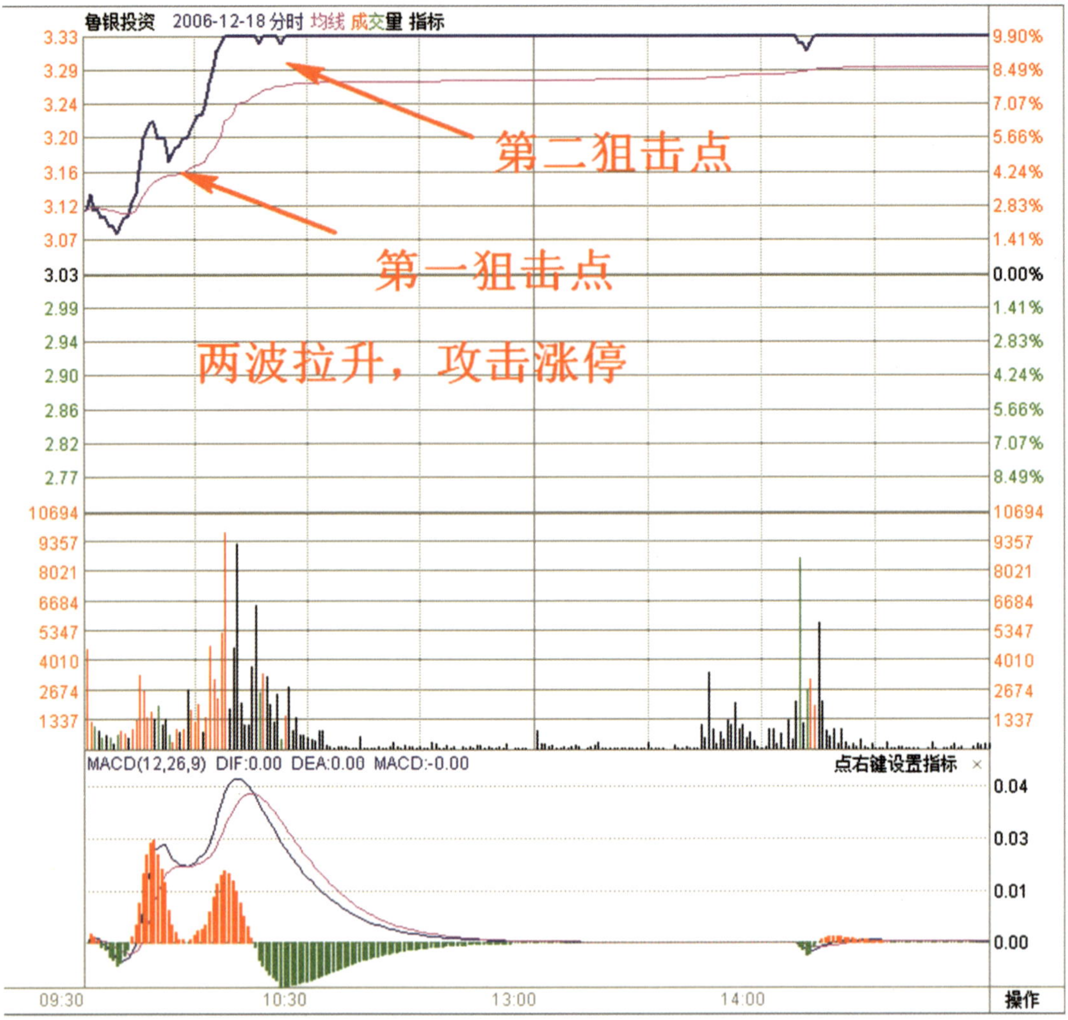

图例 002　鲁银投资（600784）盘口分时走势图谱

看高。

至下午第五时间段，随着大盘在冲高回调之后突然出现向下打压的走势。主力借题发挥，趁机实现第三次涨停开板。此次开板，股价回调缺口较深，和前再次相比，诱空力度较大。此时，盘中明显可见有巨量抛盘涌出，场中散户随着大盘的回落以为行情结束，均恐慌性出局。主力则大单扫货，很快在 10 分钟内再次封住涨停。本次封停后，盘中成交再度萎缩，主力基本实现了对不坚定筹码的清洗，达到了突击拔高建仓的目的。

主力在当日盘中的操盘手法与行为，均是事前周密策划的结果。这是主力操盘计划中最核心的组成部分。预计这一手段还将在后续出货的行情中不断重复实施，以迷惑技术派的短线和中线跟风者。按照先见量后见价的操盘原则，后市股价突破前高 3.52 元已经不在话下了。以主力当天的操盘手法而言，闪电式战法将是主力第一阶段操盘的主要作战计划。

再说价。股价在涨停时造成巨大的明星效应，价格的突然变化，让股票有脱胎换骨的感觉。量是行为，价是结果。由于主力资金大量进入的杰出操盘行为，从而造成目标股票股价的质变结果。对主力而言，目标股票涨停板也许就是原先操盘计划中的意图之一。

如图例 003 所示：

【道破涨停天机】实战图谱 003

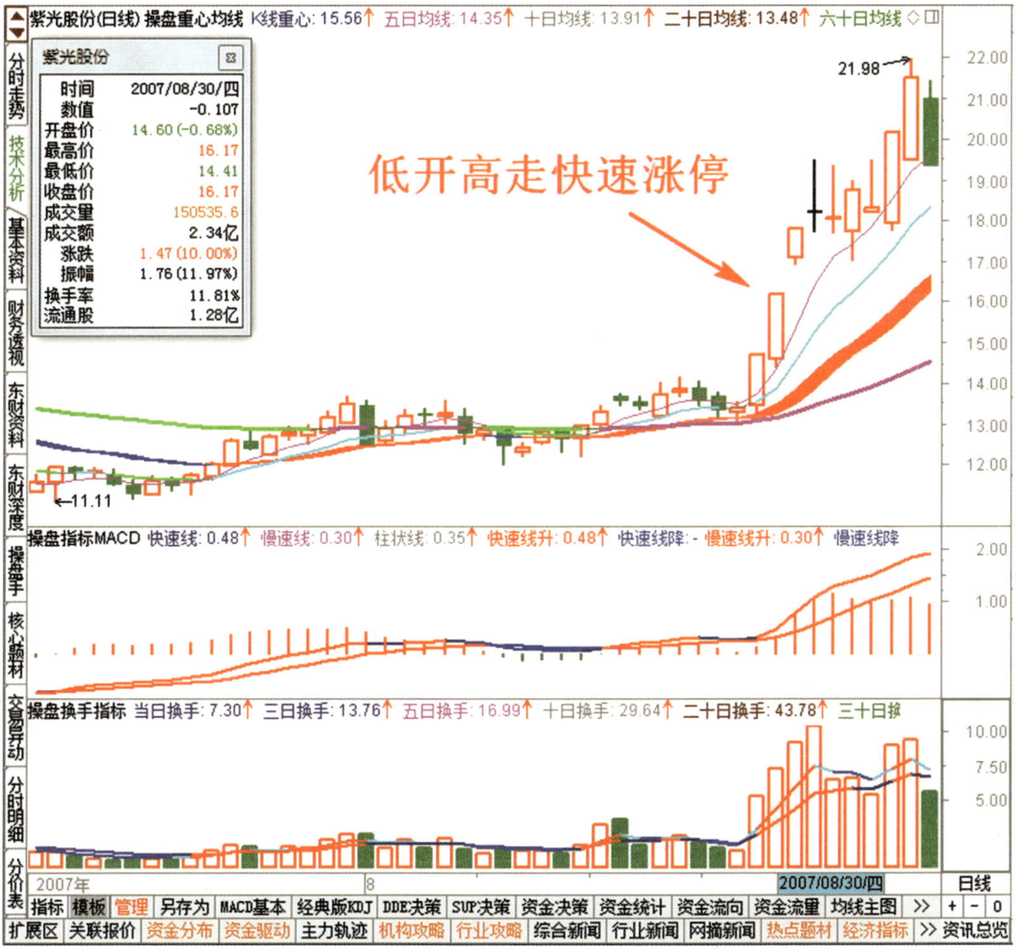

图例 003　紫光股份（000938）日 K 线走势图谱

【道破涨停天机】实战图谱 004

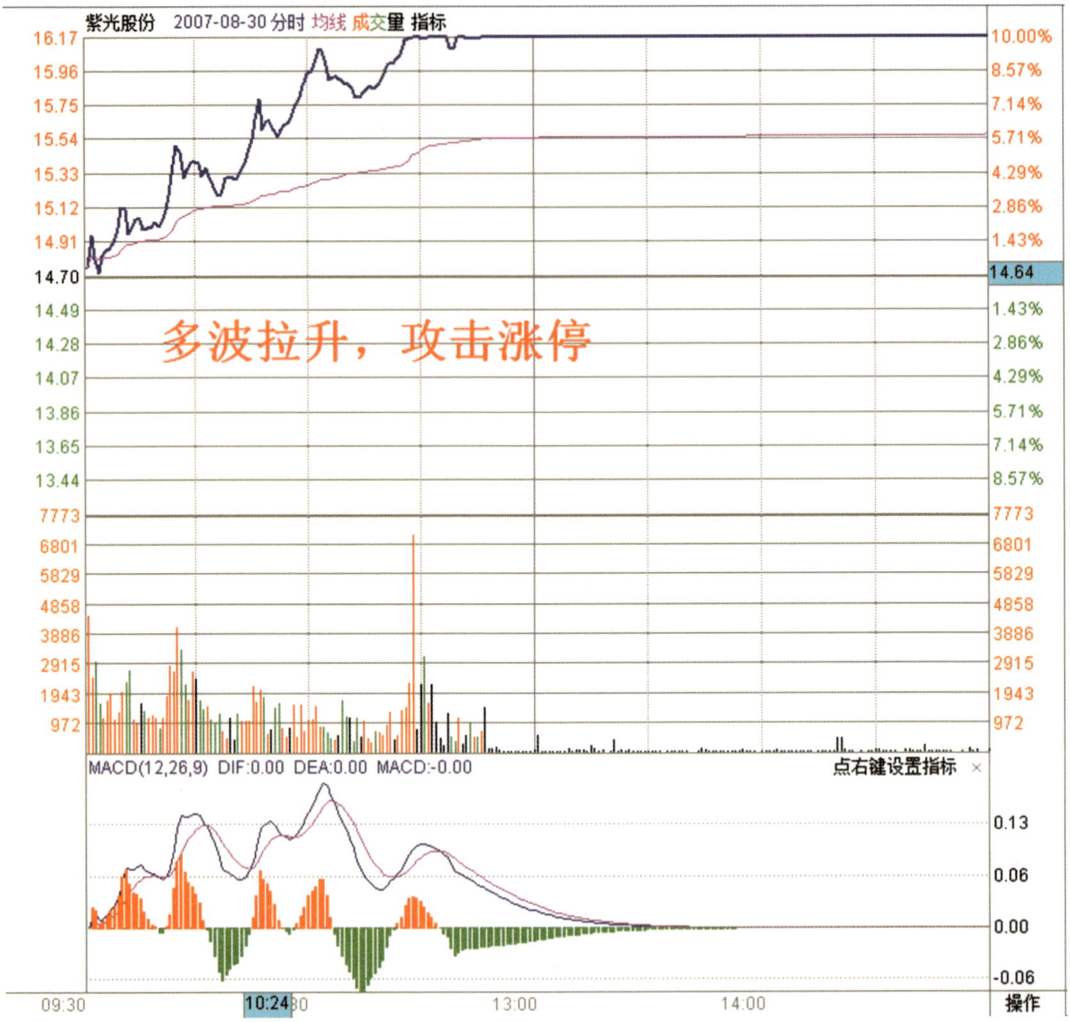

图例 004 紫光股份（000938）全天盘口即时走势图谱

第二节 关于技术形态

完美的技术形态是涨停黑马最重要的基础条件之一。股票在下跌初始阶段和中继阶段的技术形态是不备短线黑马特征的。每只黑马股票就像一个性感美人，必须天生丽质，具备内在气质，要让人觉得多长一分嫌胖，少生一分嫌瘦。因此，股票技术形态就起着这样一个“天生丽质”的作用。可以这样讲，绝大部分股票的技术形态均是主力资金操盘运作的结果！业内朋友则通常称之为“画线”。一只黑马股票的诞生全过程无外乎经过这样几个过程，即：

- 吸筹阶段；
- 上涨阶段；
- 上涨中继阶段；
- 盘头阶段；
- 下跌阶段；
- 下跌中继阶段；
- 筑底阶段。

从波浪理论的角度来看，则是上升五浪、下跌五浪和底部盘整状态三种结构。

主力资金进入一只目标股票时，在底部的吸筹阶段通常会出现成交量规则或不规则性放大的特征。股价均有间歇性小幅试盘动作造成的形态变化。反映在即时图的动态盘中，则有密集的冲击波形出现。另外，譬如股价不断来回在 20 日均线附近运动，股价高低点规则性出现，K 线形态出现明显的组合性特征，指标系统开始出现有规律性变化，等等。这些都是主力资金在盘中控制量价涨跌节奏变化的操盘结果。

下面我们来看看，股票在吸筹阶段的涨停技术特征图谱，如图例 005 所示：

【道破涨停天机】实战图谱 005

在图例 005 中，我们不难发现主力资金一直在决策线之上展开强势收集筹码状态，股价形态呈现大三角形上升态势，而成交量在各个波峰间表现出规则性放大现象。因此，12 月 7 日的强势涨停是主力收集筹码进入尾声的重要标志。图例 006 则是主力在当天盘口涨停时的操盘特征，我们来进行研究和参考主力当天的操盘行为。

图例 005　中船股份（600072）日 K 线走势图谱

【道破涨停天机】实战图谱 006

从图例 006 中，我们发现，当天主力在第一时间段以一波涨停手法快速封住涨停。股价涨停后，全天都没有开板的现象，而且封停后的成交量迅速萎缩。这种情况一方面说明主力做盘决心无比巨大，另一方面也反映了盘中筹码较为稳定。而主力要想拿到更多的筹码就必须在随后的交易日里实施诱空性操盘手法。

事实上，从当天盘口即时走势看，主力以一波涨停操盘手法看起来凶狠，则实际上透露出较多的投机性成分。因为拉升波形过长，时间短促，中间没有震仓调整的动作，将会导致短线技术指标过热，不利于次日的操盘。这样的即时走势，同时也透露出主力后续还有更强烈的震仓或者洗盘计划。后来的走势证明，主力在 12

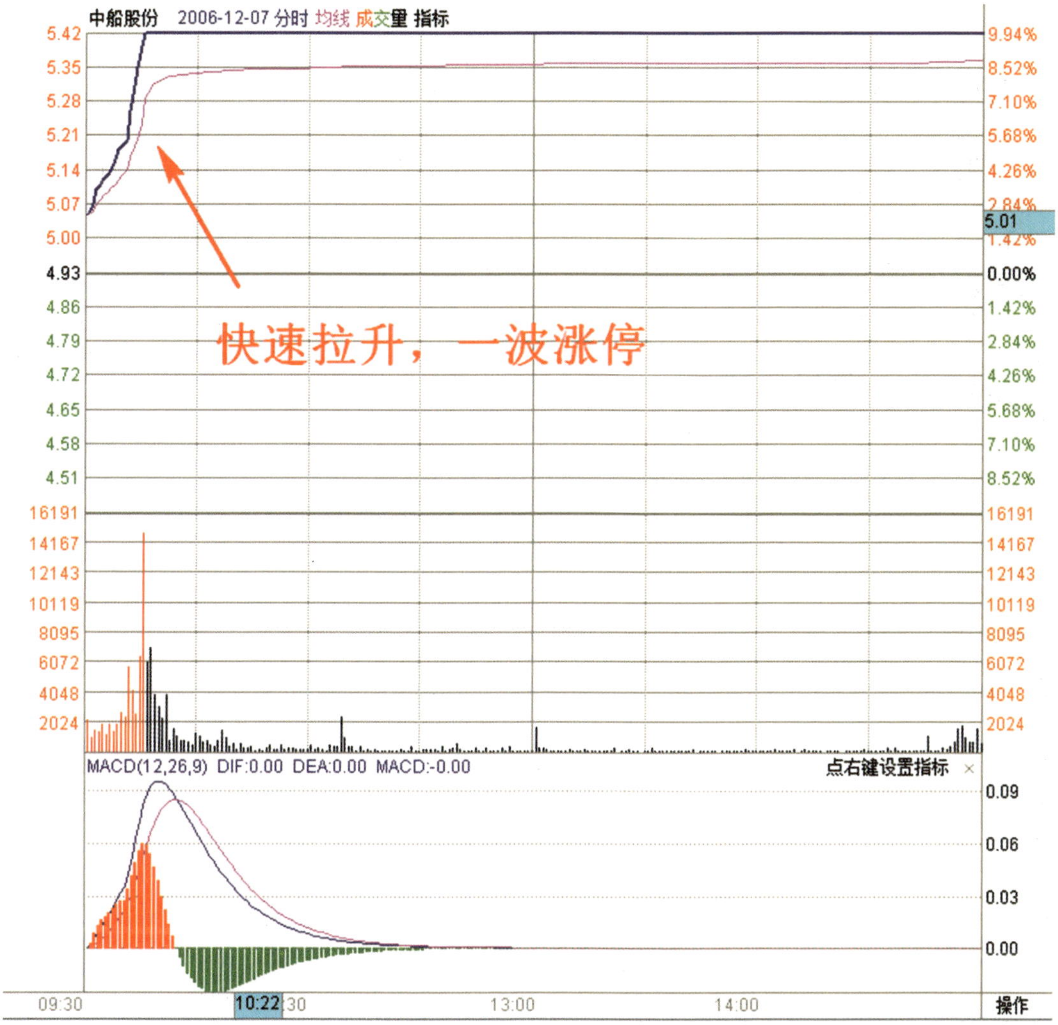

图例 006　中船股份（600072）全天盘口即时走势图谱

月 8 日早盘高开之后就展开洗盘了。而这种洗盘行为，也为中线投资者的建仓带来了巨大的低成本吸筹机会。关于这一操盘手法大家可以参考本人所著《道破盘口天机》，其中有较为详尽的描述。

学习涨停技术的主要途径之一是研究历史图谱。以下为各种目标股票在各个阶段的涨停技术特征图谱，笔者采集了部分较为典型的历史图谱，供大家学习参考。

（一）股票在上涨启动阶段时的涨停技术特征图谱。如图例 007、008 所示：

【道破涨停天机】实战图谱 007

图例 007　南京港（002040）日 K 线走势图谱

结合《道破盘口天机》相关内容，把你阅读图谱的学习心得写在下边：

（1）______________________________。

（2）______________________________。

（3）______________________________。

（4）______________________________。

（5）______________________________。

……

【道破涨停天机】实战图谱 008

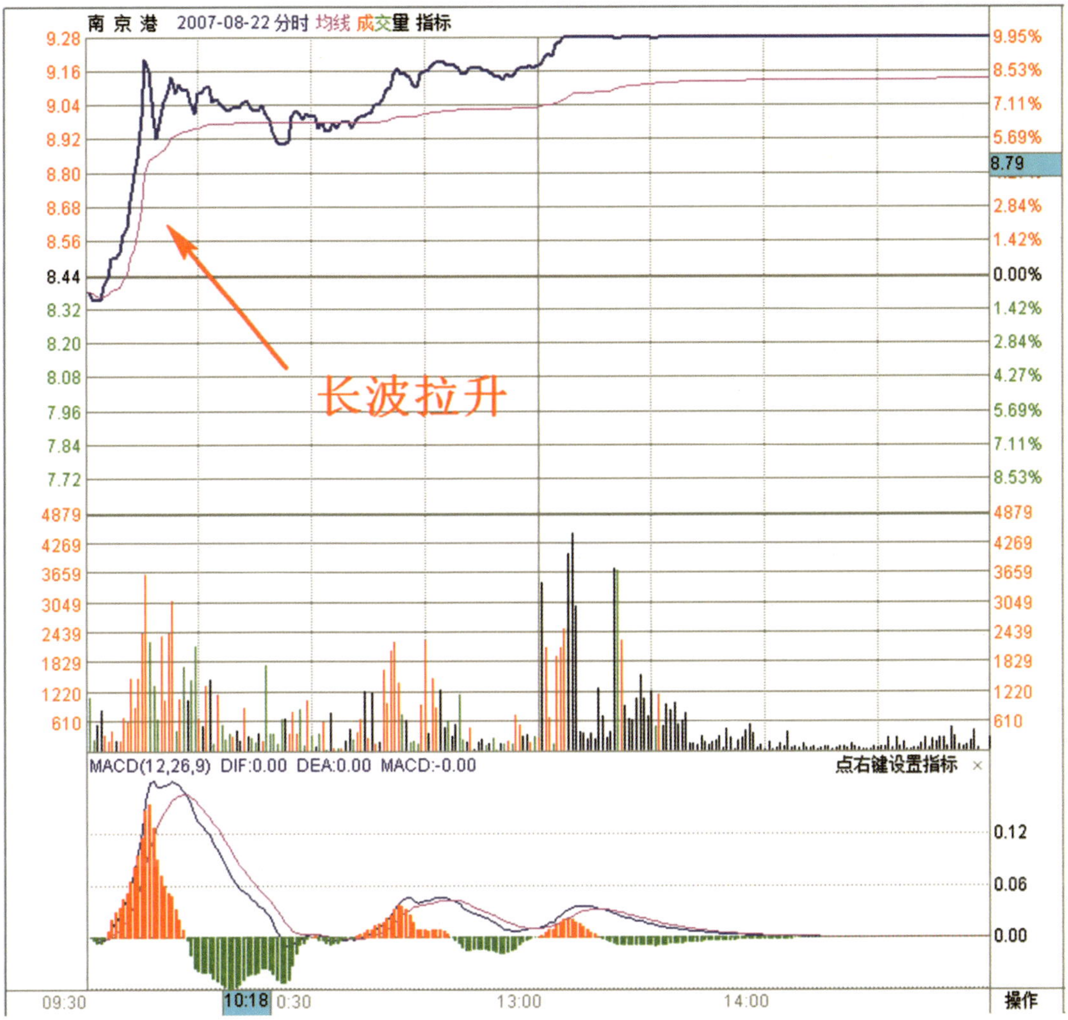

图例 008　南京港（002040）全天盘口即时走势图谱

结合《道破盘口天机》相关内容，把你阅读图谱的学习心得写在下边：

（1）____。

（2）____。

（3）____。

（4）____。

（5）____。

……

（二）股票在上涨中继阶段时的涨停技术特征图谱。如图例 009、010 所示：

【道破涨停天机】实战图谱 009

图例 009　江苏索普（600746）日 K 线走势图谱

结合《道破盘口天机》相关内容，把你阅读图谱的学习心得写在下边：

（1）＿＿＿＿＿＿＿＿＿＿＿＿＿＿＿＿＿＿＿＿＿＿＿＿＿＿＿＿＿＿＿＿＿＿＿＿。

（2）＿＿＿＿＿＿＿＿＿＿＿＿＿＿＿＿＿＿＿＿＿＿＿＿＿＿＿＿＿＿＿＿＿＿＿＿。

（3）＿＿＿＿＿＿＿＿＿＿＿＿＿＿＿＿＿＿＿＿＿＿＿＿＿＿＿＿＿＿＿＿＿＿＿＿。

（4）＿＿＿＿＿＿＿＿＿＿＿＿＿＿＿＿＿＿＿＿＿＿＿＿＿＿＿＿＿＿＿＿＿＿＿＿。

（5）＿＿＿＿＿＿＿＿＿＿＿＿＿＿＿＿＿＿＿＿＿＿＿＿＿＿＿＿＿＿＿＿＿＿＿＿。

……

【道破涨停天机】实战图谱 010

图例 010　江苏索普（600746）全天盘口即时走势图谱

结合《道破盘口天机》相关内容，把你阅读图谱的学习心得写在下边：

（1）____。

（2）____。

（3）____。

（4）____。

（5）____。

……

（三）股票在见顶阶段时的涨停技术特征图谱。如图例 011、012 所示：

【道破涨停天机】实战图谱 011

图例 011　酒钢宏兴（600307）日 K 线走势图谱

结合《道破盘口天机》相关内容，把你阅读图谱的学习心得写在下边：

（1）____。

（2）____。

（3）____。

（4）____。

（5）____。

……

【道破涨停天机】实战图谱 012

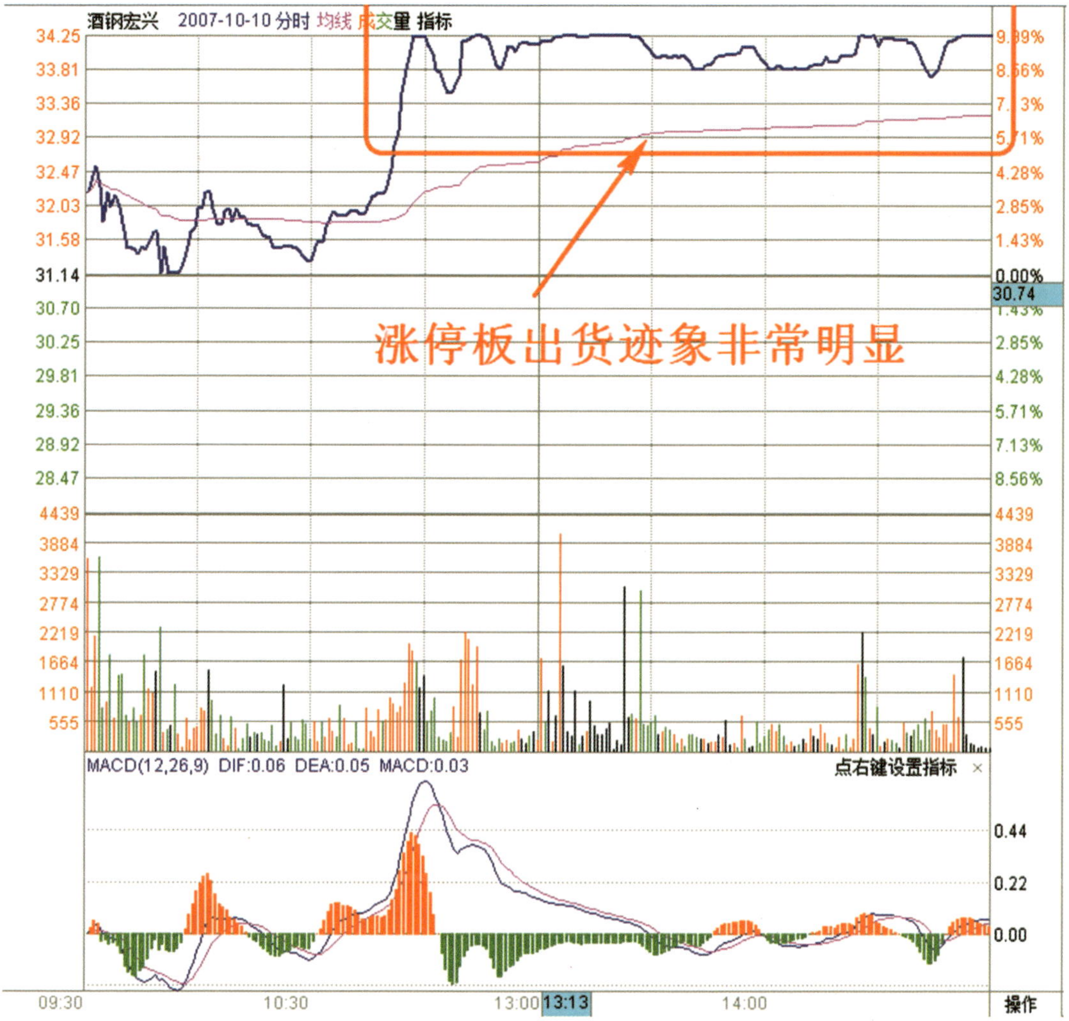

图例 012 酒钢宏兴（600307）全天盘口即时走势图谱

结合《道破盘口天机》相关内容，把你阅读图谱的学习心得写在下边：

(1) ________________________________。

(2) ________________________________。

(3) ________________________________。

(4) ________________________________。

(5) ________________________________。

……

（四）股票在下跌初期时的涨停技术特征图谱。如图例 013、014 所示：

【道破涨停天机】实战图谱 013

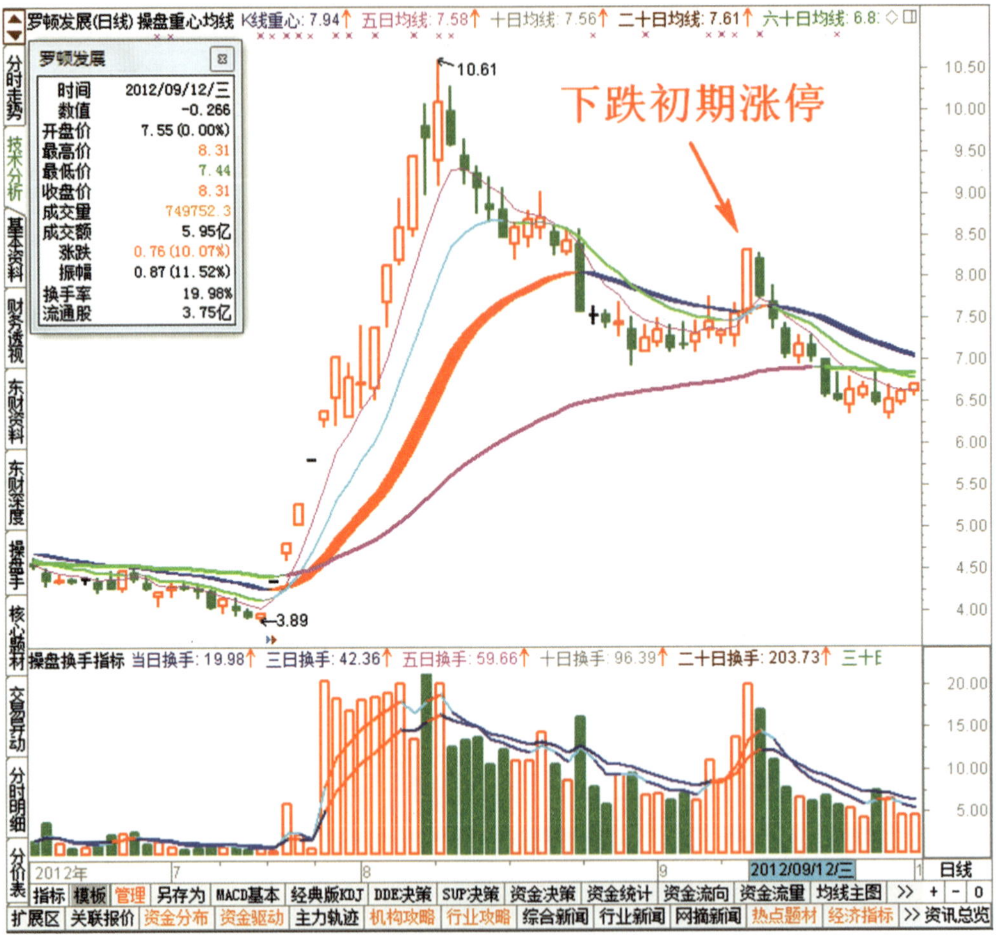

图例 013　罗顿发展（600209）日 K 线走势图谱

结合《道破盘口天机》相关内容，把你阅读图谱的学习心得写在下边：

（1）____。

（2）____。

（3）____。

（4）____。

（5）____。

……

【道破涨停天机】实战图谱 014

图例 014 罗顿发展（600209）全天盘口即时走势图谱

结合《道破盘口天机》相关内容，把你阅读图谱的学习心得写在下边：

（1）____。

（2）____。

（3）____。

（4）____。

（5）____。

……

（五）股票在下跌中继阶段时的涨停技术特征图谱。如图例 015、016 所示：

【道破涨停天机】实战图谱 015

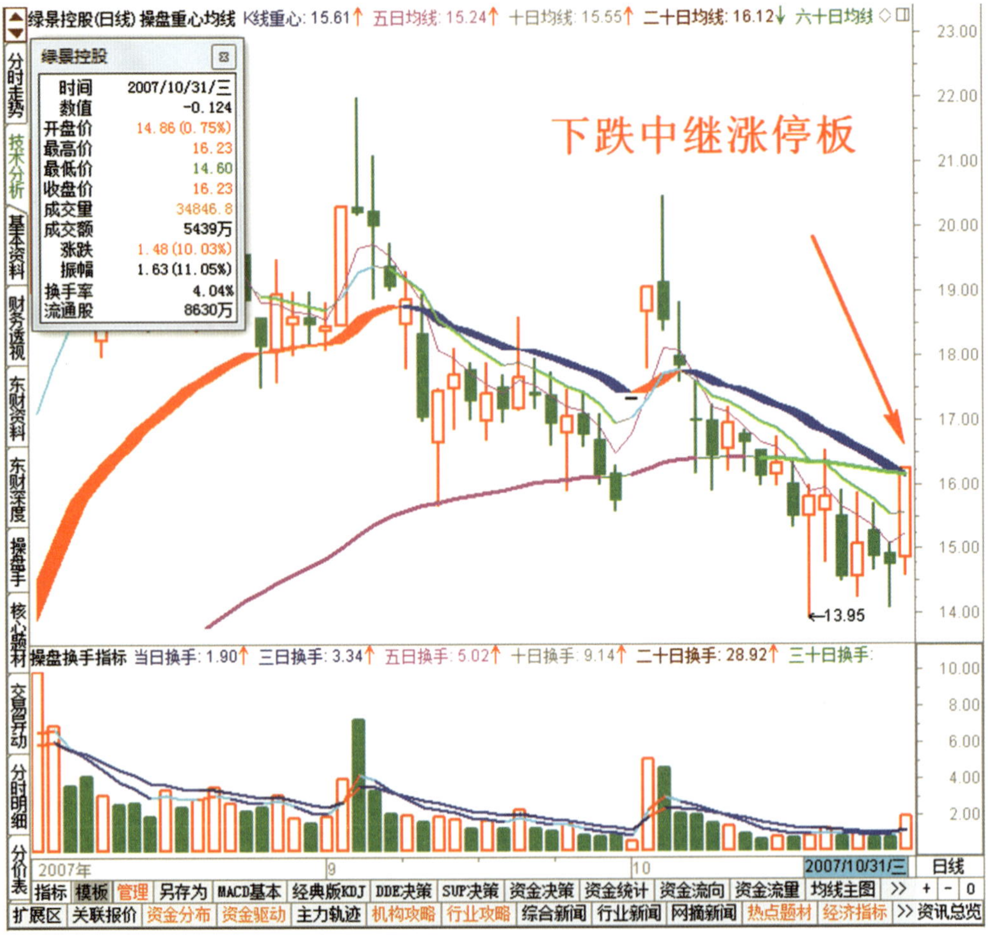

图例 015　绿景控股（000502）日 K 线走势图谱

结合《道破盘口天机》相关内容，把你阅读图谱的学习心得写在下边：

（1）____。

（2）____。

（3）____。

（4）____。

（5）____。

……

【道破涨停天机】实战图谱 016

图例 016 绿景控股（000502）全天盘口即时走势图谱

结合《道破盘口天机》相关内容，把你阅读图谱的学习心得写在下边：

(1) ____。

(2) ____。

(3) ____。

(4) ____。

(5) ____。

……

（六）股票在筑底阶段时的涨停技术特征图谱。如图例 017、018 所示：

【道破涨停天机】实战图谱 017

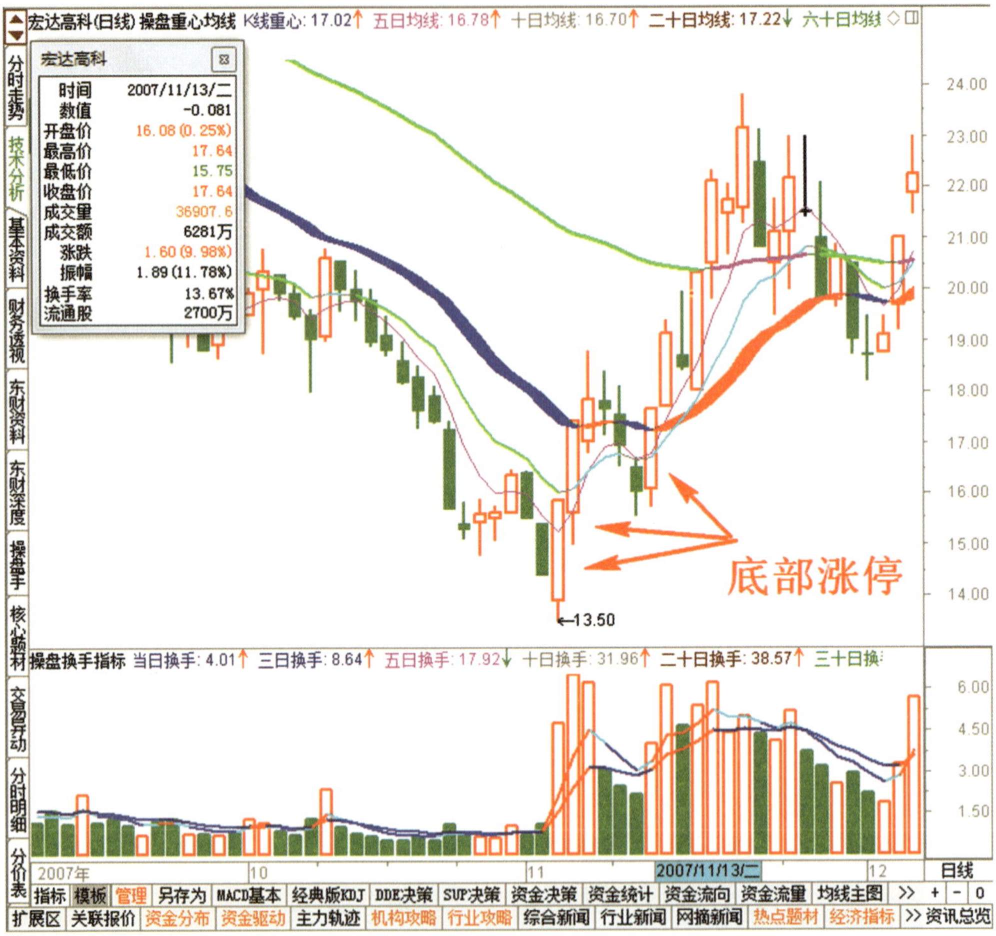

图例 017　宏达高科（002144）日 K 线走势图谱

结合《道破盘口天机》相关内容，把你阅读图谱的学习心得写在下边：

（1）____。

（2）____。

（3）____。

（4）____。

（5）____。

……

【道破涨停天机】实战图谱 018

图例 018　宏达高科（002144）天盘口即时走势图谱

结合《道破盘口天机》相关内容，把你阅读图谱的学习心得写在下边：

（1）____。

（2）____。

（3）____。

（4）____。

（5）____。

……

主力资金与技术形态构成了短线黑马持续上涨的坚实基础。因此，专业的短线职业操盘手总是将最佳买点通常放在短线黑马的股价吸筹阶段、上涨启动阶段、上涨中继阶段这三类技术形态中，而盘头阶段和筑底阶段则可以视情况考虑轻仓出击；对于下跌阶段和下跌中继阶段涨停的股票则只看不动，绝不动手！而要做到这一点，就必须要具备深厚的看盘功底、强大的技术分析能力、丰富的操盘知识和阅历以及过人的忍耐力。这一切，则必须要长期通过专业的职业训练才能达到！这些年来，我们一直致力于职业操盘手培训，这些学员经过多年来的反复磨练，已经达到极高的专业水准，这是令人欣慰的事情。

第三节　即时盘口动态选股常识

孔子说：凡事预则立，不预则废。意思是说，凡是做事情都要提前做好功课和准备，事前有分析有计划，这样才能成功；如果不这样，仓促行事，则多半会失败！很多投资者之所以会失败，主要还是对股市内在与外在因素、股价涨跌性质等基础信息缺乏最起码的分析，甚至更谈不上决策，通常人云亦云，匆匆买股，结果败多胜少，保证金大幅缩水，最终在股市消失。这种结果是很惨的！因此，事前做好准备，做足功课，这是职业操盘手的基本要求。业内有这样一句话，即“选好股是成功的一半”！选好股，则意味着距离成功不远了。这句话自然是有其道理的，但如何选股？如何选到好股？这里面的文章则各有千秋。本章重点讲述通过即时盘口来进行动态选股，以此提高大家的实战看盘能力。

选好股，首先就是要分析当天盘中的热点板块。因此，在当天早盘即时动态选股中，为了快速捕捉短线黑马股票，保证选股的质量，我们必须先将当天的热点板块中涨幅大于5%的股票选出来，具体选股操作方案如下：

第一步，我们将当天盘中的交易时间按时间段落来进行区分，分别得出六个重要的时间段，具体的划分方法包括：

第一时间段：09：30－10：00分，共30分钟；

第二时间段：10：00－11：00分，共60分钟；

第三时间段：11：00－11：30分，共30分钟；

第四时间段：13：00－14：00分，共60分钟；

第五时间段：14：00－14：30分，共30分钟；

第六时间段：14：30－15：00分，共30分钟。

（备注：上述时间段的划分在接下来的章节中将有重点介绍，这里暂且不提。）

第二步，在第一时间段快速进行选股，将集合竞价与09：31分出现的热点板块选出来，得出选股的初步结果，将不属于领涨热点板块范围的个股剔除出自选股。

第三步，快速打开属于热点的个股日K线图，通过通达信软件的历史走势回忆，追踪它们在最近几天的盘中即时走势表现，通过复盘分析，得出可操作的品种。

作为职业操盘手，在盘口动态选股过程中，我们最需要做的事情就是在预先设定的时间段内紧紧盯住盘中正在发生的重大变化，而不去翻看那些与盘口无关的股票，或去做其他与当日操盘无关的事情。所谓盘中发生的重大变化，就是主要观察有无主流热点产生。代表某一行业的单一个股如果在行情启动后不能带动整个行业板块的联动，则只能是个股行情，没有产生主流热点。同时，也说明这类个股的号召力较弱，因此，其后市的行情也不可能太大。

职业操盘手在日常操盘与动态看盘过程中，主要做两件事：

其一，发现和分析主流热点；

其二，及时捕捉主流热点中的领涨龙头股票。

职业操盘手的操盘特点可概括为以下三点：

一是超短线操盘：基本在当天六个时间段内作出操盘决策；二是中线与短线结合操盘：以中级周期性波段行情为准绳，在60日均线之上中线跟踪操盘；三是长线与中线结合操盘：以大周期性行情为准绳，通过基本面分析与资金管理，在120日均线之上中长线跟踪操盘。

真正的职业操盘手在平时要做到不动如山，静如处子，一旦战机出现，则要做到快如闪电、先声夺人！这是我们每一位参加学习的读者都需要时刻牢记的。

第四节　涨停时间因素分析

涨停时间是指股价在当天不同时间段的涨停价格表现与量能结构状态。不同时间段的价格表现和放量都有重要的盘口特征。通常情况下，全天交易时间可细分为六个阶段，具体如上所述。时间模式是主力操盘过程中最重要的计划方案与因素之一，在本书接下来的章节中，将按六个时间段的涨停模式推演并分析各种操盘手法及其操盘战例。

在常规模式下，业内最通常的说法是：股价在涨停时通常采用开盘涨停、一波涨停、两波涨停、三波涨停和多波涨停等操盘手法，以及根据时间段的划分有早盘涨停、中盘涨停、午盘涨停和尾盘涨停四种特征。笔者将涨停的时间要素细化为六个时间段，正是基于时间要素是主力操盘最重要的计划之一。因此，读者在研究和面对各个时间段的涨停黑马时，将可即时作出正确的操盘决策。

股价在涨停时，气势最重要！代表涨停气势的主要特征就是成交量和股价的配合程度，价升量增，横扫千军，气势不可阻挡。随着成交量的不断放大股价一路猛进，最终封住涨停。

股价在建仓阶段、拉升阶段的初中期均会有明确的时间量概念，而到了拉升阶段末期、盘头阶段和下跌阶段，因出货的需要而变得急迫，涨停的时间段、价格表现和成交量均会呈现无秩序、凌乱的现象。

根据股价在各个阶段的位置总结涨停时间的强弱特征如下：

第一时间段放量涨停，临盘表现为：极限强势，如果涨停，则超级强势特征。

第二时间段放量涨停，临盘表现为：中级强势，如果涨停，则为极强势特征。

第三时间段放量涨停，临盘表现为：中级强势，如果涨停，则为较强势特征。

第四时间段放量涨停，临盘表现为：一般强势，如果涨停，则为较强势特征。

第五时间段放量涨停，临盘表现为：次级强势，如果涨停，则为较强势特征。

第六时间段放量涨停，临盘表现为：普通强势，如果涨停，则为极强烈异动特征。

上述涨停时间特征在建仓阶段、股价拉升阶段的初中期均被视为短中线介入的极佳机会。而在拉升阶段末期和盘头阶段初中期，则只有短线操作价值，中线风险较大。在盘头阶段末期和下跌阶段，则以观望为宜，短中线均不宜介入。

第五节　涨停黑马的盈利效应

在长期的股市投资过程中，笔者研究发现，大部分强势的短线黑马或中长线大白马都是从第一个涨停板开始，从此展开了它漫长的上涨之旅。从1991年到2012年，这二十多年间，有上千只短线或中长线强势股票，都是从第一个涨停板开始了它数倍的涨幅；尤其在2005年至2007年这一轮惊天动地的大牛市中，更是黑马频出，不胜枚举。

从1997年到2008年，这十多年间，笔者正是通过对涨停黑马的深入研究和不断跟踪，使得自己从最初级的股民晋级为一个高级的专业操盘手，而自己的保证金也在十年间呈几何性地得到数百倍的增长。可以这样说，涨停黑马的盈利效应是极度惊人的！而涨停黑马正是市场极端力量和极端财富的极端展现！

当然，由于主力资金、技术形态和目标股票背后的各种因素，涨停往往也意味着一个极端陷阱的开始。很多涨停的所谓黑马转眼就是一场惊天动地的暴跌，使大量跟风的投资者深套其中，解决这个办法的最佳措施是什么呢？笔者将在有关的章节中详尽分析。

涨停，代表的是极端力量；涨停，也代表的是极端财富。既然是这样，当涨停出现时，就应当勇敢地参与，但是，相当多的投资者却不敢积极参与、择机买入。这次我抽空写出这本书，就是希望广大投资者能够全面深入学习涨停技术，从此享受到涨停的财富和乐趣。接下来我们举例说明涨停如何创造惊人的财富的。

【道破涨停天机】实战图谱019

图例019是中船股份（600072）在2007年9月3日盘中的杰出表现。从盘中看，当天主力将股价高开，第一时间段回调时居然未跌穿昨收盘价。至第一时间段即将结束时，即9：25分，主力突然发力，将股价一举突破均价线，并在9：30分创出当日新高。

第二时间段，主力将股价维持在均价线之上，成交量温和性放大，盘中买卖盘保持在一个均衡状态。正在市场犹豫之际，主力于第三时间段的9：38分突然放量拉升，并至9：45分再度创出当日新高，成交量也随之创当日新高，盘中做多强度

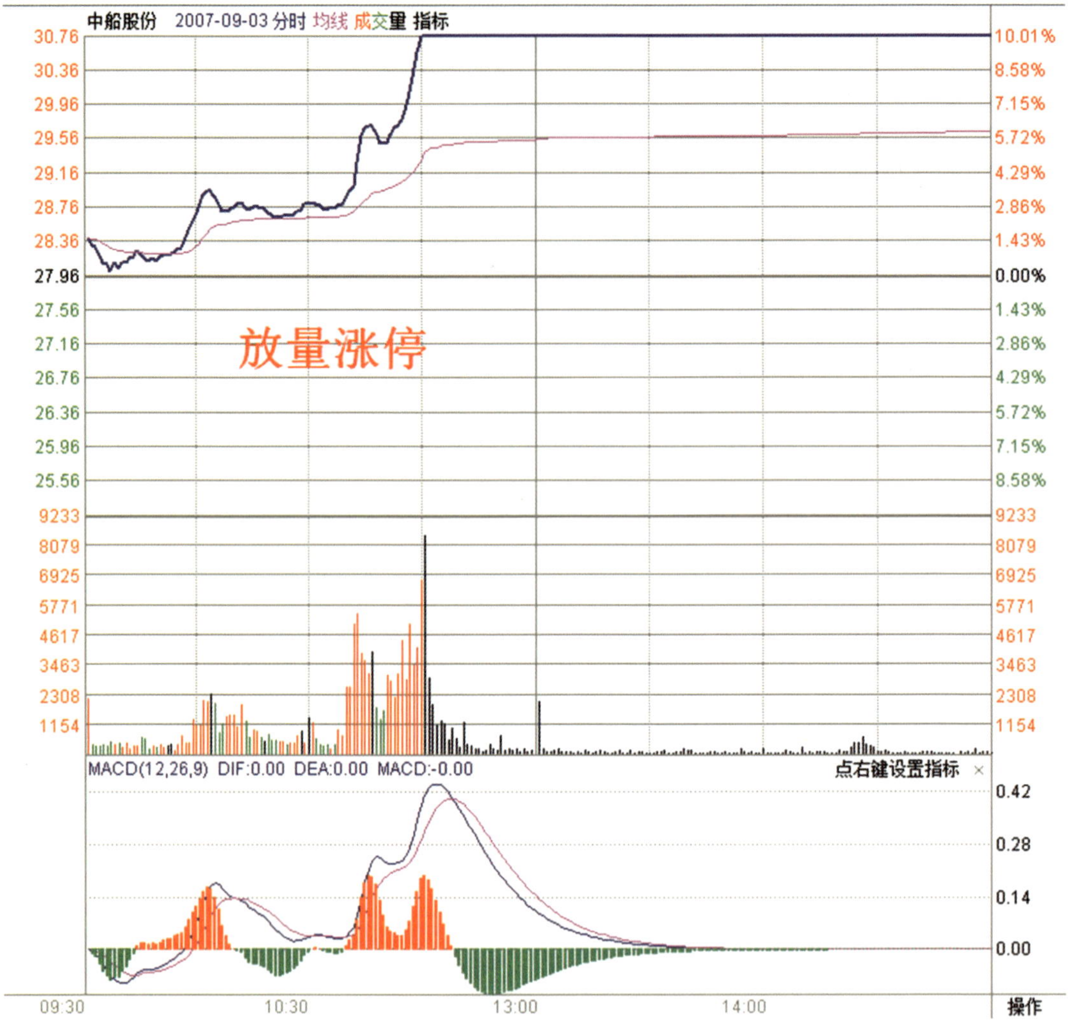

图例 019　中船股份（600072）全天盘口即时走势图谱

超过第一时间段的表现。

在做好简短休整后，主力于第三时间段的 10 点整以一种非常轻松的姿态将股价一举拉至涨停，操盘动作可谓迅雷不及掩耳。封停后，抛盘迅速萎缩。从当天盘口股价的走势特征来看，主力敢拉敢放，操盘手法十分老练圆熟。盘中丝毫不拖泥带水。

接下来，我们再来看它的日 K 线图形特征，如图例 020 所示：

【道破涨停天机】实战图谱 020

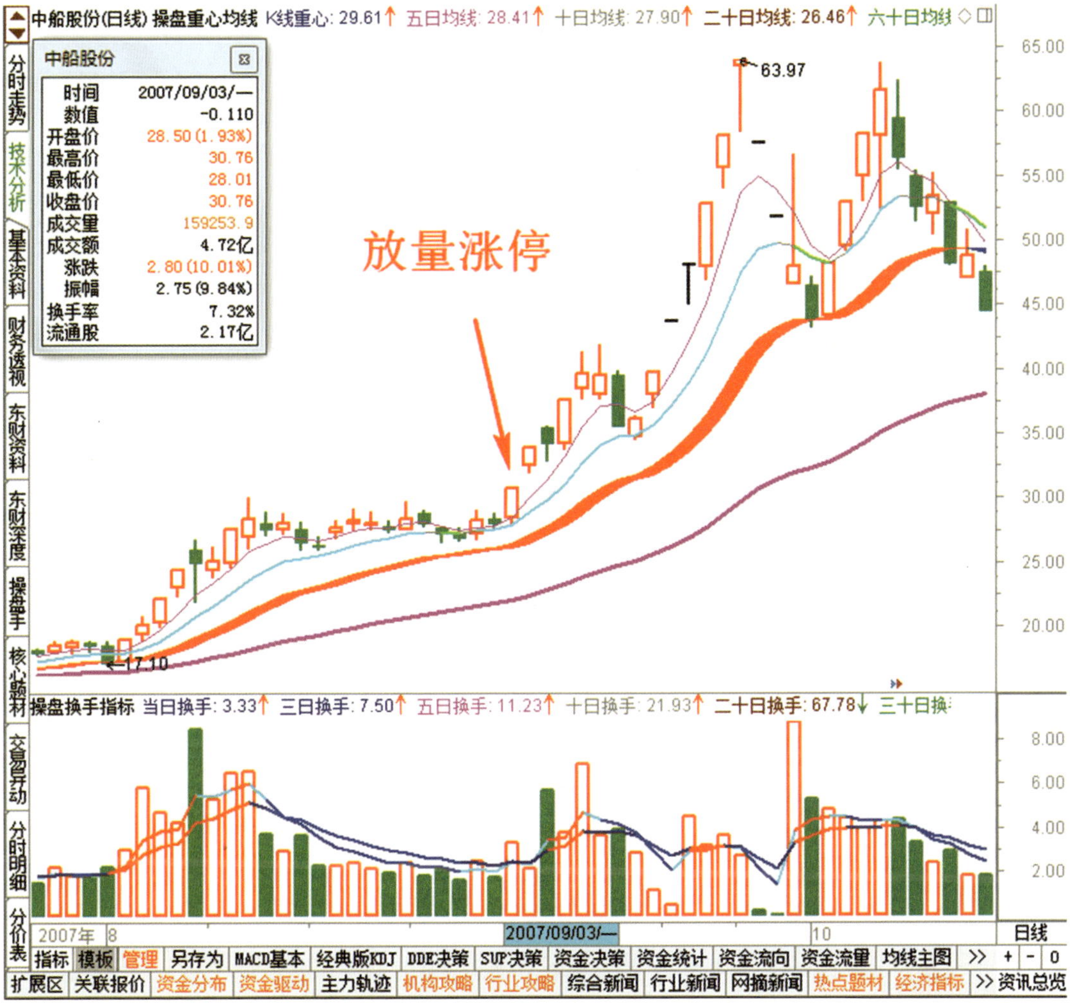

图例 020　中船股份（600072）日 K 线走势图谱

在图例 020 中，我们看到股价自 2007 年 8 月 13 日创出 30.03 元的新高之后，一直围绕 10 日均线作窄幅整理，股价重心上移。8 月 30 日，是该股窄幅整理以来的第 14 天，刚好符合江恩理论的时间之窗。当天该股如期反弹，振幅为 8.29%，涨 5.09%，成交量呈温和放大状态，股价重新收盘于 10 日均线之上。至此，一轮关乎突破方向性的行情即将展开。

8 月 31 日，股价在一元钱的价格范围内做窄幅整理，成交量再度萎缩。因此，9 月 3 日当天放量涨停的表现可以视之为调整结束，突破方向以向上为主的主升浪行情正式展开。临盘最佳策略为立即在涨停价格排队重仓买进。

9 月 4 日，该股高开高走，于第一时间段一波封停，主力手法凶悍，不给跟风盘任何机会。从此之后，该股犹如黄鹤，一飞冲天。如图例 021 所示：

【道破涨停天机】实战图谱 021

图例 021　中船股份（600072）全天盘口即时走势图谱

中船股份（600072）从 2007 年 9 月 3 日第一个涨停板起至 9 月 20 日最后一个涨停析板结束，历时 14 个交易日，股价从 30 元起步至 63 元结束，整整上涨了一倍！涨停黑马的盈利效应由此可见一斑。见图例 022 所示：

【道破涨停天机】实战图谱 022

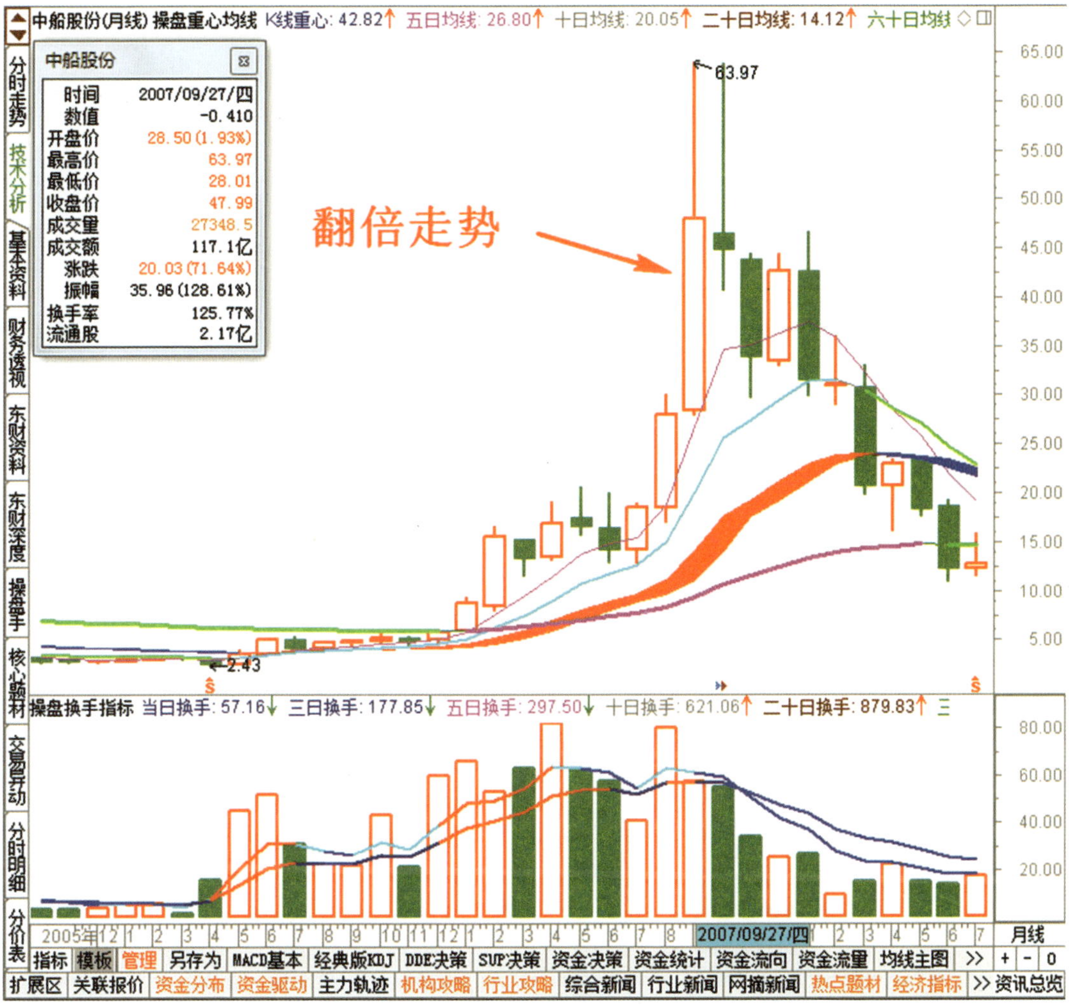

图例 022　中船股份（600072）月线走势全景图谱

第二章

第一时间段涨停

职业操盘培训要点：

（一）了解和掌握第一时间段涨停的主要形式。

（二）了解和掌握开盘涨停的操盘意义。

（三）了解和掌握一波涨停的操盘意义。

（四）了解和掌握二波涨停的操盘意义。

（五）了解和掌握三波涨停的操盘意义。

第一节　开盘涨停

第一时间段：早盘9：30－10：00分。

第一时间段时间总长度：30分钟。

狙击时间：

第一关键点：早盘9：25－9：35分。

第二关键点：早盘9：35－10：00分。

狙击涨停秘诀：

第一条：股价高开10%直接涨停。放量，量比10倍以上。在集合竞价时，发现股价涨停开盘时，可以现价大仓位买进。

第二条：股价集合竞价高开10%直接涨停。放量，量比10倍以上。在本时间段突然被抛盘打开，发现股价打开涨停时，可以现价大仓位买进。

第三条：股价高开10%直接涨停。在本时间段突然被抛盘打开，然后回调至5－7%区间并展开震荡，股价不破均价线。放量，量比10倍以上，可以现价大仓位买进。当股价直接攻击涨停，最后一笔大场卖单被即将吃掉时，可以现价加码买进。

操盘策略修正条款：

（1）股价日K线图是否在上升阶段初期或中期？如是，则满仓。

（2）股价日K线图是否在上升阶段末期的头部整理阶段？如是，则轻仓。

（3）股价日K线图是否于昨日放量收阳？如是，则满仓。

（4）股价日K线图是否于昨日放量涨停？如是，则重仓或中仓。

（5）股价日K线图是否在下跌阶段初期？如是，则轻仓。

（6）股价日K线图是否在下跌阶段中期？如是，则观望。

（7）股价日K线图是否在下跌阶段末期的底部整理阶段？如是，则轻仓或中仓。

（8）股价日K线图KDJ指标是否在低位开始金叉？如是，则重仓。

（9）股价周K线图KDJ指标是否在低位开始金叉？如是，则满仓。

（10）股价月K线图KDJ指标是否在低位开始金叉？如是，则满仓。

涨停操盘行为释义：

（1）本时间段敢于涨停的股票，如果昨日也放量收阳 K 线，则说明主力已经在昨日就开始行动，今天的上涨是有计划性的操盘行为。

（2）如果昨日缩量收阴 K 线，则说明股价下跌动能衰竭，今天的上涨是主力主动出击的操盘行为。

（3）如果昨日放量收阴 K 线，则说明昨日的下跌是典型的诱空动作，今天的涨停是主力有计划性的操盘行为。

【道破涨停天机】实战图谱 023

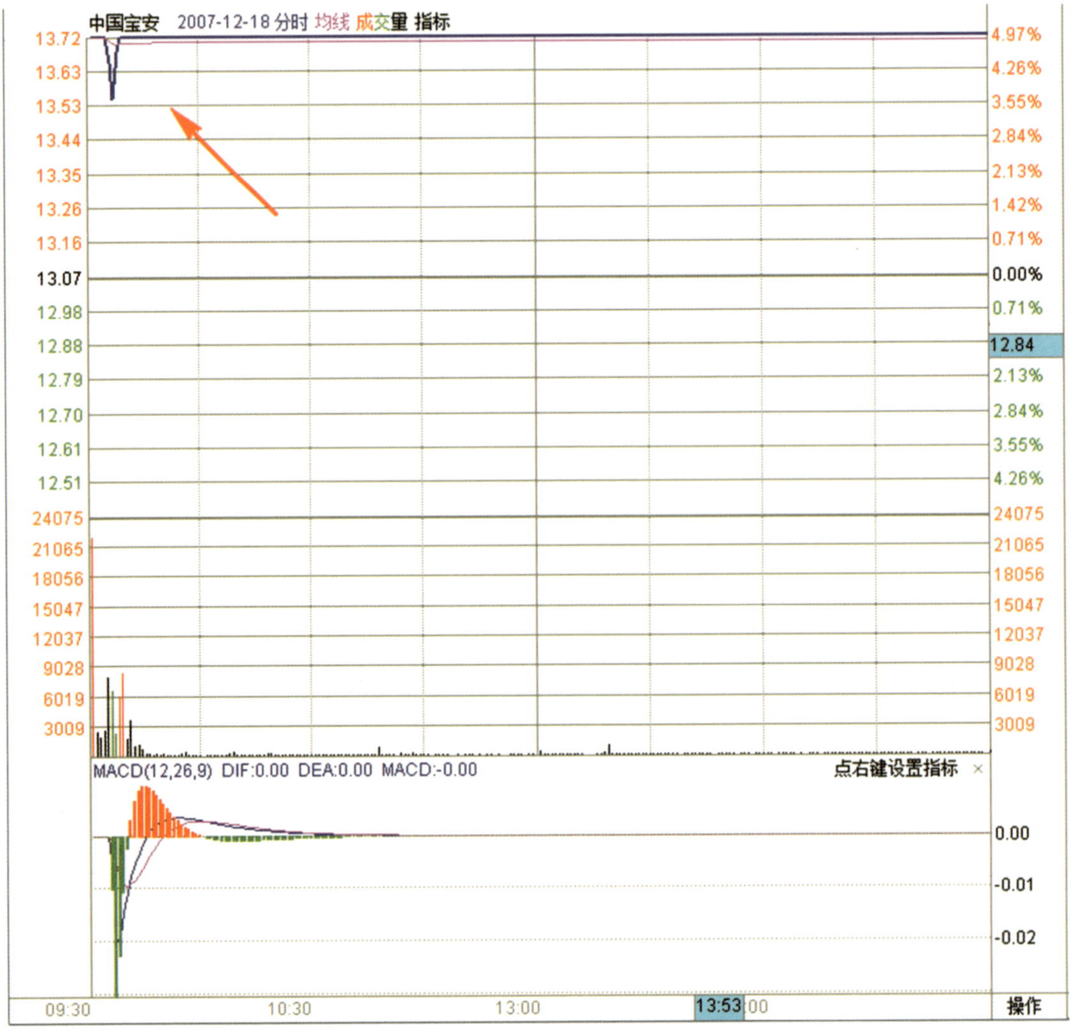

图例 023 中国宝安（000009）全天盘口即时走势图谱

高开涨停、开板诱空临盘技术判断与操盘决策：

早盘高开涨停。第一时间段集合竞价时在涨停位置即 13.72 元成交 10513 手。第一时间段正式开盘时即 9：30 分在涨停位置成交 10284 手。两笔巨量大单成交说明主力盘口对敲操盘。至 9：35 分，主力突然于盘中开板，成交量并未超过早盘对敲量，说明主力开板诱空。

开盘回调深度在 2% 以内，故意制造恐慌气氛，以诱使散户抛出。如果主力出货，不可能今日以涨停板开盘，因此，盘中开板就是典型的诱空手法。职业操盘手应在主力开板时坚决进场。盘口观察主力在开板不到 5 分钟内又迅速用巨量大单封住涨停，说明诱空动作完成。

【道破涨停天机】实战图谱 024

图例 024　中国宝安（000009）日 K 线走势图谱

（一）当日日K线临盘技术分析：该股昨日放量跌停。股价在10日均线形成支撑。今天以涨停开盘，说明昨天的跌停是洗盘动作。股价在60均线区间已经完成三天整理，洗盘动作是否已经结束？组合K线形成中期上升通道。近期走势强于大盘。从今天的涨停操盘动作分析，估计新一轮短线行情已经展开，临盘应积极介入。

（二）当日日K线操盘策略：股价已经形成中期上升通道。盘口上看，量能没有明显的异常放大现象，应为中线主力资金在场中操盘特征。组合K线显示，股价已经形成中级“V”形反转技术特征。短线在今日涨停板价格即时进场布局，中级仓位参与主力的启动行情。根据中线主力操盘原则，目标量度升幅在30%左右，目标价格在16元一线。

【道破涨停天机】实战图谱025

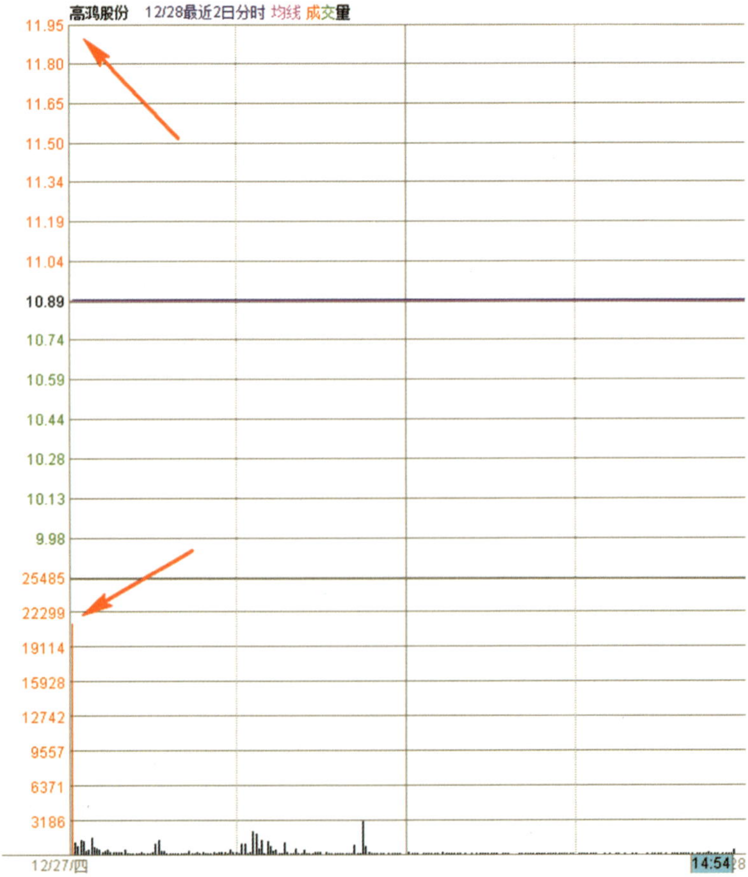

图例025 高鸿股份（000851）早盘第一时间段盘口即时走势图谱

高开涨停、巨量封停临盘技术判断与操盘决策：

早盘高开涨停。第一时间段集合竞价时在涨停位置即 10.89 元成交 13785 手。第一时间段正式开盘时即 9：30 分在涨停位置成交 6448 手。两笔巨量大单均由主力在盘口即时买进所为。至 10：04 分，主力在右边盘口的封停单量仍然达到 100561 手，即千万股巨量封单。

从盘口看，主力在第一时间段巨量封停后，盘中基本无大单成交。成交量迅速萎缩，市场预期一致看高，盘中筹码极为稳定。职业操盘手应在第一时间段于涨停位置排队挂单，如果盘中开板就是机会。盘口观察主力当天开板的可能性极少，操盘策略可在次日股价开盘时利用主力震仓机会进场。

【道破涨停天机】实战图谱 026

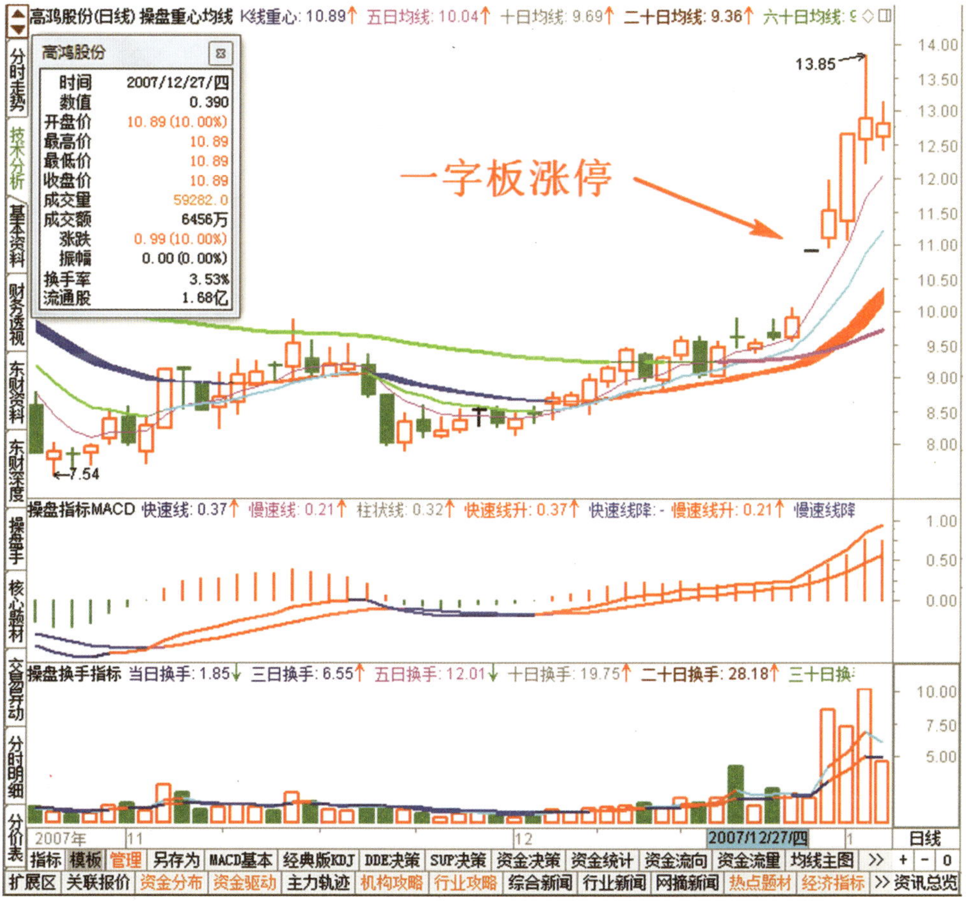

图例 026　高鸿股份（000851）日 K 线走势图谱

（一）当日日 K 线临盘技术分析：该股昨日放量以中阳线报收。技术形态显示，股价突破60 日均线后已经形成一个中级上升通道。今天以涨停开盘，说明主力操盘计划迫切，股价已经进入加速上涨阶段。从股价运行状态看，主力曾在 12 月 20 日放量震仓洗盘。今天涨停应是有预谋的操盘行为，封停的巨量大单说明主力做盘的坚强决心。从今天的涨停操盘动作分析，明日高开后将有震仓动作，短线应作好战斗准备，临盘应积极介入。

（二）当日日 K 线操盘策略：从封停单量看，主力当日开板的可能性较少。这种操盘手法出现后一般有两种趋势，其一是次日继续涨停，其二是次日高开后快速回调震仓。从该股在底部的组合 K 线特征显示，主力以第二种操盘手法出现的可能较大。短线布局在次日开盘快速回调震仓时，约距今日涨停板价格 3 个点以内区间。主力在底部建仓期间，成交量仅仅温和放大，应为中线主力资金补仓性特征。投入仓位原则以中级仓位参与主力的短线启动行情。根据中线主力滚动操盘原则，目标量度升幅在 30% 以内，目标价格在 13 元一线。

第二节　一波涨停

第一时间段：早盘 9：30－10：00 分。

第一时间段时间总长度：30 分钟。

狙击时间：

第一关键点：早盘 9：25－9：35 分。

第二关键点：早盘 9：35－10：00 分。

狙击涨停秘诀：

第一条：股价高开 8% 以上。放量，量比 5 倍以上。然后一波拉升直接攻击涨停。股价盘中开板或回调时，即时大仓位买进。当最后一笔大场卖单被即将吃掉时，可以现价加码买进。这种方法的特点仅适合于大盘坚挺时使用，特地说明。下同。

第二条：股价高开 6% 以上。放量，量比 5 倍以上。股价回调不破昨收盘价。然后一波拉升直接攻击涨停。股价回调时，即时大仓位买进。当最后一笔大场卖单被即将吃掉时，可以现价加码买进。

第三条：股价高开 3% 以上。放量，量比 2 倍以上。股价回调至均价线附近不破均价线。然后一波拉升直接攻击涨停。股价回调时，即时买进。当最后一笔大场卖单被即将吃掉时，可以现价加码买进。

第四条：股价平开，一波拉升直接攻击涨停。在本时间段突然被抛盘打开，然后回调至 1% 左右并展开震荡。放量，量比 2 倍以上。股价回调时，即时买进。当最后一笔大场卖单被即将吃掉时，可以现价加码买进。

操盘策略修正条款：

（1）股价日 K 线图是否在上升阶段初期或中期？如是，则满仓。

（2）股价日 K 线图是否在上升阶段末期的头部整理阶段？如是，则轻仓。

（3）股价日 K 线图是否于昨日放量收阳？如是，则满仓。

（4）股价日 K 线图是否于昨日放量涨停？如是，则重仓或中仓。

（5）股价日 K 线图是否在下跌阶段初期？如是，则轻仓。

（6）股价日 K 线图是否在下跌阶段中期？如是，则观望。

（7）股价日 K 线图是否在下跌阶段末期的底部整理阶段？如是，则轻仓或中仓。

（8）股价日 K 线图 KDJ 指标是否在低位开始金叉？如是，则重仓。

（9）股价周 K 线图 KDJ 指标是否在低位开始金叉？如是，则满仓。

（10）股价月 K 线图 KDJ 指标是否在低位开始金叉？如是，则满仓。

涨停操盘行为释义：

（1）本时间段敢于涨停的股票，如果昨日也放量收阳 K 线，则说明主力已经在昨日就开始行动，今天的上涨是有计划性的操盘行为。

（2）如果昨日缩量收阴 K 线，则说明股价下跌动能衰竭，今天的上涨是主力主动出击的操盘行为。

（3）如果昨日放量收阴 K 线，则说明昨日的下跌是典型的诱空动作，今天的涨停是主力有计划性的操盘行为。

【道破涨停天机】实战图谱 027

一波涨停、巨量封停临盘技术判断与操盘决策：

早盘高开 8% 以上，一波瞬间涨停。第一时间段集合竞价时在高开位置即 13.00 元成交 1005 手。第一时间段正式开盘时即 9：30 分在 13.01 元成交 277 手，在 13.30 元涨停位置分别成交 1554 手、612 手、283 手、366 手和 113 手等十余笔

图例 027 中创信测（600485）第一时间段盘口即时走势图谱

大单。从成交单量看，盘中筹码十分稳定，主力虽以闪电手法在数十秒钟内封住涨停，但在涨停位置基本没有什么抛压。至 10：01 分，主力在右边盘口的封停单量仍然达到 54964 手，即 500 余万股巨量封单。盘中筹码的稳定超乎寻常，封停后成交稀少，可基本理解为中线主力控盘品种。当天量比达 5 倍以上，符合短线买进原则。职业操盘手应在第一时间段于涨停位置排队挂单，盘口观察主力当天开板的可能性极少，操盘策略可在次日股价开盘时利用主力震仓机会进场。

【道破涨停天机】实战图谱 028

图例 028　中创信测（600485）日 K 线走势图谱

（一）当日日 K 线临盘技术分析：该股自突破 60 日均线后以六连阳攻击态势震荡盘升。

量能温和放大，配合股价以中级大斜角向上运行。今天以闪电战法攻击涨停，说明主力操盘计划迫切，股价已经进入加速上涨阶段。从股价运行状态看，主力从 12 月 4 日放量突破 30 日均线就一直不慌不忙执行操盘计划。今天涨停可能受基本面利好政策刺激主力发飚，封停的巨量大单说明主力做盘的坚强决心。从今天的涨停操盘动作分析，明日必然展开技术性震仓，临盘应积极介入。

（二）当日日 K 线操盘策略：从封停单量看，主力当日开板的可能性较少。这种操盘手法出现后一般有两种趋势，其一是次日继续攻击涨停，其二是次日高开展开震仓。从该股 12 月 4 日以来形成的组合 K 线特征显示，主力以第一种操盘手法出现的可能较大。短线布局在次日开盘快速回调震仓时，约距今日涨停板价格 5 个点以内区间。主力在底部建仓期间，成交量仅仅温和放大，应为中线主力资金补仓性特征。投入仓位原则以中级仓位参与主力的短线启动行情。根据中线主力滚动操盘原则，第一目标量度升幅在 30% 以内，第一目标价格在 16 元一线。

【道破涨停天机】实战图谱 029

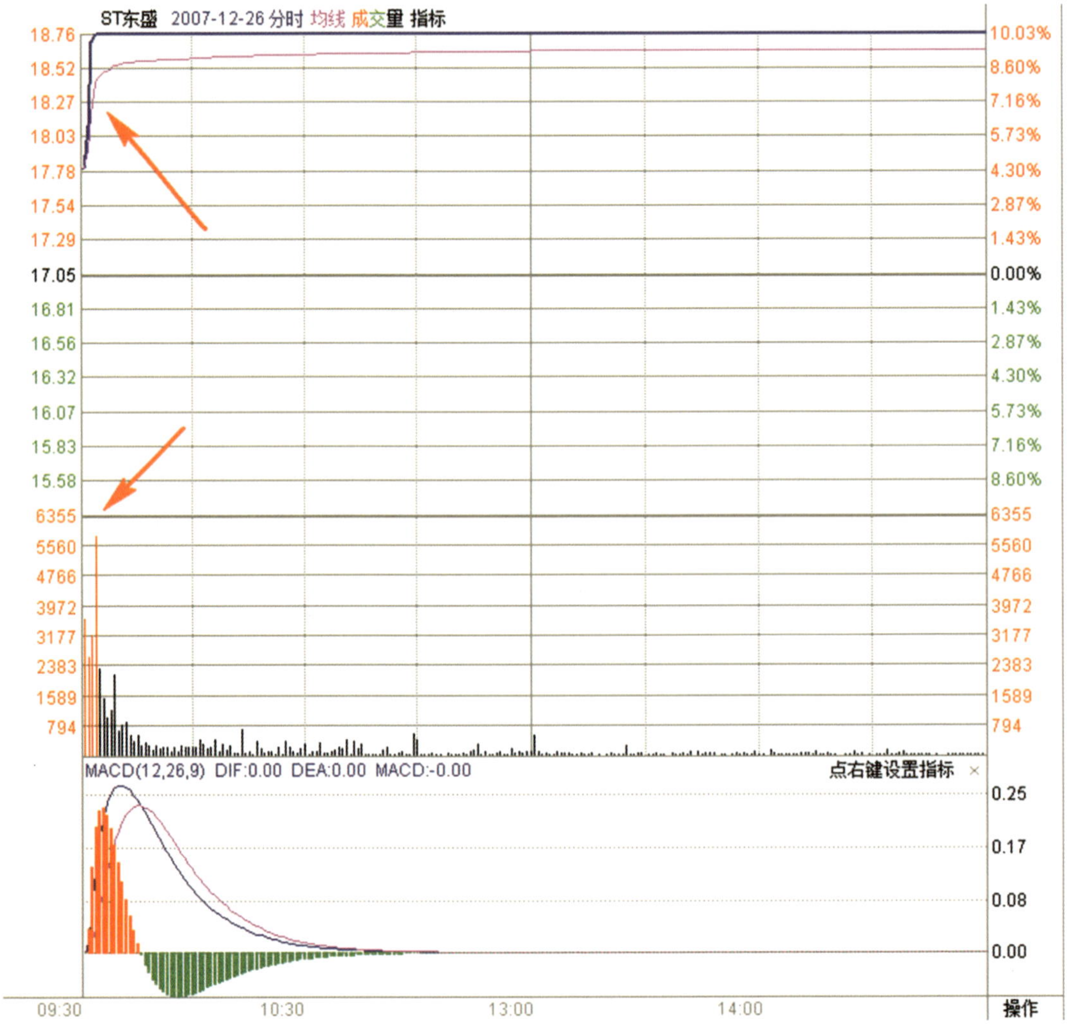

图例 029 东盛科技（600771）第一时间段盘口即时走势图谱

一波涨停、巨量封停临盘技术判断与操盘决策：

早盘高开3%以上，股价在5分钟内以一波长波涨停。第一时间段集合竞价时在高开位置即17.38元成交1128手。第一时间段正式开盘时即9：30分在17.41元成交958手，在17.50元成交419手、497手。第一时间段9：33分涨停时，在涨停位置即18.76元仅成交1461手和1089手两笔10万股级别的大单，而其他单量均在600手以内且仅为十余笔。从成交单量看，盘中筹码十分稳定，主力虽以闪电手法在3分钟内封住涨停，但在涨停位置基本没有什么抛压。至9：49分，主力在右边盘口的封停单量仍然达到68950手，即680余万股巨量封单。当天量比达6倍以上，攻击角度几近90度，气势非凡。从盘口成交状态观察，当天开板的可能性极少。此种走势一般均为中线主力控盘品种，且处于第二阶段加速时的状态表现。

【道破涨停天机】实战图谱030

图例030　东盛科技（600771）日K线走势图谱

（一）当日日K线临盘技术分析：该股在60日均线之下运行11个交易日后，今日高开高走，涨停突破。股价以中级大斜角向上运行，今天出现加速性上涨形态。主力从12月7日第一个涨停板以来，操盘手法有拉有放，节奏把握较好。今天涨停应属于第二波拉升动作，巨量封停大单说明主力不想让跟风者参与。但无论如何，股价在20元一线的中级阻力不容忽视。预计明日将在20元一带必然展开技术性震仓，临盘坚决守仓不动。

（二）当日日K线操盘策略：从斜角状态看，本轮行情级别较大。第一阶段目标价位至少在23元一线，第二阶段目标价位则应在26元区间。从该股12月7日以来的操盘手法显示，第一阶段目标价位自然不在话下。中线仓位还可在次日开盘快速回调震仓时加码买进，约距今日涨停板价格5个点以内区间。股价运行至现在，成交量仅仅温和放大，应为中长线主力资金控盘特征。

【道破涨停天机】实战图谱031

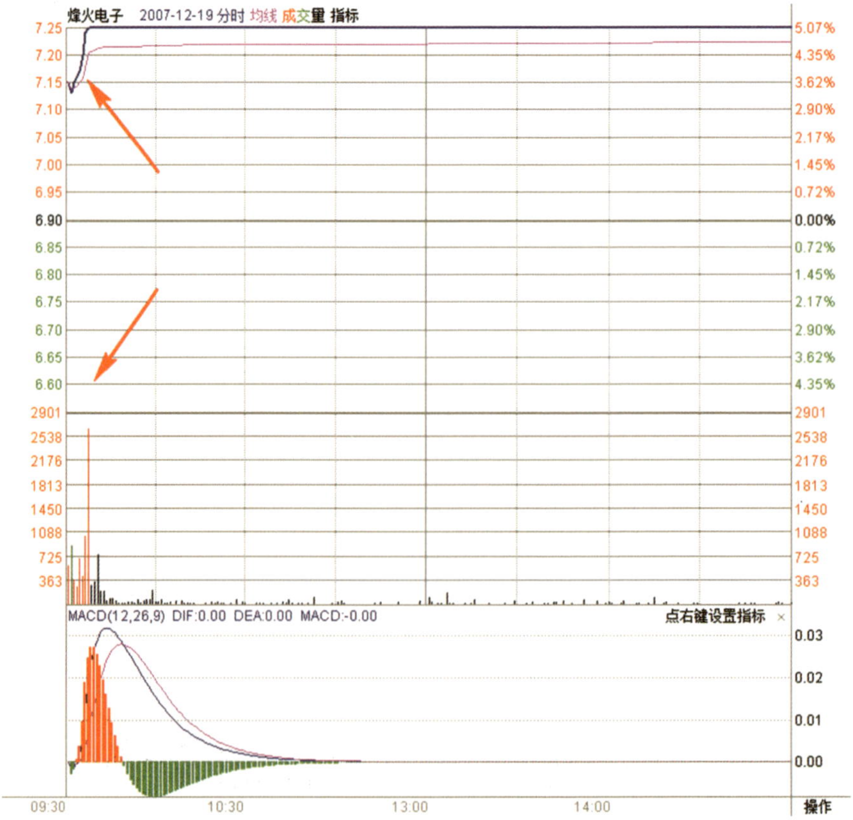

图例031 烽火电子（000561）第一时间段盘口即时走势图谱

高开回调、一波涨停临盘技术判断与操盘决策：

早盘高开 3% 以上，股价快速回调不破昨收盘价和均价线，并在 7 分钟内以一波长波涨停。第一时间段集合竞价时在高开位置即 6.98 元成交 111 手。第一时间段正式开盘时即 9：30 分在 7.10 元成交 347 手一笔大单，其余均为数十手每笔的小单。第一时间段 9：37 分涨停时，在涨停位置即 7.25 元仅成交 868 手和 650 手两笔 6 万股级别的大单，而其他单量均在 300 手以内且仅为十余笔。主力在 3 分钟内以闪电手法封住涨停，但在涨停位置基本没有什么抛压。至 9：46 分，主力在右边盘口的封停单量仍然达到 26494 手，即 260 余万股巨量封单。当天量比达 2 倍以上，攻击角度几近 90 度，来势汹汹。股价封停后，成交稀少，当天开板的可能性几乎为零。由于股价运行在大跌之后的底部位置，斩仓盘已经全部缩手，主力收集筹码困难。因此，必须展开反弹拉升的操盘手法才能实现进一步建仓的计划。

【道破涨停天机】实战图谱 032

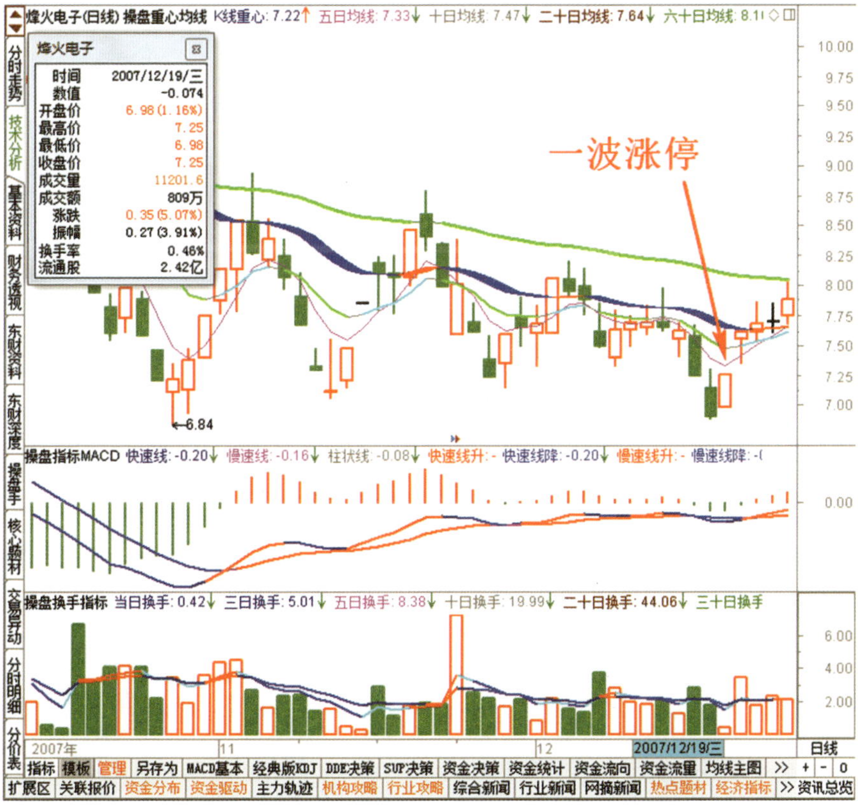

图例 032　烽火电子（000561）日 K 线走势图谱

（一）当日日K线临盘技术分析：该股经过前两日放量杀跌后，今日高开高走，一波涨停。本次杀跌正好在前底6.84元附近，今日涨停似乎是技术止跌结果。从底部K线组合形态看，该股曾在11月26日放出巨量，带有底部收集筹码特征。因此，前两日的放量杀跌应该是底部诱空性建仓动作，估计有新主力进场建仓。今日早盘快速涨停，可基本印证这一判断。临盘仍判断为短线反弹行情，可小单轻仓进场参与。

（二）当日日K线操盘策略：从图中箭头所绘位置显示，股价在6.84元止跌。如果是短线反弹行情，第一阶段目标价位至少在8元一线，第二阶段目标价位则至少在9元以上。

而短线止损位，则为股价再次下跌时，放量击穿6.84元坚决止损出局。短线风险控制在6%以内。如该股带量反弹，形成强势上涨趋势，则可考虑在突破60日均线实施中级仓位中线布局策略。

第三节　二波涨停

第一时间段：早盘9：30－10：00分。

第一时间段时间总长度：30分钟。

狙击时间：

第一关键点：早盘9：25－9：35分。

第二关键点：早盘9：35－10：00分。

狙击涨停秘诀：

第一条：股价高开6%以上。放量，量比3倍以上。二波拉升直接攻击涨停。股价回调不破昨收盘价和均价线，回调时，现价即时大仓位买进。当涨停最后一笔大卖单被即将吃掉时，可以加码买进。

第二条：股价高开3%以上。放量，量比2倍以上。二波拉升直接攻击涨停。股价回调不破均价线，回调时，现价即时大仓位买进。当涨停最后一笔大卖单被即将吃掉时，可以加码买进。

第三条：股价高开1%以上。放量，量比1倍以上。二波拉升直接攻击涨停。股价回调不破均价线，回调时，现价即时大仓位买进。当涨停最后一笔大卖单被即将吃掉时，可以加码买进。

第四条：股价平开，直接攻击涨停。在本时间段突然被抛盘打开，然后回调至5% ~7% 区间并展开震荡，股价不破均价线。放量，量比 1 倍以上。回调时，现价即时大仓位买进。当股价第二波直接攻击涨停，最后一笔大卖单被即将吃掉时，可以现价加码买进。

【道破涨停天机】实战图谱 033

图例 033　方兴科技（600552）上午盘口即时走势图谱

高开回调、二波涨停临盘技术判断与操盘决策：

早盘高开1%以上，股价快速回调不破昨收盘价，随即展开快速拉升。第一波攻击幅度为3%，盘中展开回调，回调不破均价线。第一时间段9：47分，主力发动第二波攻击，攻击幅度为3%，4分钟内直接涨停。第一时间段9：51分涨停时，在涨停位置即10.80元仅成交114手、253手和205手三笔2万股级别的中单，而其他单量均在100手以内且仅为十余笔小单。主力在4分钟内以闪电手法封住涨停，但在涨停位置基本没有什么抛压。至11：25分，主力在右边盘口的封停单量仍然达到10180手，即100余万股巨量封单。当天量比达1倍以上，二波涨停，无论从技术面还是涨停气势上，主力均显露沉稳的操盘风格。股价封停后，成交稀少，盘中筹码极为稳定。股价运行中期大底之中，今日的上涨有底部启动性行情的特征，故可中仓介入。

【道破涨停天机】实战图谱034

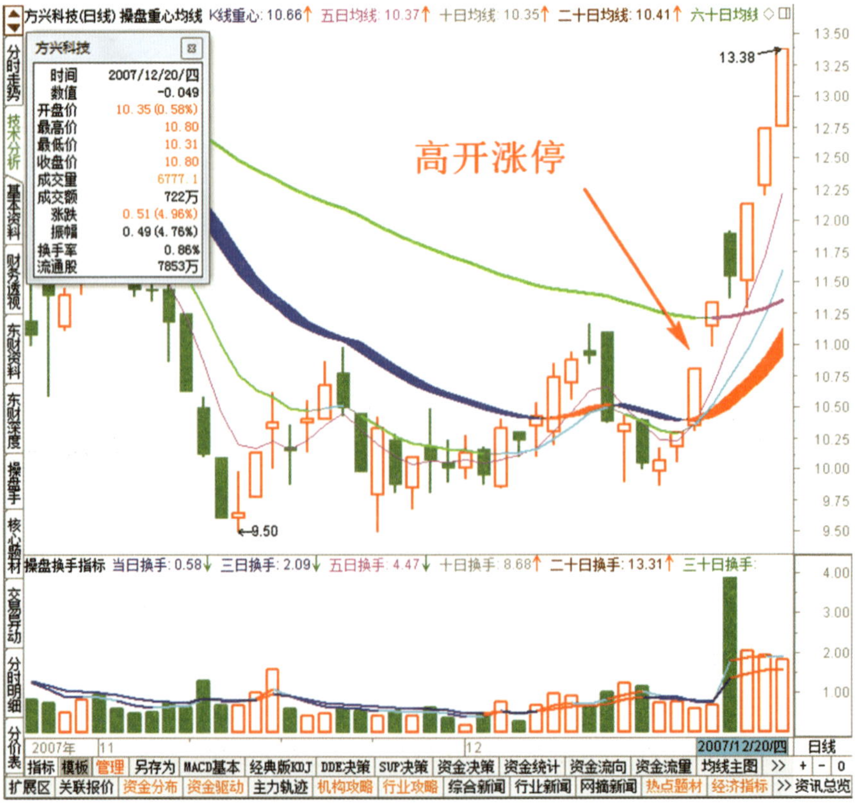

图例034 方兴科技（600552）日K线走势图谱

（一）当日日 K 线临盘技术分析：该股自 12 月 12 日突破 30 日均线回落以来，已经调整六个交易日。股价调整过程中，成交量并未萎缩，反而呈温和放大的现象，说明主力在底部建仓。今日再次突破 30 日均线，并形成二波涨停的技术手段，说明主力有结束底部整理的计划。仔细研盘发现，今日涨停是该股从 11 月 13 日见底以来的第二次涨停。短中期均线系统全部走平，说明有中线主力资金进场扫货。临盘可暂定为底部中级启动行情，中级仓位进场参与。

（二）当日日 K 线操盘策略：股价在底部横盘整理达 26 个交易日，近日面临时间之窗。

股价自 12 月 12 日回调以来持续放量，说明主力吸筹迫切。今日出现底部突破 20 日均线的第二次涨停，主力操盘计划进入第二阶段，即初级拉升期。如果是中线主力资金操盘，第一目标价格应在 13 元附近，第二目标价格则在 15 元区间。临盘可考虑在突破 60 日均线实施大仓位中线布局策略。

【道破涨停天机】实战图谱 035

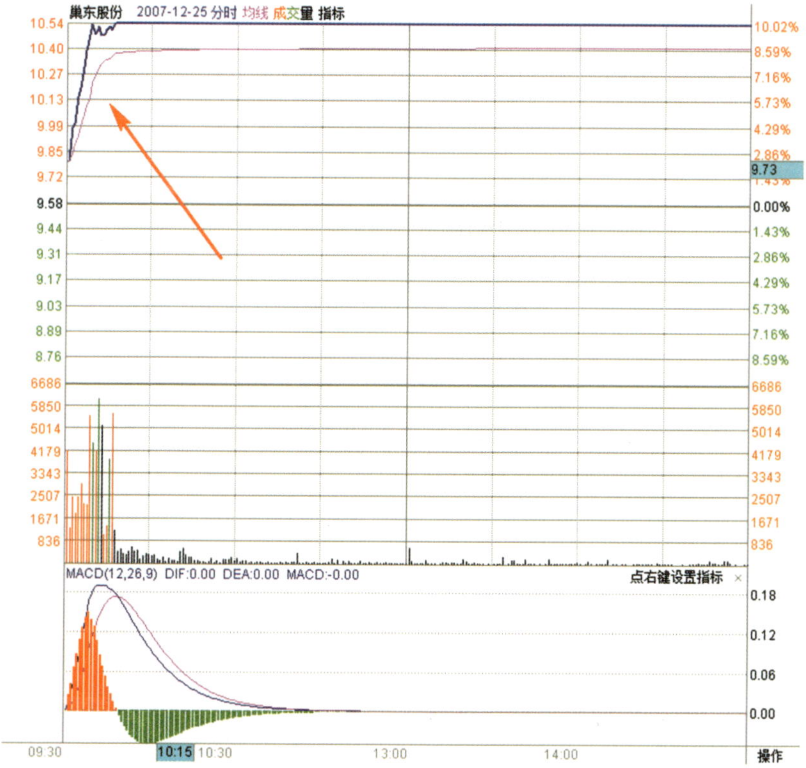

图例 035　巢东股份（600318）第一时间段盘口即时走势图谱

长波拉升、二波涨停临盘技术判断与操盘决策：

早盘高开1%以上，股价以一波长波拉升，5分钟之内攻击至涨停板位置附近。第一波攻击幅度为9%以上，接近涨停板，主力反手回调震仓，震幅在0.5%以内。第一时间段9：41分，主力发动第二波攻击，5分钟内直接涨停。股价早盘高开时，曾在9.75元成交993手、在9.78元成交1102手和1138手三笔9万股和10万股级别的大单，预示当天主力的操盘决心。第一时间段9：46分，主力在5分钟内以闪电手法封住涨停，但在涨停位置仅成交4610手这一笔大单，其他均为200手以内的中小单，显示上方基本没有什么抛压。至9：51分，主力在右边盘口的封停单量仍然达到73158手，即730余万股巨量封单。当天量比达18倍以上，二波涨停，一波长，二波短，尤其第二波非常短促，显示主力必胜决心。股价封停时没有遭遇抛压，封停后成交稀少，盘中筹码极为稳定。股价运行在上升通道中，今日的上涨有加速启动性行情的特征，故可重仓介入。

【道破涨停天机】实战图谱036

图例036 巢东股份（600318）日K线走势图谱

（一）当日日 K 线临盘技术分析：该股自 12 月 12 日带量突破 60 日均线，而在 13 日却放量震仓洗盘。股价调整过程中，高低点和量能的控制节奏把握较好，说明主力仍在暗中建仓。今日高开高走，放量攻击，并在早盘实现二波涨停，主力加速上涨心情急切。从盘口的封停量和成交大单统计情况显示，上档基本无较大抛压。这种状况说明该股为中线主力资金场中控盘特征，本轮行情为滚动操盘计划。由于是滚动性操盘，肯定有中级波段行情，因此必须重仓进场参与。

（二）当日日 K 线操盘策略：股价运行在中级上升通道中。昨日放量收出攻击型中阳线。今日涨停，应是主力实施操盘计划的中级波段拉升期。第一目标价格应在 11 元附近，第二目标价格则在 16 元区间。临盘可考虑在次日调整洗盘时大仓位中线布局策略。

【道破涨停天机】实战图谱 037

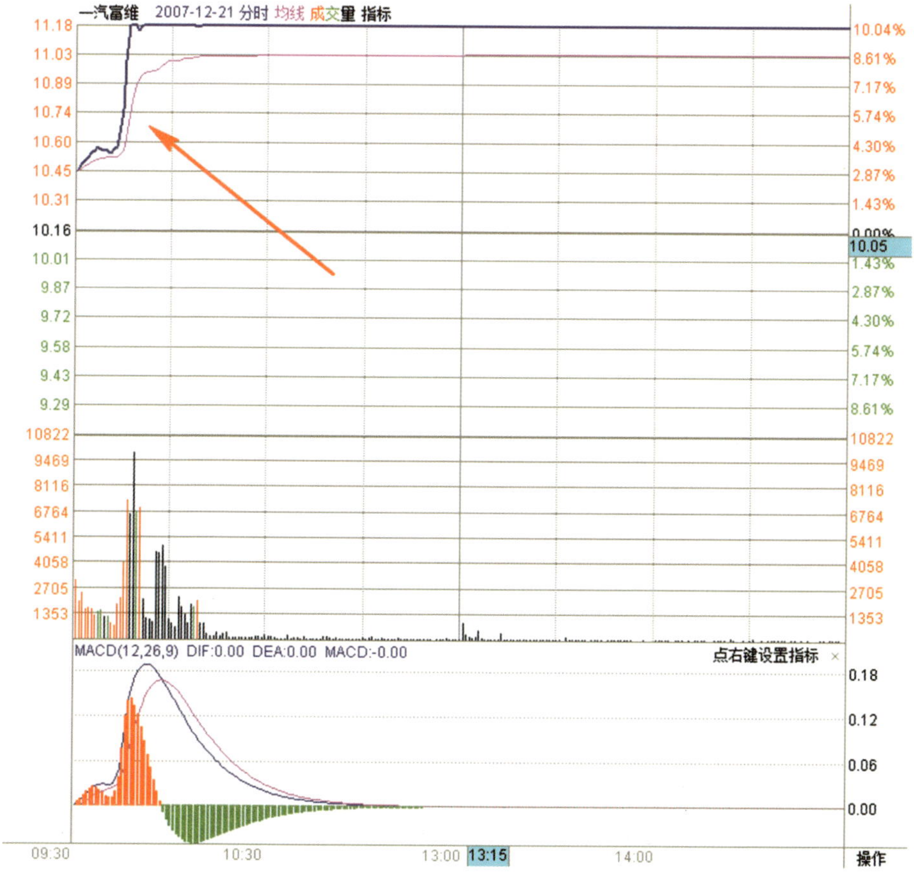

图例 037 一汽富维（600742）第一时间段盘口即时走势图谱

长波拉升、二波涨停临盘技术判断与操盘决策：

早盘高开2%以上。第一波攻击幅度为1%以上，整体涨幅在4%以内，主力反手回调震仓，震幅在0.5%以内。第一时间段9：41分，主力发动第二波长波攻击，攻击幅度达6%，5分钟内直接涨停。第一时间段9：46分，主力在5分钟内以闪电手法封住涨停，但在涨停位置发现抛盘汹涌而出。临盘发现在11.18元成交1114手、1062手、1109手、2505手数笔10万股级别的大单，其他300手以上级别的大单多达数十手，可见上档抛压较为沉重。至9：47分，主力在右边盘口的封停单量达到40709手，但盘口仍在密集成交。当天量比达26倍以上，二波涨停，第二波波形过长，角度过于陡峭，有投机嫌疑。股价封停时巨量成交，封停后成交密集，盘中筹码松动明显。今日上涨主力虽有加大操盘力度的动作，但抛压较大，故只可短线轻仓介入。

【道破涨停天机】实战图谱038

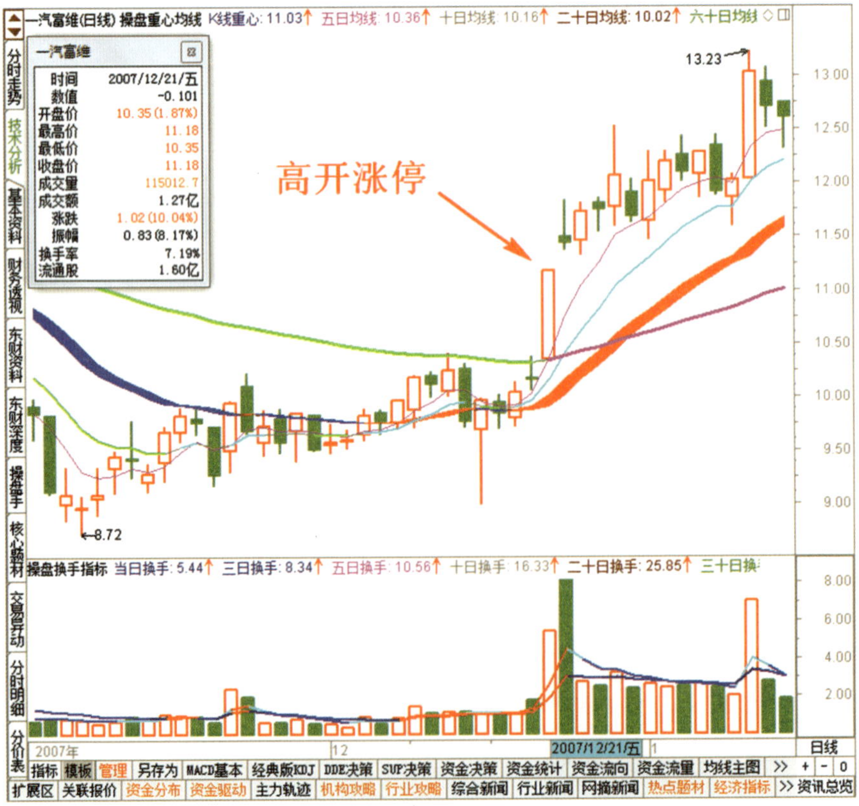

图例037 一汽富维（600742）日K线走势图谱

（一）当日日 K 线临盘技术分析：该股在 12 月 14 日曾做出向下试盘动作。今日高开高走，放量攻击，并在早盘实现二波涨停，主力加速上涨心情急切。从盘口的封停后的密集成交情况显示，上档抛压较大。说明股价越是接近 13 元的中级阻力平台，压力就越大。这种状况说明主力明知不可为而为之的勇气，本轮行情应为中线主力滚动操盘计划。如后市能继续放量突破 13 元平台，则可中线继续看高。

（二）当日日 K 线操盘策略：股价运行趋势有形成中级上升通道的意图。主力在 12 月 14 日向下试盘原来是为了今天的攻击发出信号。今日涨停，可能是主力实施操盘计划的中级波段拉升期。第一目标价格应在 13 元附近。临盘可短线轻仓进场，如后市能突破 13 元，则可中级仓位布局应对。

第四节　三波涨停

第一时间段：早盘 9：30－10：00 分。

第一时间段时间总长度：30 分钟。

狙击时间：

第一关键点：早盘 9：25－9：35 分。

第二关键点：早盘 9：35－10：00 分。

狙击涨停秘诀：

第一条：股价高开 3% 以上。放量，量比 5 倍以上。三波拉升直接攻击涨停。股价盘中回调不破均价线，回调时，现价买进。当最后一笔大卖单被即将吃掉时，可以加码买进。

第二条：股价高开 1% 以上，放量，量比 2 倍以上，股价回调突破昨收盘价后实现快速震仓动作，然后三波拉升带巨量直接攻击涨停，股价盘中回调不破均价线，回调时，现价买进。当最后一笔大卖单被即将吃掉时，可以加码买进。

第三条：股价平开。回调突破昨收盘价后实现快速震仓动作，然后三波拉升带巨量直接攻击涨停。放量，量比 1 倍以上。当股价第三波直接攻击涨停，最后一笔大卖单被即将吃掉时，可以现价加码买进。

第四条：股价低开 3% 以内。放量，量比 1 倍以上。股价快速拉升突破昨收盘价后，回调不破开盘价，实现快速震仓动作，然后三波拉升带巨量直接攻击涨停。

当股价第三波直接攻击涨停，最后一笔大卖单被即将吃掉时，可以现价加码买进。

【道破涨停天机】实战图谱 039

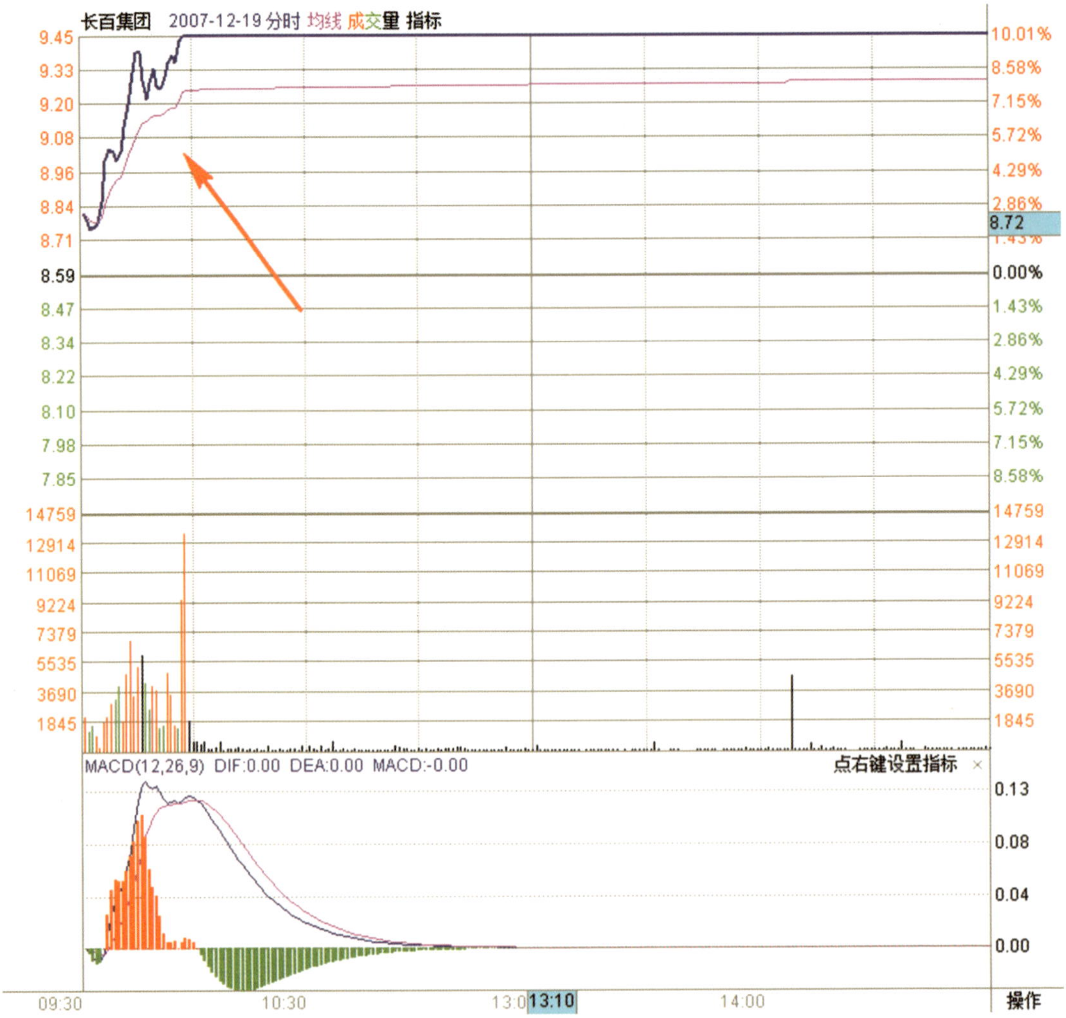

图例 039　长百集团（600856）第一时间段盘口即时走势图谱

三波攻击、巨量涨停临盘技术判断与操盘决策：

早盘高开 2% 以上，快速回调不破昨收盘价。第一波攻击幅度为 2% 以上，波形涨幅在 5% 以内，量能急剧放大。股价做短暂回调后，于第一时间段 9：39 分，主力发动第二波攻击，攻击幅度达 5%，逼近涨停。盘中量能配合极度健康，价升量增，主力控盘节奏较好。至 9：51 分，主力再次展开回调后向上发动第三波攻击，于3分钟内闪电涨停。股价在第二次回调时并未击破均价线，当天量比达26倍以上，拉升波形稳健。从右边盘口可以看到，主力用120037手巨量大单封停，做多决心巨大。今日主力已经加大操盘力度，股价再次加速，临盘短线中仓介入。

【道破涨停天机】实战图谱040

图例040 长百集团（600856）日K线走势图谱

（一）当日日K线临盘技术分析：该股在前期已经有四个涨停板，短期升幅巨大。昨日放量下跌，是明显的洗盘行为。今日高开高走实现三波涨停，看来主力有意继续加速上涨。由于前期涨幅已大，今日上涨是中继形态，故后市空间不宜过分看高。临盘只考虑短线操作，测量目标升幅在20%左右。

（二）当日日 K 线操盘策略：股价运行趋势正在加速上涨。主力利用前期四个涨停板的惯性冲击性上涨态势。连续三日成交量巨幅放大，主力有拉高出货滚动操盘的嫌疑。如按惯性操盘思路测量股价升幅，第一目标价格应在 11 元区间。临盘可短线中仓进场，预期涨幅不宜太高。

【道破涨停天机】实战图谱 041

图例 041 上海家化（600315）第一时间段盘口即时走势图谱

对敲拉升、三波涨停临盘技术判断与操盘决策：

早盘高开 2% 以上，快速回调不破昨收盘价。盘中快速实现三波对敲拉升定式，量能急剧放大。股价每波间的回调速度极快，回调幅度极小。第三波几乎以跳跃式攻击闪电涨停。

从第三波的波形特点看，拉升过于急促，有极强的投机嫌疑。至第一时间段9：46 分，主力盘中仍未有一笔超过 10 万股级别的成交大单，可见主力用中小单对敲做高股价。这种情况说明主力已经高度控盘，当天量比达 8 倍以上，量比数值放大有刻意做盘痕迹。从右边盘口可以看到，至 9：55 分，主力仍用 13435 手大单封停，当天不会再开板了。从涨停形态看，主力还有震仓洗盘动作，因此，短线暂以观望为主。

【道破涨停天机】实战图谱 042

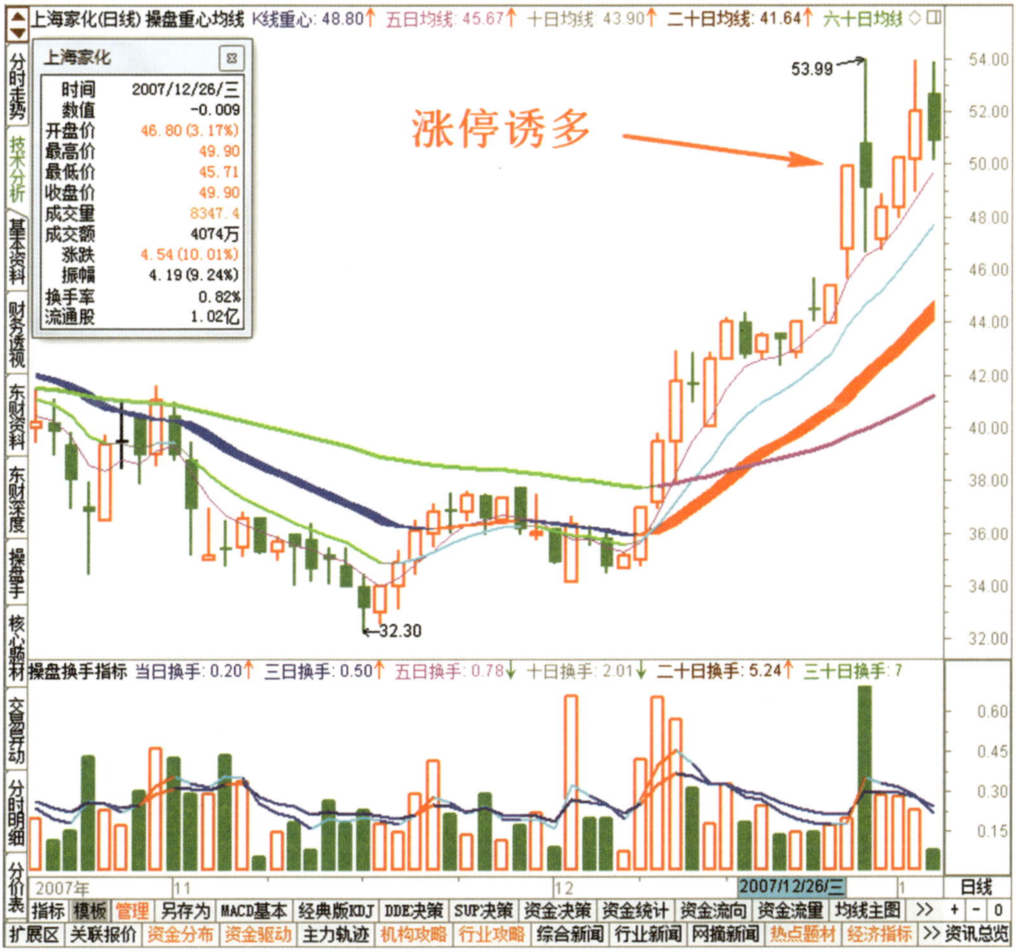

图例 042 上海家化（600315）日 K 线走势图谱

（一）当日日 K 线临盘技术分析：该股在 12 月 11 日放量突破 60 日均线后震荡盘升，短期升幅较大。今日上涨有加速拉升趋势。盘中量能没有放大。一方面说明主力高度控盘，另一方面说明上涨力度欠缺空间有限。从三波涨停手法来看，盘中有明显的投机成分，因此，主力还将有震仓洗盘动作。临盘不追高，暂时观望。如主力反手洗盘，则在 5 日均线短线伏击。

（二）当日日 K 线操盘策略：股价运行趋势正在加速上涨。量能没有明显放大，说明是长线主力控盘品种。加速上涨不放量，如放量就会出现阶段性洗盘顶部。如次日高开放量，主力将必然展开洗盘。临盘可暂时观望，预期涨幅不会太高。

【道破涨停天机】实战图谱 043

图例 043 卧龙地产（600173）盘口即时走势图谱

攻击拉升、三波涨停临盘技术判断与操盘决策：

早盘略微高开，短暂震荡后展开三波攻击。在第一波和第二波的波峰上出现大资金买进所产生的尖角型冲击波形。第二波和第三波间的回调速度极快，回调幅度极小。而第三波几乎以跳跃式攻击闪电涨停。从第三波的波形特点看，波形较短，封停速度快捷，主力做盘决心较大。至第一时间段 9：57 分封涨停时，仅在 10.58 元成交 603、237、732、357 手四笔大单，其他均为中小单，可见盘中抛压较小。由于前期股价连续下跌创新低，斩仓盘基本缩手。当天量比达 8 倍以上，主力主动攻击做盘。今日上涨快速封停，主力已经明显止跌反弹了。由于前期大跌，做空能量得到消化，今日上涨故可短线中仓进场参与。

【道破涨停天机】实战图谱 044

图例 044　卧龙地产（600173）日 K 线走势图谱

（一）当日日 K 线临盘技术分析：该股从 12 月 14 日连续以两个跌停板放量下跌。昨日收小十字阴 K 线，出现止跌迹象。今日盘中涨停，一方面说明短线止跌反弹，另一方面说明主力在底部的诱空计划成功。从三波涨停手法来看，量价配合十分健康，主力有形成中期大底的操盘计划。今日上涨是短线最佳伏击机会，盘中坚决中仓进场参与。

（二）当日日 K 线操盘策略：股价在大跌后出现底部明显止跌信号。量能温和放大，说明有中线主力资金在场中悄悄建仓。前几天放量下跌是诱空动作。如果是中线主力建仓，短线必然会快速拉升至 30 日均线上方。后市股价放量突破 60 日均线时，可中线建仓布局。

第五节 操盘战例

朝辉（私募）投资管理机构白金会员基本档案：

●会员编号：WCH（京）07108

●会员名称：赵先生（全名略）

●入会初始资金：186 万元

●入会时间：2007 年 3 月 17 日

●所在地区：北京宣武区

●开户证券：招商证券

●开户银行：招商银行北京支行

●截至 2007 年 12 月 1 日，WCH（京）07108 号会员账户总资产为 769.53 万元，直接盈利 583.53 万元，总收益率为 314%！

本章摘录该会员在 2007 年 12 月 20 日参与的经典战例。

朝辉（私募）投资管理机构白金会员操盘简报：

一、会员编号：WCH（京）07108 号会员

二、投入资金：500 万元

三、操盘时间：2007 年 12 月 20 日

四、时间长度：13 个交易日

五、操盘项目：方兴科技（600552）

六、预期收益：30%

七、实际收益：40%

【道破涨停天机】实战图谱 045

图例 045　方兴科技（600552）盘口即时走势图谱

高开低走、二波涨停临盘技术判断与操盘决策：

早盘高开 1% 以上，股价快速回调不破昨收盘价，随即展开快速拉升。第一波攻击幅度为 3%，盘中展开回调，回调不破均价线。第一时间段 9：47 分，主力发动第二波攻击，攻击幅度为 3%，4 分钟内直接涨停。第一时间段 9：51 分涨停时，在涨停位置即 10. 80 元仅成交 114 手、253 手和 205 手三笔 2 万股级别的中单，而其他单量均在 100 手以内且仅为十余笔小单。主力在 4 分钟内以闪电手法封住涨停，但在涨停位置基本没有什么抛压。至 11：25 分，主力在右边盘口的封停单量仍然达到 10180 手，即 100 余万股巨量封单。当天量比达 1 倍以上，二波涨停，无论从技术面还是涨停气势上，主力均显露沉稳的操盘风格。股价运行中期大底之中，今日的上涨有底部启动性行情的特征，盘中当即在股价涨停卖出大单消失时以涨停价现价买入，当天介入仓位为 40%。股价封停后，成交稀少，盘中筹码极为稳定。

【道破涨停天机】实战图谱 046

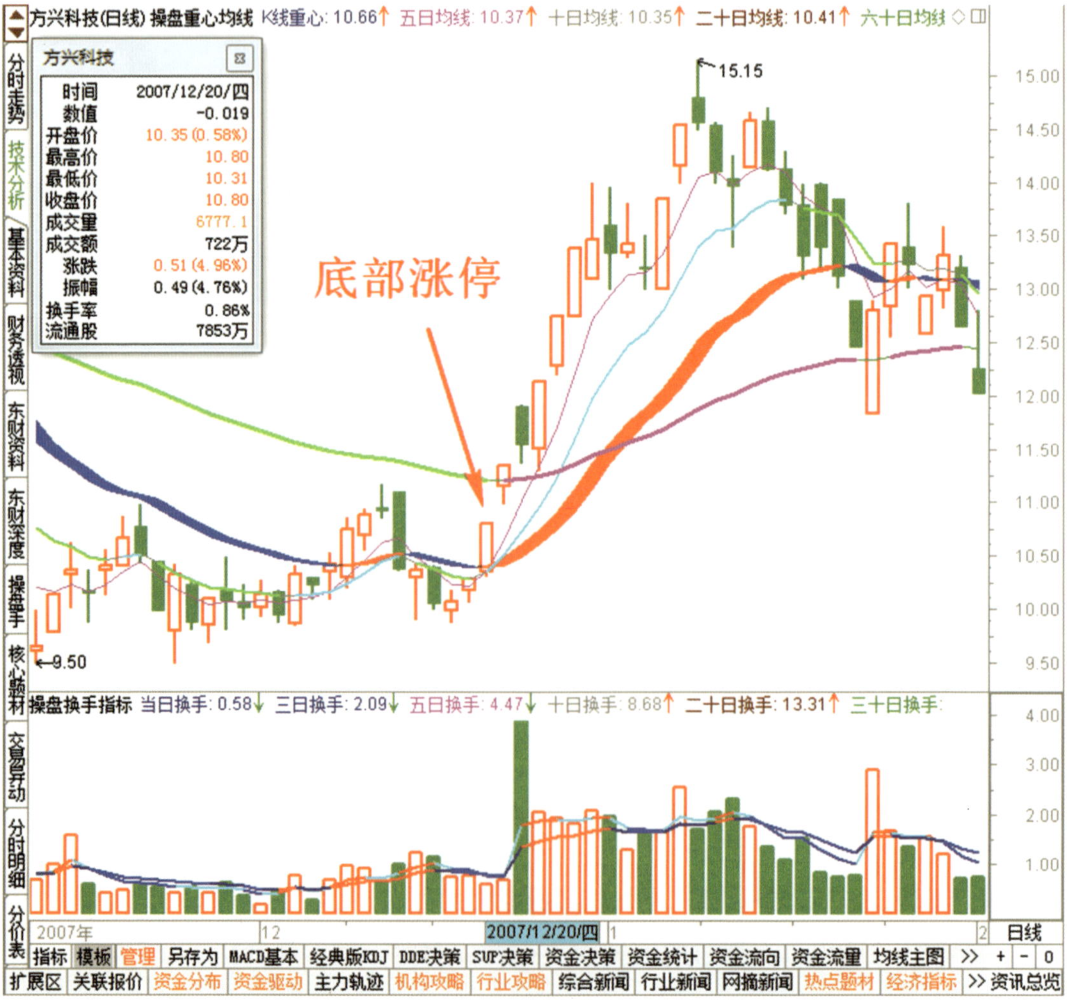

图例 046　方兴科技（600552）日 K 线走势图谱

（一）当日日 K 线临盘技术分析：该股自 12 月 12 日突破 20 日均线回落以来，已经调整六个交易日。股价调整过程中，成交量并未萎缩，反而呈温和放大的现象，说明主力在底部建仓。今日再次突破 30 日均线，并形成二波涨停的技术手段，说明主力有结束底部整理的计划。仔细研盘发现，今日涨停是该股从 11 月 13 日见底以来的第二次涨停。短中期均线系统全部走平，说明有中线主力资金进场扫货。临盘可暂定为底部中级启动行情，盘中当即在股价涨停卖出大单消失时以涨停价现价买入，当天介入仓位为 40%。

（二）当日日 K 线操盘策略：股价在底部横盘整理达 26 个交易日，近日面临时间之窗。

股价自 12 月 12 日回调以来持续放量，说明主力吸筹迫切。今日出现底部突破 30 日均线的第二次涨停，主力操盘计划进入第二阶段，即初级拉升期。如果是中线主力资金操盘，第一目标价格应在 13 元附近，第二目标价格则在 15 元区间。临盘可考虑在突破 60 日均线实施大仓位中线布局策略。

【道破涨停天机】实战图谱 047

图例 047　方兴科技（600552）全天盘口即时走势图谱

回头波震仓临盘技术判断与操盘决策：

早盘以涨停板开盘，开盘 3 分钟后快速打开，展开震仓。第一轮震仓幅度达到 3 个点，幅度较深。主力当天震仓洗盘成为定局。截至今日，股价已经连涨了三天。由于今天突破了 60 天均线，盘中震仓成为技术性的必然。按照计划，第二轮仓位将在今天进场，从早盘走势看，进场时机选择在下午比较适宜。当天股价反复震荡盘跌，但仍未跌穿昨收盘价。盘中巨量成交，主力成功震仓。至当天收盘前，第二轮仓位基本全部于 11.50 元一线全部进入。

从股价打压力度看，主力有快速完成洗盘的迹象，明天继续关注昨日涨停板价格的支撑。如果主力采用极强的操盘手法，以快打慢，明天则必不破昨涨停收盘价。

【道破涨停天机】实战图谱 048

图例 048 方兴科技（600552）全天盘口即时走势图谱

二波长波攻临盘技术判断与操盘决策：

今天中盘复牌后低开低走，快速震仓，盘中最低价下探至11.30元随即快速拉起。第一轮震仓幅度达到3个点，幅度较深。主力当天震仓洗盘成为定局。第三时间段形成二波攻击定式，快速直奔涨停。从盘中反复震仓走势看，主力采用以快打慢操盘手法已经成为定局。

今日上涨已经说明股价有效突破60天均线，继续上涨趋势保持不变。昨日第二轮仓位介入正确。股价将直奔第一目标位，临盘持股不动。

【道破涨停天机】实战图谱049

图例049　方兴科技（600552）全天盘口即时走势图谱

阶段性见顶临盘技术判断与操盘决策：

今天中盘复牌后高开低走，第三时间段震荡盘升攻击涨停。涨停开板后，主力在第五时间段再次发动涨停攻势，但量能没有配合，涨停失败。主力在第五至第六时间段形成瀑布波形回头打压，短期阶段性顶部出现。从盘中观察，主力第一阶段目标价格已经到位，今天最高为 14 元。根据操盘策略，临盘在该股第二波不能带量封涨停时出局 50% 仓位。该股上涨动能没有减弱，短线调整后还有创新高趋势。因此，今日出局的仓位将在长假开市时于 5 天均线处伏击，滚动操盘应对主力阶段性洗盘。

【道破涨停天机】实战图谱 050

图例 050 方兴科技（600552）全天盘口即时走势图谱

横盘整理临盘技术判断与操盘决策：

昨天在盘中逢低补回节前卖出的仓位，均价在13.25元一带。主力今天窄幅整理，早盘上攻未致全力，洗盘还将继续。分时系统股价趋势向上，平台整理之后即将形成新一轮攻势。技术指标已经进入低位，下跌空间被封杀。昨日逢低补进的仓位处于安全状态。正常洗盘不会超过5天，股价将直奔第二目标位，临盘持股不动。

【道破涨停天机】实战图谱051

图例051 方兴科技（600552）全天盘口即时走势图谱

攻击受阻，中继整理临盘技术判断与操盘决策：

今天继续展开中继型窄幅整理。从盘中看，股价已经形成长达 8 个交易日的大角度攻击形态。成交量从突破 60 天均线后持续温和放大，说明主力操盘的力度在不断加大。从股价形态看，主力还有继续向第二目标价格攻击的操盘意图。强势行情洗盘不会超过 5 天，所以，临盘继续持股不动。目前账面盈利已经基本达到 30% 的预期目标。如果主力向第二目标价格进发，则我方盈利将继续扩大至 60%，因此，坚决与主力共舞。

【道破涨停天机】实战图谱 052

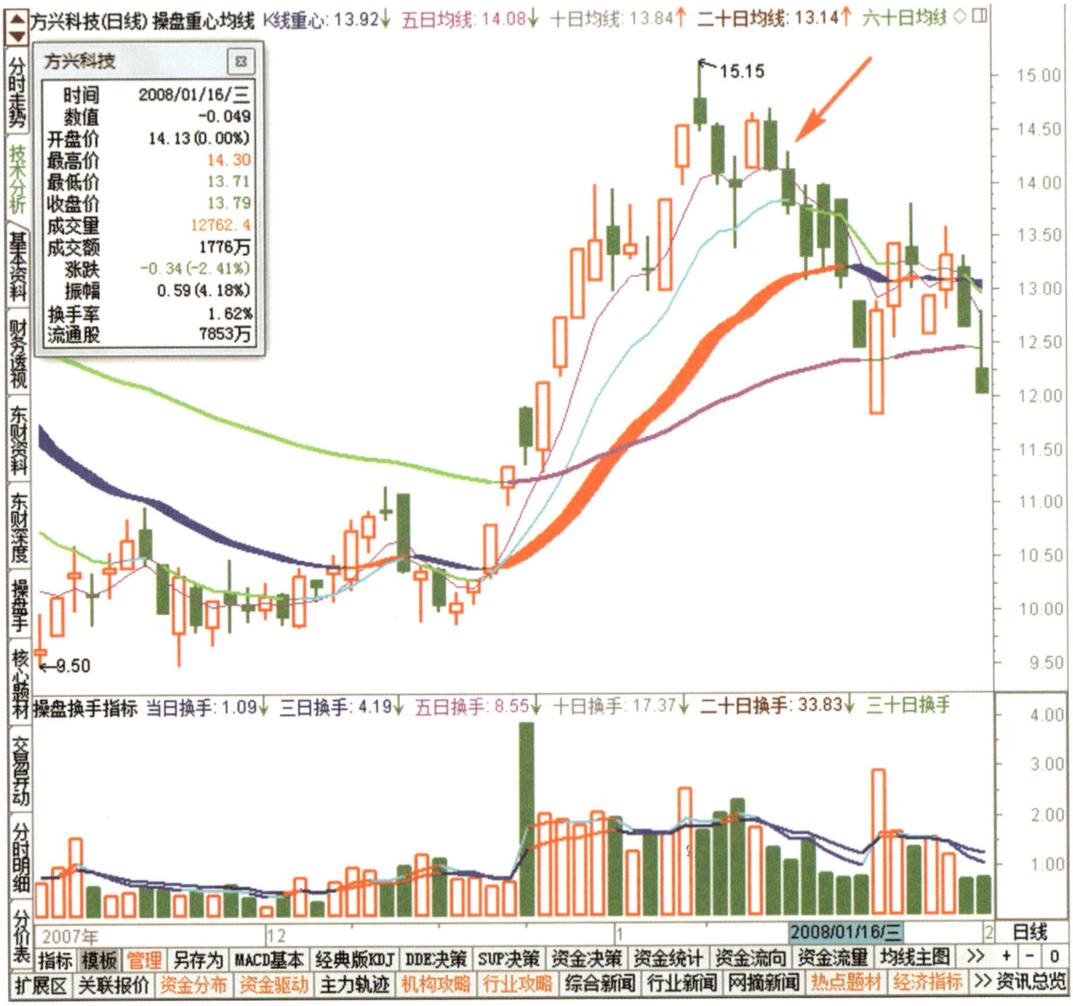

图例 052　方兴科技（600552）日 K 线走势图谱

该涨不涨，震荡出货临盘技术判断与操盘决策：

今天平开低走，反复震荡。股价该涨不涨，反而击穿 10 天均线重要支撑。这种状态说明短期头部已经形成，主力在震荡中出货了。既然主力出货，我们也没有不必要继续恋战。股价在盘中反弹突破昨收盘价时，我们全仓出局。买时果断，走时坚决，这是职业操盘手盈利的至尊法则。请各位参加学习的学员们时刻牢记这一点，永志不忘！

第三章

第二时间段涨停

职业操盘培训要点：

（一）了解和掌握第二时间段涨停的主要形式。

（二）了解和掌握一波涨停的操盘意义。

（三）了解和掌握二波涨停的操盘意义。

（四）了解和掌握三波涨停的操盘意义。

（五）了解和掌握多波涨停的操盘意义。

第一节　二波涨停

第二时间段：上午10：00－11：00分

时间总长度：60分钟

狙击时间：

第一关键点：早盘10：00－10：30分。

第二关键点：早盘10：30－11：00分。

狙击涨停秘诀：

第一条：股价高开3%以上。放量，量比2～10倍。股价回调至均价线附近不破均价线，然后二波拉升直接攻击涨停。均价线角度向上，姿态稳定，可以现价大仓位买进。

第二条：股价高开1%以上。放量，量比2～10倍。股价回调突破昨收盘价后实现快速震仓动作，然后二波拉升带巨量直接攻击涨停。均价线角度向上，姿态稳定，可以现价大仓位买进。

第三条：股价平开，回调跌破昨收盘价后实现快速震仓动作，然后二波拉升带巨量直接攻击涨停。放量，量比2～10倍。当股价第二波直接攻击涨停时，可以现价加码买进。

第四条：股价低开2%。放量，量比2～10倍。股价快速拉升突破昨收盘价后，回调不破开盘价，实现快速震仓动作，股价以二波拉升方式带巨量直接攻击涨停。均价线角度向上，姿态稳定。当股价第二波直接攻击涨停，最后一笔大卖单被即将吃掉时，可以现价加码买进。

【道破涨停天机】实战图谱053

拔高建仓、二波涨停临盘技术判断与操盘决策：

早盘低开震仓。第一时间段以多波攻击方式快速突破昨收盘价，从推高波形的走势发现，出现密集的尖角型状态。尖角型攻击波形是典型的主力建仓特征。由于该股是刚上市新股，主力极有可能拔高建仓。第二时间段涨停时，主力涨停波形涨速过快，显得稍微急躁。凡是涨停波形涨速过快，次日必然展开回调，以修正短线

图例 053 利达光电（002189）全天盘口即时走势图谱

操盘质量的缺憾。从盘口看，第五时间段主力故意开板，目的是为修正早盘过急的涨停行为。既然已经放量突破昨日上市的新高，今日盘中开板是典型的诱空动作。盘中量价配合非常健康，短线可在涨停时迅速介入，如次日低开震仓，仍是加仓良机。

【道破涨停天机】实战图谱 054

（一）当日日 K 线临盘技术分析：该股昨日上市逐波走低。今日低开后在第二时间段实现二波涨停。15 分钟 K 线系统显示四根带量攻击型 K 线组合。股价放量

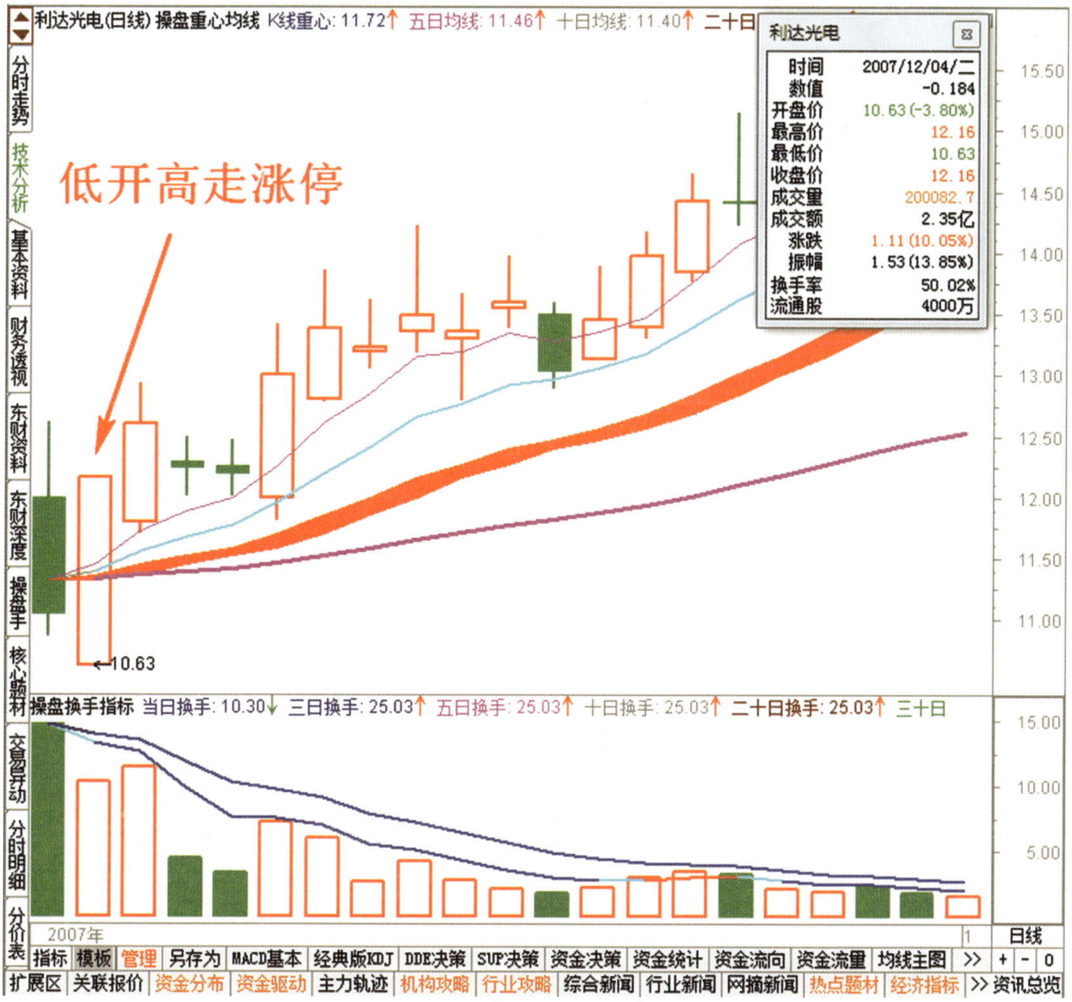

图例 054　利达光电（002189）日 K 线走势图谱

突破昨日上市的新高，主力将第一天买进的套牢盘大部分解放。该股股价定价不高，应有较大上涨空间。股价放量过顶，具备典型拔高建仓特征。从今天的涨停操盘动作分析，估计一轮短线行情已经展开，临盘应积极介入。

（二）当日分时系统 K 线操盘策略：新股上市次日放量涨停创新高，是典型主力拔高建仓特征。盘口上看，换手率达到 50%，快速收集筹码，应为中短线主力资金进场操盘特征。该股只有 4000 万流通盘，只能适合资金量规模不大的民间生力军进场操作。如果是短线主力，则目标量度升幅应在今日涨停价之上 30% 幅度，即 16 元区间。短线操盘应在今日涨停价和次日震仓时逢低布局。

【道破涨停天机】实战图谱 055

图例 055 天通股份（600330）第二时间段盘口即时走势图谱

高开震仓，二波涨停临盘技术判断与操盘决策：

早盘高开达 8% 以上。快速回调不破昨收盘价。股价围绕均价线反复窄幅震荡，说明主力盘中控盘蓄势。第二时间段主力突然实施二波涨停，第二波涨停速度快捷，涨停封停在数秒钟之内完成。盘口封停单量达到 94941 手，意思是“就是就是要”？主力要什么？今天要涨停，明天要洗盘，目的就是要赚钱嘛。盘中封停单量过于夸张，第二波涨停波形涨速过快，次日必然展开震仓。主力既然要赚钱，我们也要赚钱，短线可在涨停时迅速介入。如次日展开震仓，仍是逢低加仓良机。

【道破涨停天机】实战图谱 056

图例 056 天通股份（600330）日 K 线走势图谱

（一）当日日 K 线临盘技术分析：该股昨日在 10 日均线窄幅整理，盘中放量，形成止跌定式。今日高开后在第二时间段实现二波涨停。该股日 K 线系统显示涨停前曾围绕 60 天均线有过放量蓄势行为。在重要的阻力位或支撑位，股价放量蓄势是典型的打基础动作。高开、放量、涨停，是主力最经典的加速上涨操盘手法。中级行情已经展开，临盘应积极介入。

（二）当日分时系统 K 线操盘策略：该股突破 60 天均线后，已经形成明显的上升通道。

从股价技术形态上看，主力如后市在 11～12 元间整理完毕后，有望形成大圆弧底形反转。从量能结构看，应是中线主力场中操盘。该股如后市能够放出巨量，则有演变成大牛股的可能。短线操盘应在今日涨停价和次日震仓时逢低布局。

第二节　三波涨停

第二时间段：早盘 10：00－11：00 分

时间总长度：60 分钟

狙击时间：

第一关键点：早盘 10：00－10：30 分。

第二关键点：早盘 10：30－11：00 分。

狙击涨停秘诀：

第一条：股价高开 3% 以上，放量，量比 5 倍以上，股价回调至均价线附近不破均价线，然后三波拉升直接攻击涨停，均价线角度向上，姿态稳定，并出现尖角冲击波形，可以现价大仓位买进。

第二条：股价高开 1% 以上，放量，量比 3 倍以上，股价回调突破昨收盘价后实现快速震仓动作，然后三波拉升带巨量直接攻击涨停，均价线角度向上，姿态稳定，并出现尖角冲击波形，可以现价大仓位买进。

第三条：股价平开，回调跌破昨收盘价后，实现快速震仓动作，然后三波拉升带巨量直接攻击涨停。放量，量比 1 倍以上．并出现尖角冲击波形，当股价第三波直接攻击涨停时，可以现价加码买进。

第四条：股价低开 1%～3%，放量，量比 1 倍以上。股价快速拉升突破昨收盘价后，回调不破开盘价，股价以三波拉升方式带巨量直接攻击涨停。均价线角度向上，姿态稳定，并出现尖角冲击波形。当股价第三波直接攻击涨停，最后一笔大卖单被即将吃掉时，可以现价加码买进。

【道破涨停天机】实战图谱 057

拔高建仓、三波涨停临盘技术判断与操盘决策：

早盘低开高走，股价快速突破昨收盘价。第二时间段主力采用三波攻击式走

图例 057　烽火通信（600498）第二时间段盘口即时走势图谱

势，三波涨停。盘中波形带有明显的冲击形。说明主力用大资金冲击建仓。从波形形态看，波形长度明显受到主力控制，做盘节奏平稳。这种状况一般是中长线主力所为，后市上涨目标将更为高远。股价涨停后不断开板，说明主力仍在实施诱空动作。由于主力盘中反复震仓吸筹，同时也表明主力还不会大幅拉升。因此，应考虑中线逢低建仓。

【道破涨停天机】实战图谱 058

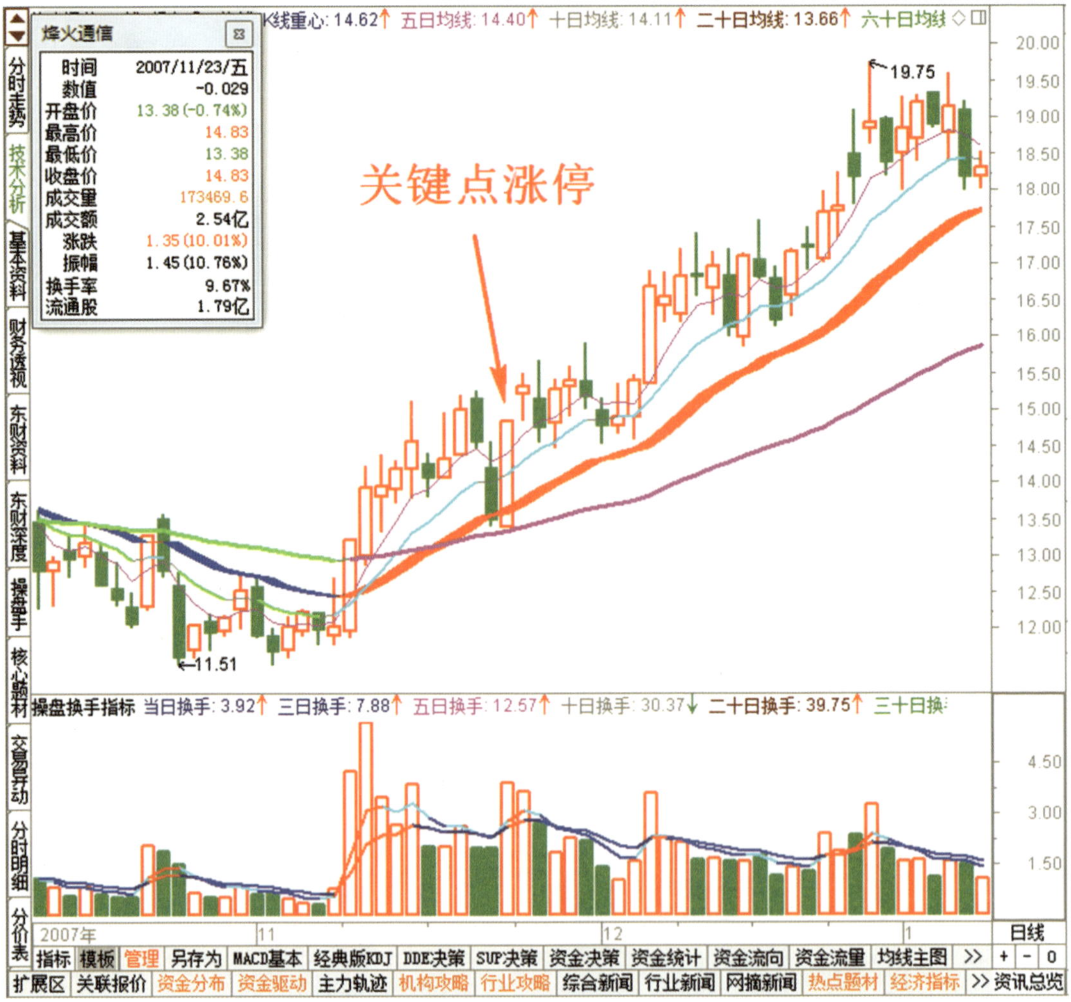

图例 058 烽火通信（600498）日 K 线走势图谱

（一）当日日 K 线临盘技术分析：该股经过连续两日快速下跌，完成回调 60 天均线的的洗盘动作。从今日盘中三波涨停手法看，主力第一阶段的洗盘计划已经完成。10 天均线的角度仍然陡峭向上，说明主力仍是以中线上涨行情为主基调。后市只要不破 10 天均线，仍然可以逢低坚决吸纳。这种走势一般将演变为中长线大白马牛股。中级行情已经展开，临盘应积极介入。

（二）当日日 K 线操盘策略：该股已经形成明显的中线上升通道。回调 60 天均线的洗盘动作已经完成，第二阶段拉升计划即将展开。从前阶段的 K 线组合与量能结构看，15 元一线的小平台还会有所震荡。股价再次回调就是加仓良机。中线仓位应在今日涨停价和次日震仓时逢 10 天均线布局。

【道破涨停天机】实战图谱 059

图例 059 格力地产（600185）第二时间段盘口即时走势图谱

中继加速、三波涨停临盘技术判断与操盘决策：

早盘高开回调不破昨收盘价。盘中采用三波攻击式走势，第二时间段运用第三波闪电涨停。盘中波形带有明显的冲击形态。说明主力用大资金冲击滚动操盘。第三波涨停波形较为急促，其一说明主力操盘计划急迫，另一方面说明短线操盘计划还略嫌不足。急促涨停之后，封停量过于巨大，给人制造实力雄厚的感觉。从操盘手法看，这种主力资金应该来自民间生力军阵营。急促性涨停未完成对盘中筹码的有效诱空，次日必然展开震仓回调，以纠正今日操盘的失误。从封停单量和目前股价所处的阶段看，该股还有较大上涨空间。因此，短线必须介入。

【道破涨停天机】实战图谱 060

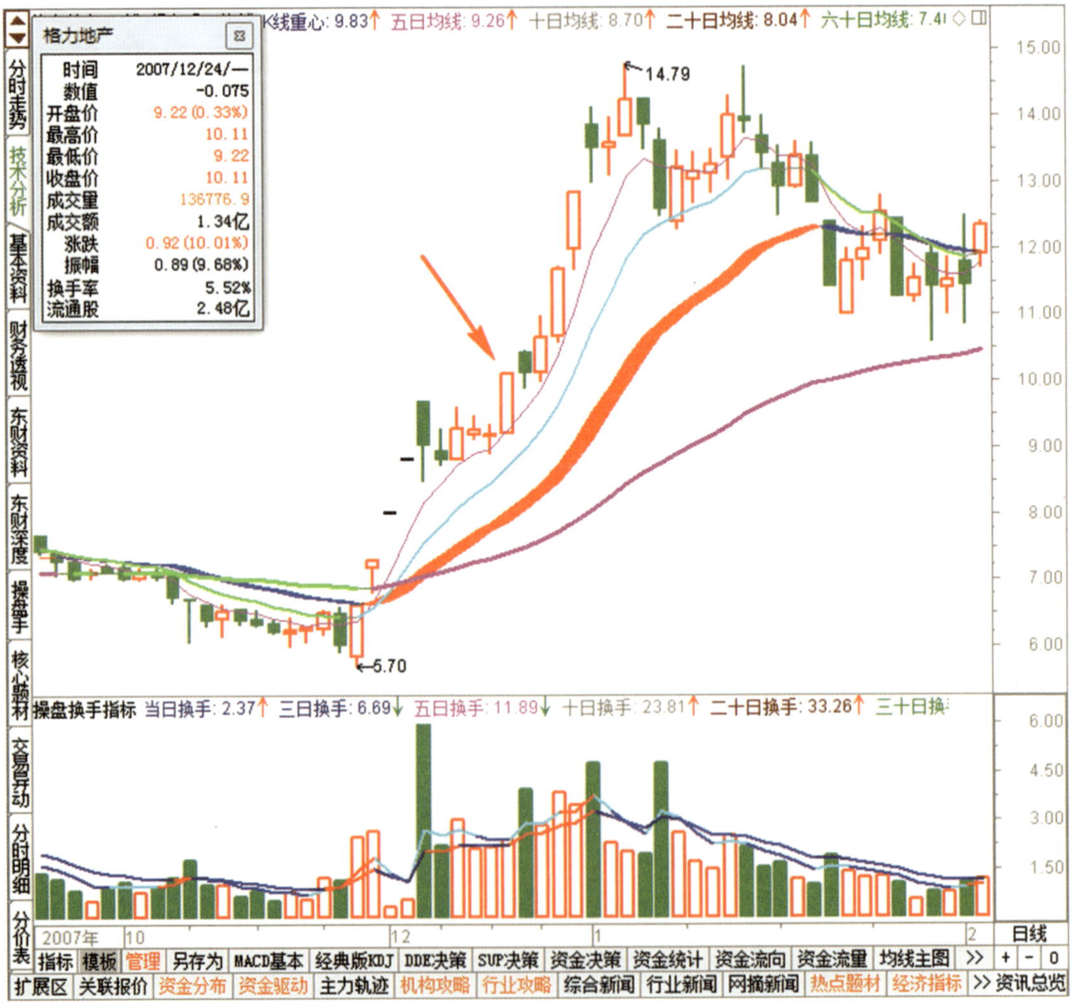

图例 060　格力地产（600185）日 K 线走势图谱

（一）当日日 K 线临盘技术分析：该股在完成五个涨停板后展开五天洗盘动作。今日盘中三波涨停，说明主力洗盘已经完成。斜线标明股价呈大角度陡峭向上攻击，是典型的短线大黑马形态。从第一轮连续涨停的操盘手法看，该股接下来的涨势节奏还是以“闪电战法”为主。由于连续上涨仍未放出巨量，这种走势的短线升幅一般均十分巨大，行情空间至少在60%以上。短线大级别行情已经展开，临盘应积极介入。

（二）当日日K线操盘策略：该股今日强势过顶后，表明新一轮加速上涨行情已经展开。洗盘期间和拉升过顶均未放出巨量，说明盘中筹码高度稳定，后市一致看高。按照中线主力操盘原则，目标量度升幅至少以今日涨停价格往上看30%，即13元区间。股价再次回调就是加仓良机。短线大级别仓位应在今日涨停价和次日震仓时逢5天均线布局。

【道破涨停天机】实战图谱061

图例061　金螳螂（002081）第二时间段盘口即时走势图谱

大幅高开、三波涨停临盘技术判断与操盘决策：

股价在第二时间段复牌后大幅高开，盘中快速回调不破昨收盘价。量比达到 14 倍以上，形态放量攻击状态。第二波攻击至涨停价格附近展开震仓，为第三波涨停作准备。第三波果断涨停，盘中量能急速放大，说明涨停位置仍存在较大的抛压。右边盘口封单量仅为 14 万股。封单量过小，说明上涨惯性动能不足，后市展开大幅震荡的可能性较大。由于股价面临历史新高位置，故今日仅可作为超级短线行情来操盘，轻仓介入。

【道破涨停天机】实战图谱 062

图例 062 金螳螂（002081）日 K 线走势图谱

（一）当日日 K 线临盘技术分析：该股以接近涨停价格大幅高开，盘中完成三波涨停定式。K 线组合形态显示，股价呈上升斜坡状态，今日涨停是加速上涨标志。由于股价面临历史新高。今日放量是中线主力滚动操盘的结果。中长线主力操盘的股票不会形成连续涨停的逼空行情。因此，在历史高位一带，主力极有可能展开宽幅整理，以时间换空间。目前均线系统的乖离率较大，临盘先以短线介入为主。

（二）当日日 K 线操盘策略：该股今日强势涨停，表明主力有意发动中级行情。由于股价处在历史高位，短期内仍有反复震荡整理的操盘动作。封停量仅为 14 万股，次日高开震仓的可能性极大。临盘先以短线操盘为主，今日进场后，次日即逢高了结。后市可在回调至 10 天均线处狙击，以中线仓位布局。

第三节　多波涨停

第二时间段：早盘 10：00－11：00 分

时间总长度：60 分钟

狙击时间：

第一关键点：早盘 10：00－10：30 分。

第二关键点：早盘 10：30－11：00 分。

狙击涨停秘诀：

第一条：股价高开 3% 以上，放量，量比 5 倍以上。股价回调至均价线附近不破均价线，然后反复震荡以多波盘升方式攻击涨停，均价线角度向上，姿态稳定，并出现尖角冲击波形，可以现价大仓位买进。

第二条：股价高开 1% 以上，放量，量比 3 倍以上。股价回调跌破昨收盘价后快速震仓，然后反复震荡以多波盘升方式放量攻击涨停，均价线角度向上，姿态稳定，并出现尖角冲击波形，可以现价大仓位买进。

第三条：股价平开，回调跌破昨收盘价后快速震仓，然后反复震荡以多波盘升方式放量攻击涨停，量比 1 倍以上。并出现尖角冲击波形，可以现价加码买进。

第四条：股价低开 1% ～3%，放量，量比 1 倍以上。股价快速拉升突破昨收盘价后，回调不破开盘价，股价反复震荡以多波盘升方式放量攻击涨停。均价线角度向上，姿态稳定，并出现尖角冲击波形。当股价最后一波涨停，最后一笔大卖单被即将吃掉时，可以现价加码买进。

【道破涨停天机】实战图谱 063

图例 063 红太阳（000525）第二时间段盘口即时走势图谱

低开高走、多波涨停临盘技术判断与操盘决策：

股价低开高走。第一时间段以三波长波攻击方式操盘。进入第二时间段则采取反复震荡盘升趋势。突击涨停时波形过长，因此，盘中仅作短暂封停即实施开板震仓定式。急速回调不跌穿均价线，说明主力有意恐吓盘中筹码，制造无力涨停的技术假象。开板时图中箭头处可见大单成交，说明震仓效果较好，基本达到预期效果。短线加速上涨后，次日应展开高位洗盘动作。临盘在均价线上方可大胆加仓。中线持有。而短线则可采取高抛低吸策略。

【道破涨停天机】实战图谱 064

图例 064 红太阳（000525）日 K 线走势图谱

（一）当日日 K 线临盘技术分析：该股在前两天完成短暂震仓整理动作。今日涨停是加速上涨标志。股价持续上涨时，量能并未发生异常放大的状态，说明盘中筹码极为稳定。如果不是中长线主力在盘中控盘，该股不可能有如此优秀的量价表现。仔细观察股价在过顶前的蓄势和过顶后的短暂震仓手法，就说明主力操盘非常老到。股价加速上涨后，还有较大的拉升空间，临盘坚决逢低加仓。

（二）当日日 K 线操盘策略：该股运行在中级大波段行情中。股价过顶前有过较好的震荡整理蓄势操盘动作。量价结构显示为中长线主力控盘型操盘特征。波段涨幅目标测量以过顶时价格 15 元为基准，往上至少有 35% 的空间，即 20 元区间。次日如高开回调震仓，则可在 5 天均线处加仓狙击，滚动性操盘。

【道破涨停天机】实战图谱 065

图例 065 新赛股份（600540）第二时间段盘口即时走势图谱

高开震仓、多波涨停临盘技术判断与操盘决策：

股价略微高开后快速震仓。第一时间段实施二波长波攻击定式。第二时间段则以多波震荡盘升方式推高股价。盘中量能逐步放大，大单成交明显，主力投入巨资仍在按计划操盘。从涨停手法看，主力涨停表现非常从容，封停时接纳所有抛盘，具备横扫千军的气概。封停后，成交量迅速萎缩，说明盘中预期一致提高，抛盘已经缩手。临盘在均价线上方可大胆加仓。中线持有。而短线则可采取高抛低吸策略。

【道破涨停天机】实战图谱 066

图例 066　新赛股份（600540）日 K 线走势图谱

（一）当日日 K 线临盘技术分析：该股已经连续四天展开急速拉升的状态。成交量也形成快速放大的趋势。今日涨停有“踩油门”再加速的味道。这种涨停状态出现后，股价将在两天内形成阶段性的顶部。从拉升形态看，角度较为平稳，具备中线主力波段行情操盘特征。临盘坚决逢低加仓，短线见顶时随时准备高抛。中线则可在回调至 10 天均线处狙击，滚动操盘。

（二）当日日 K 线操盘策略：该股运行在中级大波段行情中。股价从碎步盘升到“踩油门”式上涨，说明主力正在实施闪电战法。量价结构显示该股后市将演变为中线主力波段行情操盘。波段涨幅目标测量以四天前放量的最高价 11.8 元为基准，往上至少有 30% 的空间，即 15 元区间。后市如回调震仓，则可在 10 天均线处阶段性狙击，高抛低吸，滚动性操盘。

第四节　操盘战例

朝辉（私募）投资管理机构白金会员基本档案：

- 会员编号：WCH（沈）06003
- 会员名称：张女士（全名略）
- 入会初始资金：253 万元
- 入会时间：2006 年 4 月 8 日
- 所在地区：沈阳和平区
- 开户证券：平安证券
- 开户银行：工商银行沈阳支行

截至 2007 年 12 月 1 日，WCH（沈）06003 号会员账户总资产为 1460.5 万元，直接盈利 1207.5 万元，总收益率为 477%！本章摘录该会员在 2007 年 11 月 9 日起参与的经典战例。

朝辉（私募）投资管理机构白金会员操盘简报：

一、会员编号：WCH（沈）06003 号会员

二、投入资金：1000 万元

三、操盘时间：2007 年 11 月 9 日

四、时间长度：全程 38 个交易日

五、操盘项目：烽火通信（600498）

六、预期收益：40%

七、实际收益：50%

朝辉（私募）投资管理机构白金会员操盘战例：

一、项目简况：

2007 年 11 月 8 日，该股在盘中带量向上试盘。从该股日 K 线形态结构看，股价在 11 ~ 12 元一线已经形成一个横跨近四个月的大双底形态。尤其第二个底，已经出现明显的阴阳间隔止跌筑底的典型底部 K 线组合。今日试盘，是主力发出向上拉升的操盘信号。临盘进入建仓的严密戒备状态。从该股周 K 线系统分析，周 KDJ 指标中的 J 值已经进入 -901 区域，属于严重超跌状态，一轮较大级别的反弹行情即将展开。而月 K 线系统显示，该股在 10 月均线明显受到长期支撑而止跌，长期均线系统向上呈攻击势，因此，该股中长线正酝酿一轮大级别的拉升行情。中线此时进场风险系数较低。符合中线建仓波段出击的操盘原则。

二、大盘环境：

上证指数当天击穿 60 天均线。从形态上看，大盘击穿重要支撑位后，数日内将形成短期底部而展开反弹。但大盘中级大调整行情已经展开，预计下跌还将持续。大盘风险系数特征为：短线较高、中线较高、中长线较低。

三、操盘策略：

如果该股次日逆市上涨，说明有大主力资金进驻。凡是逆市上涨的股票基本会演变为长线大白马，因此，对强势逆市上涨的目标项目股而言，可采取逢低买进、逐步吸纳、滚动操盘的策略应对。

【道破涨停天机】实战图谱 067

拔高建仓、三波涨停临盘技术判断与操盘决策：

早盘低开高走，股价快速突破昨收盘价。第二时间段主力采用三波攻击式走势，三波涨停。盘中波形带有明显的冲击形。说明主力用大资金冲击建仓。从波形形态看，波形长度明显受到主力控制，做盘节奏平稳。这种状况一般是中长线主力所为，后市上涨目标将更为高远。股价涨停后不断开板，说明主力仍在实施诱空动作。由于主力盘中反复震仓吸筹，同时也表明主力还不会大幅拉升。因此，中线仓位逢低布局。

图例 067 烽火通信（600498）第二时间段盘口即时走势图谱

【道破涨停天机】实战图谱 068

（一）当日日 K 线临盘技术分析：该股经过连续两日快速下跌，完成回调 60 天均线的的洗盘动作。从今日盘中三波涨停手法看，主力第一阶段的洗盘计划已经完成。10 天均线的角度仍然陡峭向上，说明主力仍是以中线上涨行情为主基调。后市只要不破 10 天均线，仍然可以逢低坚决吸纳。这种走势一般将演变为中长线大白马牛股。中级行情已经展开，临盘应积极介入。

（二）当日日 K 线操盘策略：该股已经形成明显的中线上升通道。回调 60 天均线的洗盘动作已经完成，第二阶段拉升计划即将展开。从前阶段的 K 线组合与量能

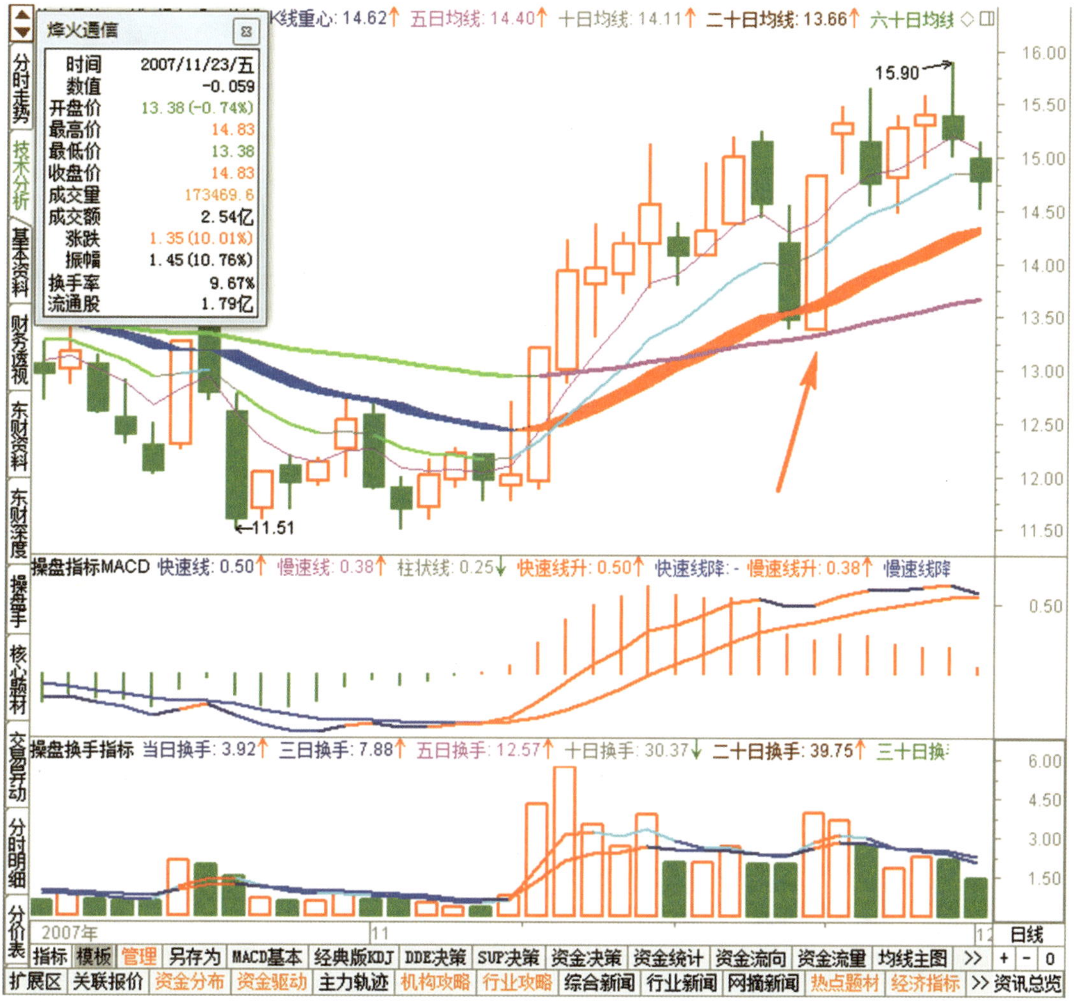

图例 068　烽火通信（600498）日 K 线走势图谱

结构看，15 元一线的小平台还会有所震荡。股价再次回调就是加仓良机。中线仓位应在今日涨停价和次日震仓时逢 10 天均线布局。以下为两张 10 余天前第一仓位进场建仓时的历史回忆图谱。

【道破涨停天机】实战图谱 069

巨量试盘、上涨信号临盘技术判断与操盘决策：

回忆该股在 11 月 8 日的盘中表现。主力于第三时间段采用巨量大单向上冲击股价，呈现典型向上试盘定式。这种状态出现后。说明主力即将用大资金冲击拔高建仓。向上试盘后，后市走势将出现持续拔高建仓的涨升行情。午盘后，主力停止

图例 069 烽火通信（600498）全天盘口即时走势图谱

试盘，股价呈现自由体回落状态，量能迅速萎缩。在大盘出现暴跌的市况下，该股逆市向上试盘，说明主力建仓计划较为迫切。中线建仓时机即将来临，临盘密切关注主力动向。

【道破涨停天机】实战图谱 070

逆市攻击、多波涨停临盘技术判断与操盘决策：

回忆该股在 11 月 9 日的盘中表现。今天大盘大幅低开之后反复震荡，盘中创出下跌以来的新低。该股早盘略微低开之后，随即展开震荡盘升的走势。主力在盘

图例 070 烽火通信（600498）全天盘口即时走势图谱

中不断用巨量大单冲击，推高股价。从盘中看，股价突破 30 天均线即 12.76 元价格区间时量能放大，配合较好。第二时间段尾段，主力果断冲击涨停。根据昨日操盘计划，临盘在股价放量突破 12.76 元时即时进场。既然主力敢于逆市上涨，说明实力雄厚。中线第一仓位以 40% 仓位级别介入。如后市突破 60 天均线回调洗盘时，再将第二仓位 30% 仓位逢低介入。其余 30% 仓位后续加仓狙击。

【道破涨停天机】实战图谱071

图例071 烽火通信（600498）全天段盘口即时走势图谱

震荡盘升、反复冲击临盘技术判断与操盘决策：

早盘低开高走，盘中三次回调不破昨收盘价。第四时间段起，主力采用三波攻击式走势，震荡盘升，逐步推高。从三个梯次波形走势特征看，主力仍在拔高建仓。唯一不足的是：第五时间段和第六时间段的2波攻击缺乏量能的配合。这种状况说明主力还不会马上大幅拉升，短线空间有限。按照长线主力的操盘特征看，该股后市应以震荡盘升格局为主。

【道破涨停天机】实战图谱 072

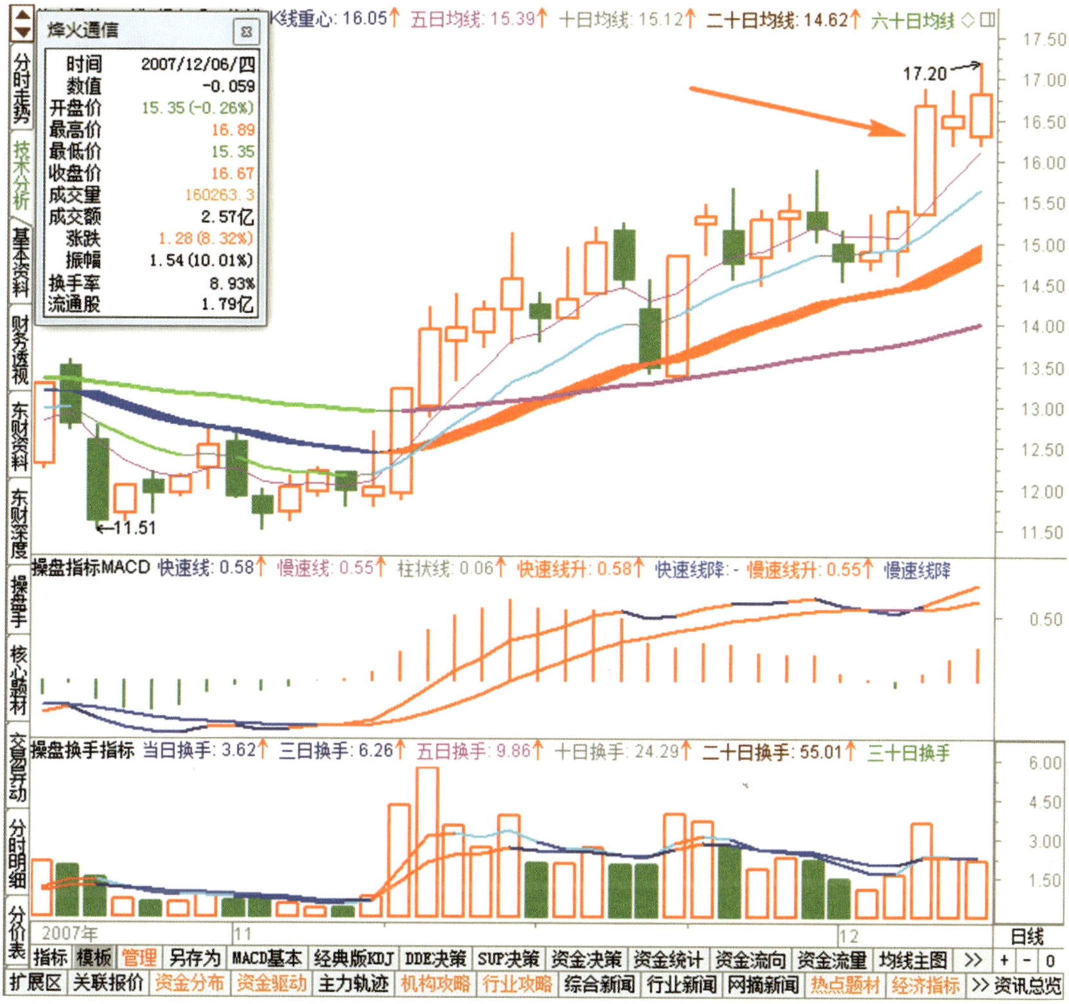

图例 072　烽火通信（600498）日 K 线走势图谱

（一）当日日 K 线临盘技术分析：该股今日放量过顶。从今日盘中操盘手法看，主力已经进入第二阶段的拉升期。图中斜线呈 45 度斜角攻击，这种形态通常演变为中长线的大白马行情。如果股价不继续放巨量，后市走势就会以反复震荡盘升为主基调。

（二）操盘决策：临盘持股不动。股价回调时坚决于 10 天均线加仓狙击。

【道破涨停天机】实战图谱 073

图例 073　烽火通信（600498）日 K 线走势图谱

（一）当日日 K 线临盘技术分析：该股今日于第二时间段冲击过顶。但第三时间段之后逐步采用回头波打压。股价在阶段性高位出现回头波形，说明新一轮洗盘行情即将展开。

从该股整体量能显示，上升量能减弱，说明筹码正逐步趋向集中。中线上涨趋势不变，临盘持股不动。股价回调时坚决于 10 天均线加仓狙击。

（二）操盘决策：耐心等机会加仓狙击。

【道破涨停天机】实战图谱 074

图例 074　烽火通信（600498）日 K 线走势图谱

（一）当日日 K 线临盘技术分析：该股今天低开低走，全天围绕 5 天均线反复震荡整理。成交量与昨天基本持平。量能表现平衡，说明主力盘中采用中小单对敲。既然是洗盘，今日调整力度还略有欠缺，洗盘行情可能还将延续。临盘持股不动。

（二）操盘对策：股价不到 10 天均线则不加仓。

【道破涨停天机】实战图谱 075

图例 075 烽火通信（600498）日 K 线走势图谱

（一）当日日 K 线临盘技术分析：该股今日低开低走。午盘第五时间段后出现跳水走势，主力在盘中凶狠放量打压。收盘在当天最低价附近，主力有意制造白色恐怖。如果是强势主力操盘，明天就应该在 10 天均止跌回升。成交量继续和前两天保持平衡，说明主力仍在对敲操盘。按照操盘计划，今日尾盘收市前在 16.10 元一线坚决加仓。

（二）操盘对策：明天应对策略：如早盘低开于 10 天均线之下，则将剩余仓位继续买入。临盘中线继续持股不动。

【道破涨停天机】实战图谱 076

图例 076　烽火通信（600498）日 K 线走势图谱

（一）当日日 K 线临盘技术分析：该股今日低开高走。盘中三次回调不破昨收盘价。

第四时间段实施多波攻击震荡盘升，阳 K 线实体盖过昨天阴线。成交量仍然与前几日持平，说明今天的上涨仍是主力对敲拉升的结果。从量价形态看，该股洗盘行情还未结束。根据昨天操盘计划，今日早盘股价低开高走过昨天收盘价，全仓介入。

（二）操盘决策：后市若 10 天均线不破，仍可放心持股。截至今日，账户盈利已经达到 30%。此时需要谨慎对待了，不可贪念横生。

【道破涨停天机】实战图谱 077

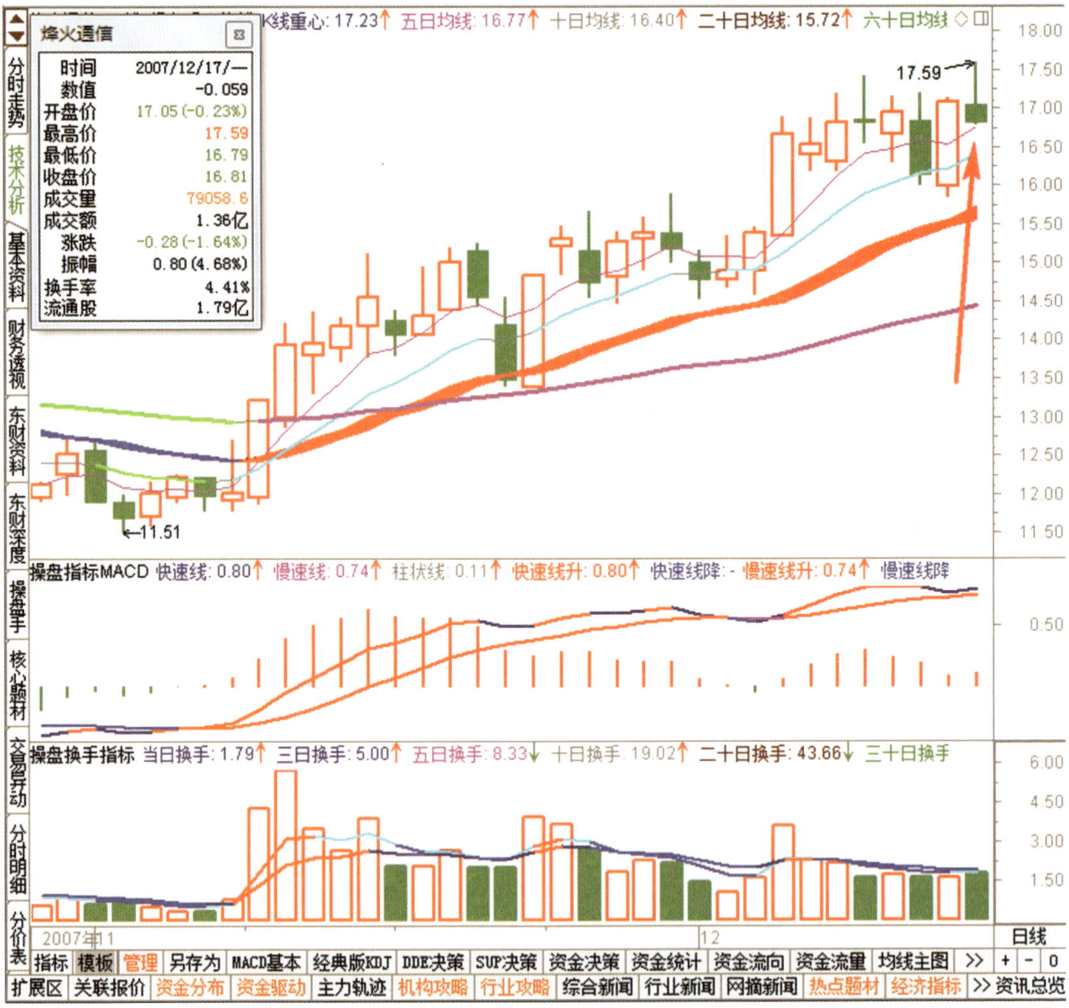

图例 077　烽火通信（600498）日 K 线走势图谱

（一）当日日 K 线临盘技术分析：该股今日低开高走。早盘呈现多波攻击并创出本轮行情新高。第六时间段，主力再次实施跳水式打压走势。从图中箭头所绘状态看，量能没有异常放大，说明打压缺乏力度，只为恐吓一般散户。成交量继续与前几日保持平衡，从五天量能结构显示，说明主力已经基本完成控盘。今日日 K 线留下一根长上影线，是否预示主力有结束洗盘意图？

（二）操盘决策：后市若 10 天均线不破，仍可放心持股。

【道破涨停天机】实战图谱 078

图例 078 烽火通信（600498）第二时间段盘口即时走势图谱

长波攻击、量价背离临盘技术判断与操盘决策：

股价复牌后于第二时间段展开长波攻击。攻击波形过长，但量能并未跟进，形成背离走势。从图中斜线位置看，如果股价不能继续放量上攻，则有可能跌穿斜线位。临盘严密监控主力在斜线位的量价变化，小心主力盘中宽幅震仓。目前总体升幅接近 50%，已经符合中线主力波段性目标操盘的原则。如果股价跌穿斜线位时未放量，则仍可持股。

【道破涨停天机】实战图谱 079

图例 079 烽火通信（600498）日 K 线走势图谱

（一）当日日 K 线临盘技术分析：该股今日在盘中两次再现回头波形。阶段性高位出现回头波是经典的见顶信号。全天成交量已经连续三天温和放大，难道主力阶段性出货？

仔细观察，主力在盘中击穿斜线位后并未放量。今天的回头打压有诱空的味道。但仍然不排除主力已经暗中阶段性出货。股价处在第三轮小周期拉升波段中，判断今日是否诱空的重要依据则是明天能否继续上涨过顶。

（二）操盘决策：由于仓位较大，临盘应开始考虑阶段性减仓了。

【道破涨停天机】实战图谱 080

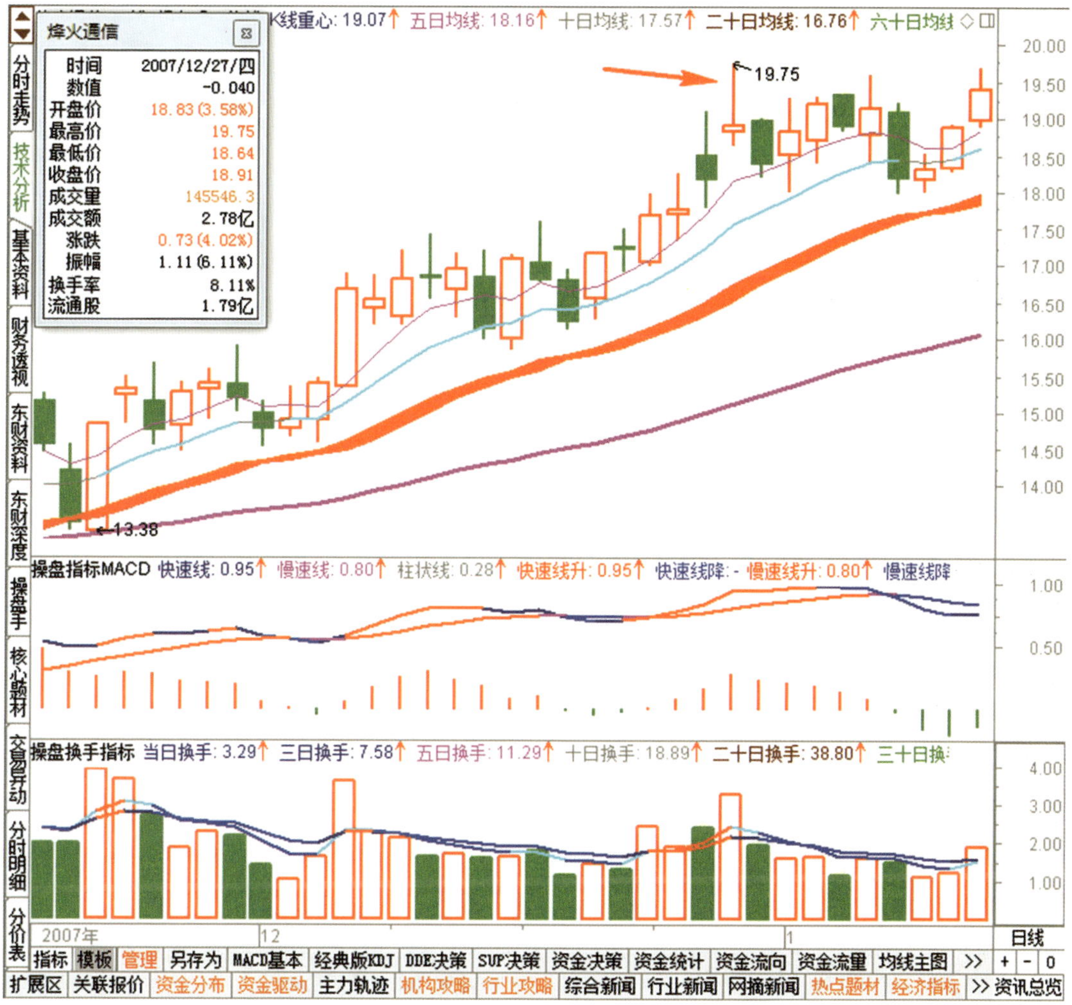

图例 080　烽火通信（600498）日 K 线走势图谱

（一）当日日 K 线临盘技术分析：该股今日早盘大幅高开高走，快速冲高后，第一时间段再现回头波形。阶段性高位反复出现回头波是最重要的绝对见顶信号。全天成交量急速放大，主力阶段性出货特征十分明显。临盘在股价回调至均价线不能再创新高时大部分仓位出局，出局均价在 19.3 元一线。鉴于中线操盘的需要，账户中保留 20% 的仓位滚动操作。

（二）操盘决策：因为波段性操盘的原则，主力拔高建仓的股票不会迅速出现大幅度下跌。后市回调到 5 天均线还可短线低吸，以获取高位平台整理时的差价。

【道破涨停天机】实战图谱 081

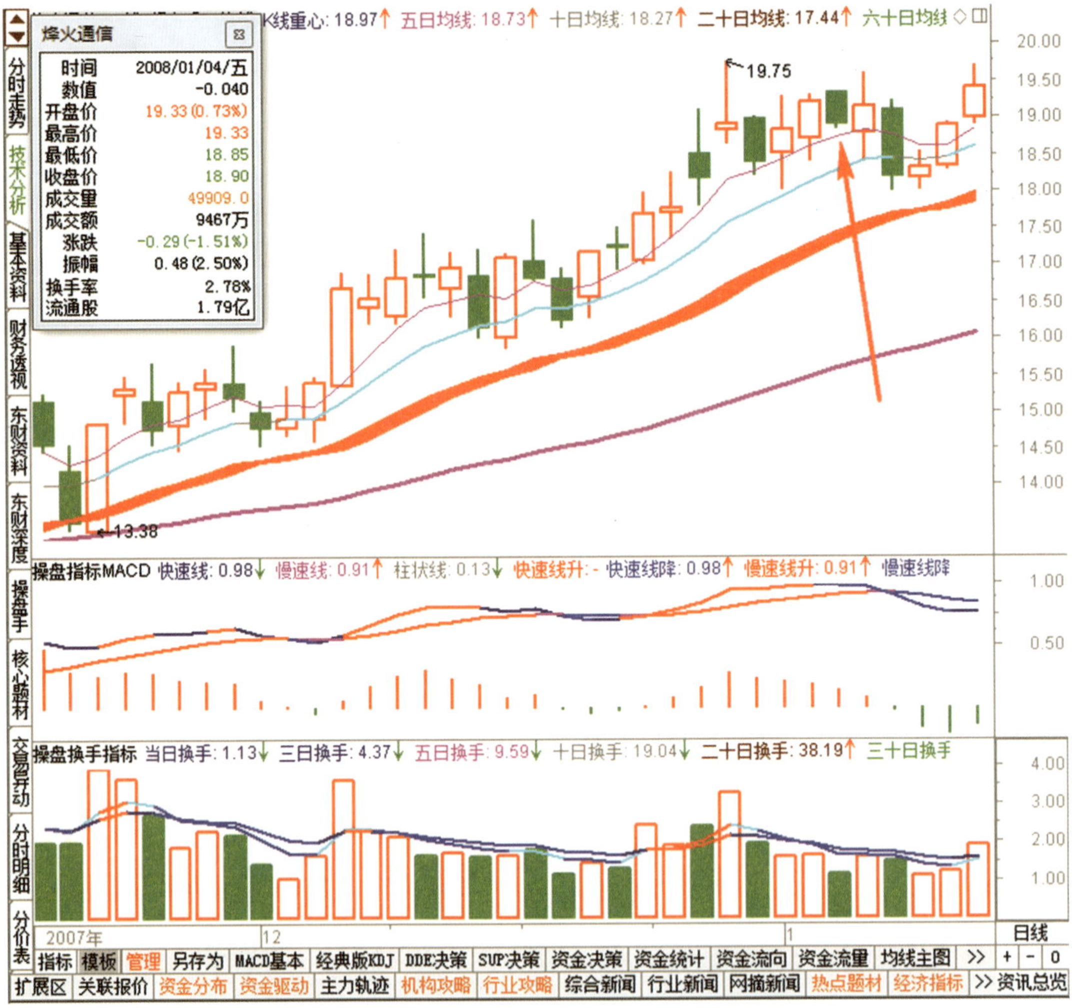

图例 081　烽火通信（600498）日 K 线走势图谱

（一）当日日 K 线临盘技术分析：该股今日高开低走。从股价攻击趋势判断，本轮行情已经完全结束。前天在 5 天均线狙击时于 18.13 元一线加仓了 10 万股，至今已有 7 个点的微利。早盘高开回调时，于 19.20 元全线出局，不参与主力的盘头行情了。今天全天量能萎缩，主力仍然未能完全于此价位出货。如果股价下跌，根据中长线主力操盘特征，后市可于 30 天均线处伏击做反弹行情。

（二）操盘决策：该股基本面状况良好，资产质量优良。后市还有较大发展空间，可长线跟踪。滚动操盘，波段套利。

第四章

第三时间段涨停

职业操盘培训要点：

（一）了解和掌握第三时间段涨停的主要形式。

（二）了解和掌握二波涨停的操盘意义。

（三）了解和掌握三波涨停的操盘意义。

（四）了解和掌握多波涨停的操盘意义。

（五）了解和掌握涨停的操盘意义和主力意图。

第一节　二波涨停

第三时间段：中盘 11：00－11：30 分

时间总长度：30 分钟

狙击时间：

第一关键点：中盘 11：00－11：15 分。

第二关键点：中盘 11：15－11：30 分。

狙击涨停秘诀：

第一条：股价第一时间段高开 3% 以上。放量，量比 5 倍以上。第一波拉升后回调至均价线展开反复震荡，然后实施第二波拉升直接涨停。均价线角度向上，姿态稳定，可以现价大仓位买进。

第二条：股价第一时间段高开 1% 以上。放量，量比 2 倍以上。股价回调跌破昨收盘价反复震仓，然后二波拉升带巨量直接攻击涨停。均价线角度向上，姿态稳定，可以现价大仓位买进。

第三条：股价平开，回调跌破昨收盘价后反复震仓，然后二波拉升带巨量直接攻击涨停。放量，量比 1 倍以上。当股价第二波直接攻击涨停时，可以现价加码买进。

第四条：股价低开 3% 以内。放量，量比 1 倍以上。股价快速拉升突破昨收盘价后，回调不破开盘价，盘中反复震仓，股价以二波拉升方式带巨量直接攻击涨停。均价线角度向上，姿态稳定。当股价第二波直接攻击涨停，最后一笔大卖单被即将吃掉时，可以现价加码买进。

【道破涨停天机】实战图谱 082

高位剧震、二波涨停临盘技术判断与操盘决策：

股价第二时间段复牌后以涨停板开盘，集合竞价巨量成交。涨停板被瞬间开板，股价迅速下跌，盘中剧烈震荡。成交量急速放大。盘中可见抛盘汹涌。第三时间段股价以二波拉升，长波攻击，并快速涨停。第二波涨停时，波形过长，涨速过快，显得极度急躁。凡是涨停波形涨速过快，次日必然展开回调，以修正短线操盘

图例 082　＊ST 四环（000605）全天盘口即时走势图谱

质量的缺憾。当日量比达到 132 倍，巨量换手说明主力有阶段性出货迹象。由于该股基本面已经改善，巨量剧烈震荡后，还有继续上涨惯性。短中线持有者可考虑阶段性分批逐步减仓，锁定盈利。股价回调后，可利用分时系统低位时补回，采取滚动操盘策略。

【道破涨停天机】实战图谱 083

（一）当日日 K 线临盘技术分析：该股经历了 16 个涨停板的大幅拉升。今日继续以涨停开盘，盘中展开剧烈震荡。股价封涨停时已经明显力不从心。高位巨量换

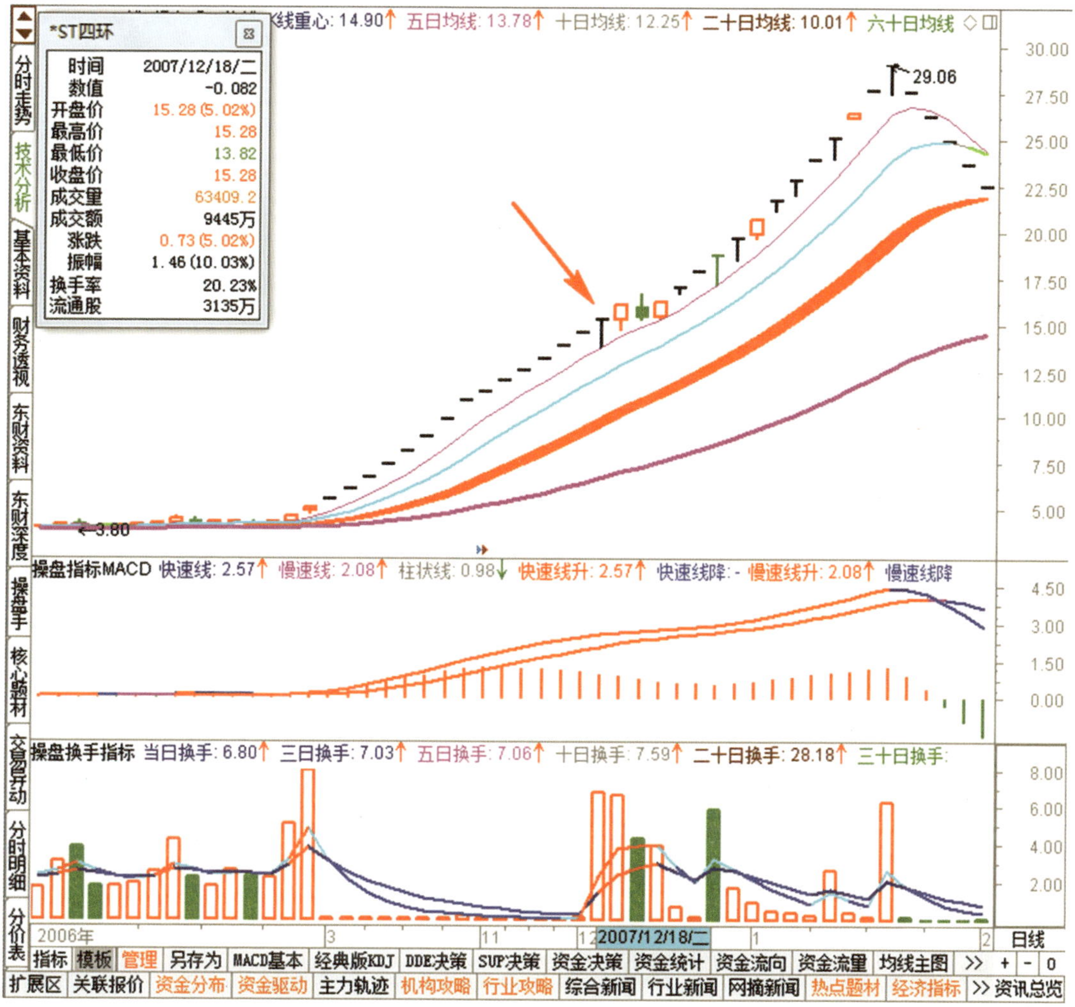

图例 082　＊ST 四环（000605）日 K 线走势图谱

手说明主力有阶段性出货迹象。同时，也有空中加油的技术特征。由于股价涨速较快，剧烈震荡洗盘后，股价还将展开惯性上涨。临盘应考虑滚动性操盘，在该股回调至 5 天均线时狙击。

（二）当日日 K 线操盘策略：该股基本面得到极大改善，重组成功。该股仅有 3135 万流通盘，股价经历大幅拉升后，目前相对价位仍较合理。从盘口上看，已有主力在该股基本面发生改变时提前进入。今天巨量换手，股价继续上涨的技术空间仍然较大。短线操盘应在股价回调至 5 天均线时逢低布局。

【道破涨停天机】实战图谱 084

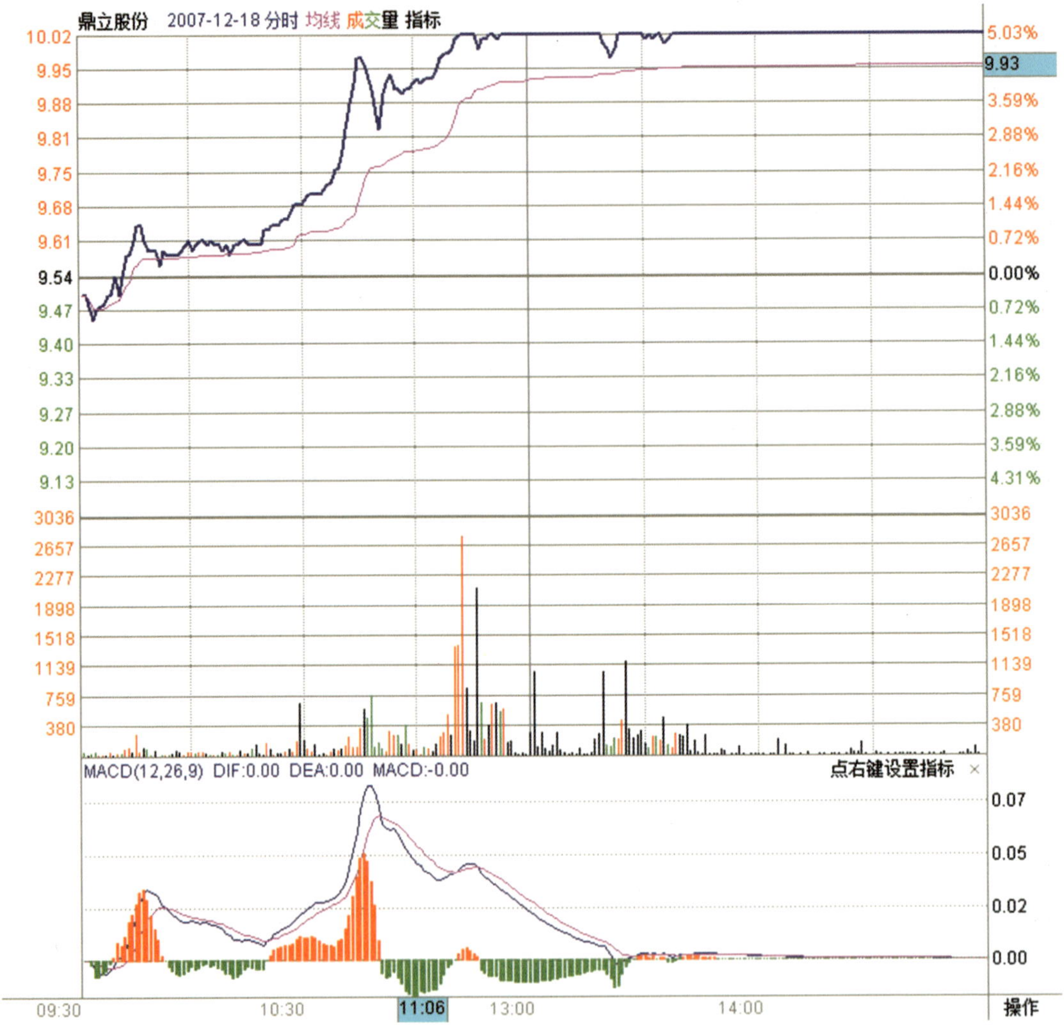

图例 084 鼎立股份（600614）全天盘口即时走势图谱

震荡推升、二波涨停临盘技术判断与操盘决策：

早盘股价平开低走，快速完成震仓后向上突破昨收盘价展开震荡。第二时间段，股价再度震荡推升，长波攻击。第三时间段，主力果断将股价推升于涨停板。涨停后，主力在盘中反复开板。股价处在阶段性低位，盘中开板是典型的诱空行为。量比达到 1 倍以上，尖角型攻击波形显示主力还在大力收集中。短线经典的买进信号出现，临盘应积极介入。

【道破涨停天机】实战图谱 085

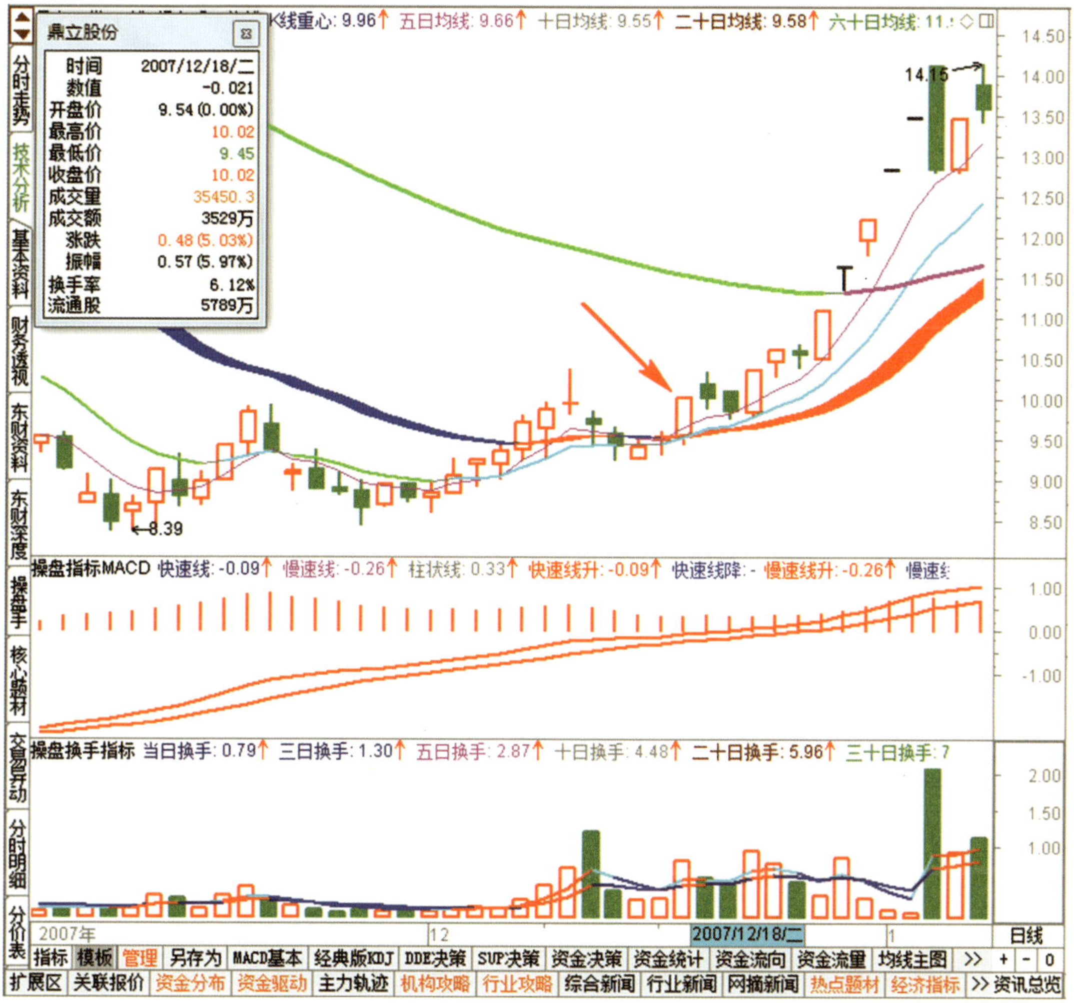

图例 085　鼎立股份（600614）日 K 线走势图谱

（一）当日日 K 线临盘技术分析：该股今日放量涨停。从 K 线形态看，股价在经过前几日的回调于 30 天均线止跌。今天放巨量涨停，是主力重新展开拉升的重要标志。从量价结构看，当前主力仍处在相对底部并有阶段性收集筹码的表现。整体股价技术特征显示该股为中线主力操盘品种。今日涨停时，盘中反复开板，次日还有回调震仓机会。临盘短线买入信号，该股次日回调时还可积极加仓。

（二）当日日 K 线操盘策略：该股 K 线组合已经形成攻击形态。20 天均线已经走平，而 5 天、10 天均线已经向上形成攻击趋势。股价连续在 10 个交易日内放出巨量，说明主力资金进入明显。股价今日涨停是主力发出攻击的鲜明信号。短线操盘应积极跟进。中线主力量度目标升幅为30%以上，目标价在13元区间。

【道破涨停天机】实战图谱086

图例086 氯碱化工（600618）全天盘口即时走势图谱

震荡推升、二波涨停临盘技术判断与操盘决策：

早盘股价高开高走，盘中震荡推升。均价线坚定不移向上，支持股价上行。第三时间段，主力突然发力果断实施二波涨停。量能急速放大，主力有横扫千军的气势。股价封停后，封停单量达到620万股，盘中并不想给跟风盘任何机会。量比达到4倍以上，量价结构十分健康。短线经典的买进信号出现，临盘应积极介入。

【道破涨停天机】实战图谱 087

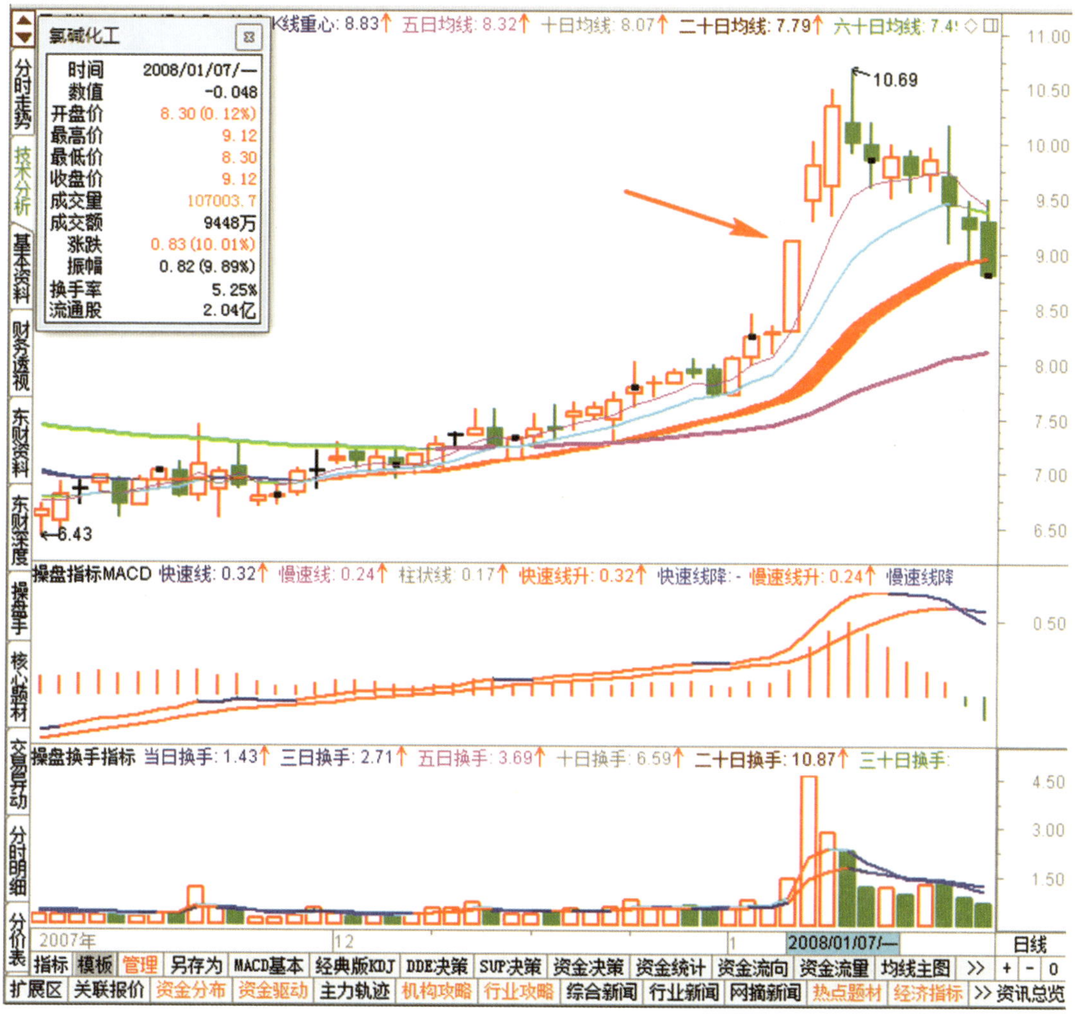

图例 087　氯碱化工（600618）日 K 线走势图谱

（一）当日日 K 线临盘技术分析：该股今日高开高走，放量涨停。从图中箭头所指 K 线形态看，该股在 07 年 11 月 5 日、11 月 22 日、12 月 12 日和 12 月 24 日有过四次向上攻击放量试盘的操盘行为。主力不断向上试盘，说明在暗中悄悄吸纳筹码。高点和低点逐步抬高，主力在拔高建仓中。今日涨停，表明主力已经实施第一阶段加速上涨。量价结构十分健康，短线最经典的买进信号已经出现，临盘积极介入。

（二）当日日 K 线操盘策略：该股 K 线组合已经形成明显的中期上升通道。量能并未出现异常放大的迹象，说明有中线主力稳定操盘。如果股价没有放出巨量，临盘就可安全持股。短线操盘应积极跟进。

第二节　三波涨停

第三时间段：中盘 11：00－11：30 分

时间总长度：30 分钟

狙击时间：

第一关键点：中盘 11：00－11：15 分。

第二关键点：中盘 11：15－11：30 分。

狙击涨停秘诀：

第一条：股价高开 3% 以上。放量，量比 5 倍以上。第一波拉升后回调至均价线反复震荡，然后二波拉升直接攻击涨停。均价线角度向上，姿态稳定，并出现尖角冲击波形，可以现价大仓位买进。

第二条：股价高开 1% 以上。放量，量比 2 倍以上。股价回调跌破昨收盘价后反复震仓，然后三波拉升带巨量直接攻击涨停。均价线角度向上，姿态稳定，并出现尖角冲击波形，可以现价大仓位买进。

第三条：股价平开，回调跌破昨收盘价后反复震仓，然后三波拉升带巨量直接攻击涨停。放量，量比 1 倍以上。并出现尖角冲击波形，当股价第三波直接攻击涨停时，可以现价加码买进。

第四条：股价低开 1%～3%。放量，量比 1 倍以上。第一波拉升突破昨收盘价，回调不破开盘价，围绕均价反复震仓后，以二波拉升方式带巨量直接攻击涨停。均价线角度向上，姿态稳定，并出现尖角冲击波形。当股价第三波直接攻击涨停，最后一笔大卖单被即将吃掉时，可以现价加码买进。

【道破涨停天机】实战图谱 088

震荡推升、三波涨停临盘技术判断与操盘决策：

早盘股价高开高走，盘中回调不破昨收盘价。第三时间段，主力实施三波攻击，并果断涨停。股价涨停时有过较好的蓄势震仓动作，涨停形态健康。凡是在涨

图例 088　全聚德（002186）第三时间段盘口即时走势图谱

停时震仓蓄势的操盘手法，均是有雄厚资金实力的主力所为。盘中放量涨停，量价结构十分健康。由于前期已经有过数天的大幅拉升，今日涨停应是第二轮短线经典的加速涨升信号。超级短线高手临盘应积极介入，不得有丝毫犹豫。

【道破涨停天机】实战图谱 089

（一）当日日 K 线临盘技术分析：该股今日高开高走，盘中于第三时间段快速涨停。从图中箭头所指 K 线形态看，该股经过昨日快速洗盘后，今日果断展开攻击。看来主力操盘计划十分紧迫，采用闪电战法快速拉升是主力操盘的主基调。均

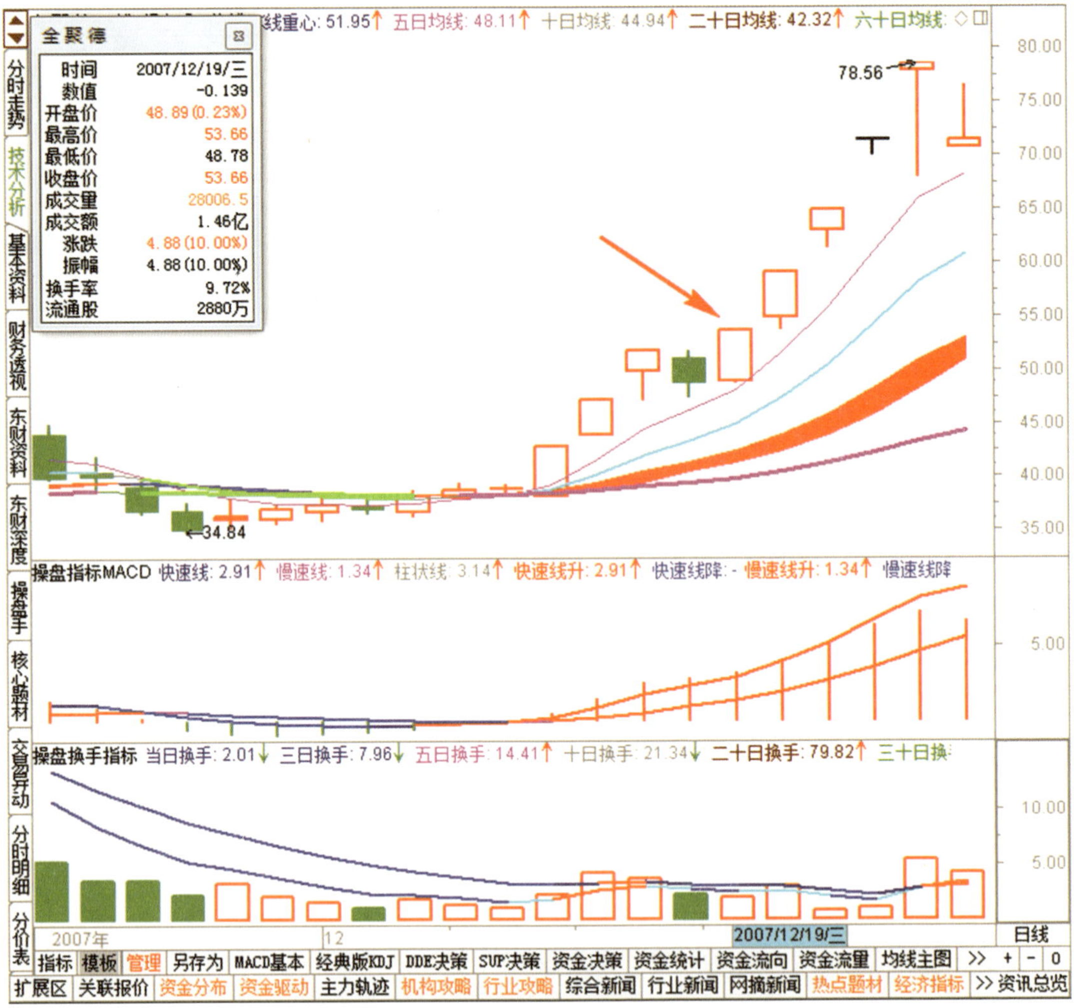

图例 089　全聚德（002186）日 K 线走势图谱

线系统大角度支持股价向上攻击，短线攻击力度极强。今日涨停，表明主力已经实施第二阶段加速上涨。量价结构十分健康，临盘股价过顶时应积极介入。

（二）当日日 K 线操盘策略：该股 K 线组合已经形成大角度向上攻击状态。量能并未出现异常放大的迹象，说明有中线主力稳定操盘。如果股价没有放出巨量，说明主力就没有出逃，临盘就可安全持股。股价冲过前顶时，短线操盘应积极跟进。

【道破涨停天机】实战图谱 090

图例 090 海印股份（000861）全天盘口即时走势图谱

涨停开盘、巨量剧震临盘技术判断与操盘决策：

该股第二时间段复牌后以涨停开盘，盘中迅速开板，回调未破昨收盘价。股价开板时，成交量能巨大，可见盘中抛压汹涌。主力展开剧烈震荡，以此化解操盘压力。盘中以三波攻击方式推升股价，并于第三时间段果断涨停。仔细观察，盘中整体量能结构较为凌乱，说明场中筹码松动迹象明显。主力封涨停时力度较为欠缺，次日还将反复展开震荡，以消化操盘压力。临盘应积极关注量价变化，可于股价回调至 10 天均线处狙击。

【道破涨停天机】实战图谱 091

图例 091　海印股份（000861）日 K 线走势图谱

（一）当日日 K 线临盘技术分析：该股今日复牌后以涨停开盘。盘中反复开板剧烈震荡。成交量快速放大，换手积极。这种情况一方面说明盘中抛压较大，另一方面说明主力还在大力收集筹码之中。既然主力高位收集筹码，说明主力还有后续的打压洗盘动作。临盘须考虑在股价回调到 10 天均线处进行狙击。

（二）当日日 K 线操盘策略：该股 K 线组合已经处于中期上升通道。停牌两个月后复牌，说明基本面情况已经发生改观。今日高位巨量，说明有中线主力介入操盘。中线操盘策略，于股价回调至 10 天均线处布局，即 14 元一线。该股后市量度升幅以今日涨停价往上至少有 40% 的上升空间，即 22 元左右区间。

【道破涨停天机】实战图谱 092

图例 092 绿景控股（000502）第三时间段盘口即时走势图谱

放量攻击、三波涨停临盘技术判断与操盘决策：

早盘股价高开高走，盘中回调不破昨收盘价。第三时间段，主力实施三波攻击，并果断涨停。涨停时，成交量急速放大，盘中主力大力扫货，做盘决心巨大。仔细研盘时发现，第三波涨停波形过于急促，拉升角度陡峭，留下操盘缺陷。凡是这种急速拉升涨停的波形结构，次日必然经展开回调，以修正操盘技术的不足。盘中量价配合基本健康，临盘第一单应及时介入。如该股次日回调，则在 5 天均线处加仓狙击。

【道破涨停天机】实战图谱 093

图例 093 绿景控股（000502）日 K 线走势图谱

（一）当日日 K 线临盘技术分析：该股今日高开高走，盘中于第三时间段三波涨停。从图中箭头所指 K 线形态看，股价今日已经放量突破 60 天均线的压制。这是该股跌穿 60 天均线以来，第一次带量突破。初次带量突破重要阻力位，一般均会在次日或未来数天产生技术性回调。量能仅仅是温和放大，如果股价回调放量较为充分，则本轮行情级别将较大。

临盘短线积极介入，股价回调至60天均线处还可加仓。

（二）当日日K线操盘策略：该股K线组合已经形成小级别的上升通道。量能并未出现异常放大的迹象，说明有中线主力仍在场中操盘。如果股价没有放出巨量，说明底部启动的力度有限，上涨空间将受到制约。股价回调60天均线时，视量能大小，可以考虑中线布局，仓位不宜过重。

第三节　多波涨停

第三时间段：中盘11：00－11：30分

时间总长度：30分钟

狙击时间：

第一关键点：中盘11：00－11：15分。

第二关键点：中盘11：15－11：30分。

狙击涨停秘诀：

第一条：股价高开3%以上。放量，量比5倍以上。回调不破昨收盘价。第一波拉升至开盘价以上回调不破均价线，然后反复震荡以多波盘升方式攻击涨停，均价线角度向上，姿态稳定，并出现尖角冲击波形，可以现价大仓位买进。

第二条：股价高开1%以上。放量，量比2倍以上。股价回调跌破昨收盘价后快速震仓，然后反复震荡以多波盘升方式放量攻击涨停，均价线角度向上，姿态稳定，并出现尖角冲击波形，可以现价大仓位买进。

第三条：股价平开，回调跌破昨收盘价后快速震仓，然后反复震荡以多波盘升方式放量攻击涨停，量比1倍以上。并出现尖角冲击波形，可以现价加码买进。

第四条：股价低开1%～3%，放量，量比1倍以上。股价快速拉升突破昨收盘价后，回调不破开盘价，股价反复震荡以多波盘升方式放量攻击涨停。均价线角度向上，姿态稳定，并出现尖角冲击波形。当股价最后一波涨停，最后一笔大卖单被即将吃掉时，可以现价加码买进。

【道破涨停天机】实战图谱 094

图例 094 双汇发展（000895）第三时间段盘口即时走势图谱

震荡盘升、多波涨停临盘技术判断与操盘决策：

早盘股价高开高走，盘中回调不破开盘价和均价线。盘升过程中，量能温和放大，量比达到 1 倍以上。均价线持续向上，支持股价稳步盘升。第三时间段，主力果断将股价封于涨停板。涨停时，封停量仅为 83 万股，力度略嫌不足。今日涨停短线经典的加速涨升信号，临盘应坚决介入。

【道破涨停天机】实战图谱 095

图例 095　双汇发展（000895）日 K 线走势图谱

（一）当日日 K 线临盘技术分析：该股今日高开高走，盘中震荡盘升并于第三时间段快速涨停。从图中箭头所指 K 线形态看，该股突破 60 天均线后，已经过六天洗盘。今天果断攻击，说明新一轮中级拉升行情已经启动。短期均线系统呈攻击态势，上涨形态完美。量价结构十分健康，临盘应积极介入。

（二）当日日 K 线操盘策略：该股60 天均线系统已经走平，这种状态说明有中长线主力在场中控盘。图中箭头所示，前几天洗盘时，阳线无量，阴线放量，说明主力在盘中搞鬼。

今天涨停量仍然不大，说明主力已经完全控盘。这种主力操盘的股票一旦启动，波段目标升幅至少在40%以上。今天是最佳短线狙击时机。由于今天封单量不大，次日必然展开震仓，因此，可在次日回调时果断加仓。

【道破涨停天机】实战图谱096

图例096 文山电力（600995）第三时间段盘口即时走势图谱

震荡盘升、多波涨停临盘技术判断与操盘决策：

早盘股价高开高走，第一时间段以三波攻击势冲击涨停。随后股价并不封涨停，而是缓缓回落，在涨停价附近展开震仓。均价线持续向上，支持股价稳步盘升。第三时间段，主力果断将股价封于涨停板。涨停时，封停量达到232万股，主力做盘决心巨大。当日量比达到2倍以上，成交量急速放大，量价结构健康。今日涨停短线经典的加速涨升信号，临盘应坚决介入。

【道破涨停天机】实战图谱097

图例097　文山电力（600995）日K线走势图谱

（一）当日日K线临盘技术分析：该股今日高开高走，盘中震荡盘升果断涨停。从图中看，股价已经突破平台阻力线的压制。量能配合较好，说明今天的突破是有效型突破。由于股价已经创历史新高，上涨空间不宜过分看高。此种形态仅作短线考虑，临盘应积极介入。

（二）当日日 K 线操盘策略：该股已经突破历史新高，中长线主力控盘型品种。图中箭头所示，上涨带量，说明主力仍然投入资金操盘，因此，攻击形态健康。突破历史新高及阻力位后，股价通常还会有回抽性技术要求。处于历史高位的长线主力控盘品种，波段目标升幅一般在 30% 以内。今天是最佳狙击时机，临盘以短线操作策略为主。

【道破涨停天机】实战图谱 098

图例 098　兴发集团（600141）第三时间段盘口即时走势图谱

震荡盘升、多波涨停临盘技术判断与操盘决策：

早盘股价高开高走，回调不破开盘价和均价线。第一时间段以三波攻击势冲击拔高，波形中带有明显的尖角型冲击波状。股价在涨停价附近展开震仓。均价线持续向上。第三时间段，主力果断将股价封于涨停板。涨停时，成交量急速放大，当日量比达到2倍以上。封停后，仍然有巨量成交，说明上档抛压较为沉重。从涨停后的量能结构看，当日盘中主力仍有可能反复开板。今日涨停短线经典的加速涨升信号，临盘应坚决介入。

【道破涨停天机】实战图谱 099

图例 099 兴发集团（600141）2007 年 12 月 24 日日 K 线走势图谱

（一）当日日 K 线临盘技术分析：该股今日高开高走，盘中震荡盘升果断涨停。从图中看，股价已经形成单边上涨状态，并创出新高。量能配合较好，股价处于加速上涨状态。股价创新高后通常都会有技术性回调动作。临盘应积极介入，股价回调时还可加仓。

（二）当日日 K 线操盘策略：该股已经在中期上升通道中运行。上升通道角度较大，说明主力拉升力度较强。突破阶段新高后，股价通常还会有回抽性技术要求。股价涨停是典型加速特征，临盘短线坚决介入。如果股价在次日回调，则可在 5 天均线伏击加仓。

第四节　操盘战例

朝辉（私募）投资管理机构钻石会员基本档案：

●会员编号：WCH（鲁）06081。

●会员名称：王先生（全名略）。

●入会初始资金：436 万元。

●入会时间：2005 年 11 月 11 日。

●所在地区：济南市槐荫区。

●开户证券：渤海证券。

●开户银行：建设银行济南支行。

●截至 2007 年 12 月 1 日，WCH（鲁）06081 号会员账户总资产为 2239 万元，直接盈利 1803 万元，总收益率为 414%！本章摘录该会员在 2007 年 11 月 28 日起参与的经典战例。

朝辉（私募）投资管理机构钻石会员操盘简报：

一、会员编号：WCH（鲁）06081 号会员

二、投入资金：1800 万元

三、操盘时间：2007 年 11 月 28 日

四、时间长度：30 个交易日

五、操盘项目：海印股份（000861）

六、预期收益：40%

七、实际收益：60%

朝辉（私募）投资管理机构钻石会员操盘战例：

一、项目简况：

海印股份（000861）停牌两个月后，于2007年11月22日复牌。该股当天以涨停板开盘，盘中剧烈震荡，成交量快速放大。单日换手率达到20%。该股当天仍以涨停报收。从盘中看，该股已经处于中期大上升通道中。由于该股基本面已经发生变化，集团公司将整体上市，公司资产质量大幅提高。今日巨量换手的背后，明显有新主力资金介入盘中抢筹。股价将经过震荡洗盘后，有望展开大级别升势。因此，该股已具备中线波段操盘价值。

二、大盘环境：

2007年11月22日。当天大盘低开低走，大幅下跌。市场溃不成军。从大盘运行趋势看，预计将形成加速下跌的见底走势。因此，大盘极有可能在5000点之下构筑空头陷阱形成中期大底，。周K线形态显示，大盘已经面临30周均线的中期支撑。大盘在此位置必将受到支持而展开反转。短线虽面临一定的风险，但中线操盘环境已经逐渐变得安全。

三、操盘策略：

根据资金运用原则，及该股所处的技术位置，仓位布局分为两批介入：第一批仓位占总资金量的60%，布局于10天均线区间，如股价击穿均线，则继续加仓10%。第二批仓位占总资金量的40%，布局于股价洗盘结束后，突破平台进行技术性回调时于5天均线处加仓。

【道破涨停天机】实战图谱100

涨停开盘、巨量剧震临盘技术判断与操盘决策：

该股第二时间段复牌后以涨停开盘，盘中迅速开板，回调未破昨收盘价。股价开板时，成交量能巨大，可见盘中抛压汹涌。主力展开剧烈震荡，以此化解操盘压力。盘中以三波攻击方式推升股价，并于第三时间段果断涨停。仔细观察，盘中整体量能结构较为凌乱，说明场中筹码松动迹象明显。主力封涨停时力度较为欠缺，次日还将反复展开震荡，以消化操盘压力。临盘应积极关注量价变化，可于股价回调至10天均线处狙击。

图例 100 海印股份（000861）全天盘口即时走势图谱

【道破涨停天机】实战图谱 101

（一）当日日 K 线临盘技术分析：该股今日复牌后以涨停开盘。盘中反复开板剧烈震荡。成交量快速放大，换手积极。这种情况一方面说明盘中抛压较大，另一方面说明主力还在大力收集筹码之中。既然主力高位收集筹码，说明主力还有后续的打压洗盘动作。临盘须考虑在股价回调到 10 天均线处进行狙击。

（二）当日日 K 线操盘策略：该股 K 线组合已经处于中期上升通道。停牌两个月后复牌，说明基本面情况已经发生改观。今日高位巨量，说明有中线主力介入操盘。中线操盘策略，于股价回调至 10 天均线处布局，即 14 元一线。该股后市量度

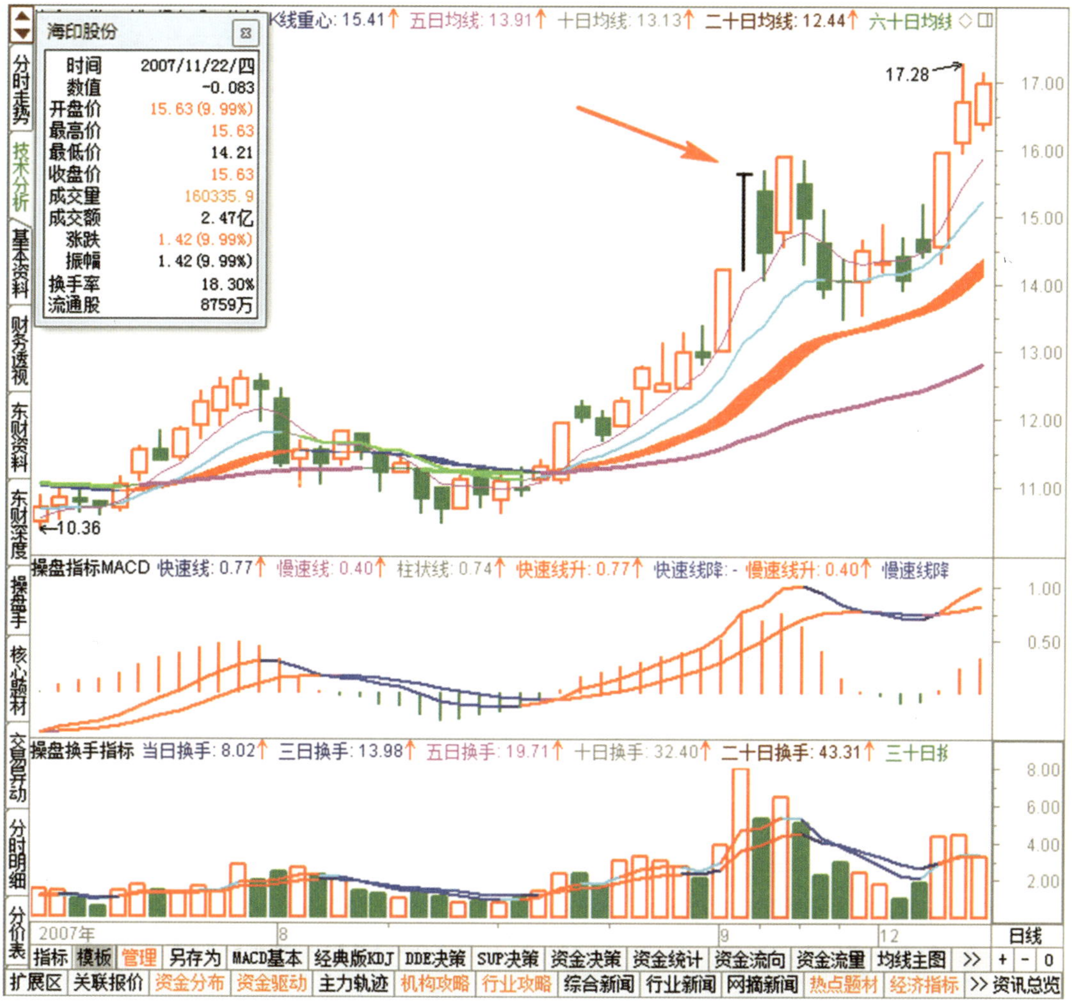

图例 101　海印股份（000861）日 K 线走势图谱

升幅以今日涨停价往上至少有 40% 的上升空间，即 22 元左右区间。

【道破涨停天机】实战图谱 102

冲击波形、震荡盘升临盘技术判断与操盘决策：

该股今日高开低走，回调不破昨收盘价。股价逐步展开震荡盘升走势。量比 1 倍以上，呈温和放大状态。盘中以多波震荡盘升方式推升股价，波形结构呈现尖角型冲击波状态。冲击波形证明主力还在盘中积极建仓收集筹码。第二时间段，主力冲击涨停后回调震仓，上档抛盘巨大。从量价变化看，主力还未达到洗盘目的，调整尚未结束。临盘密切关注主力操盘手法，股价不到 10 天均线则不进场建仓。

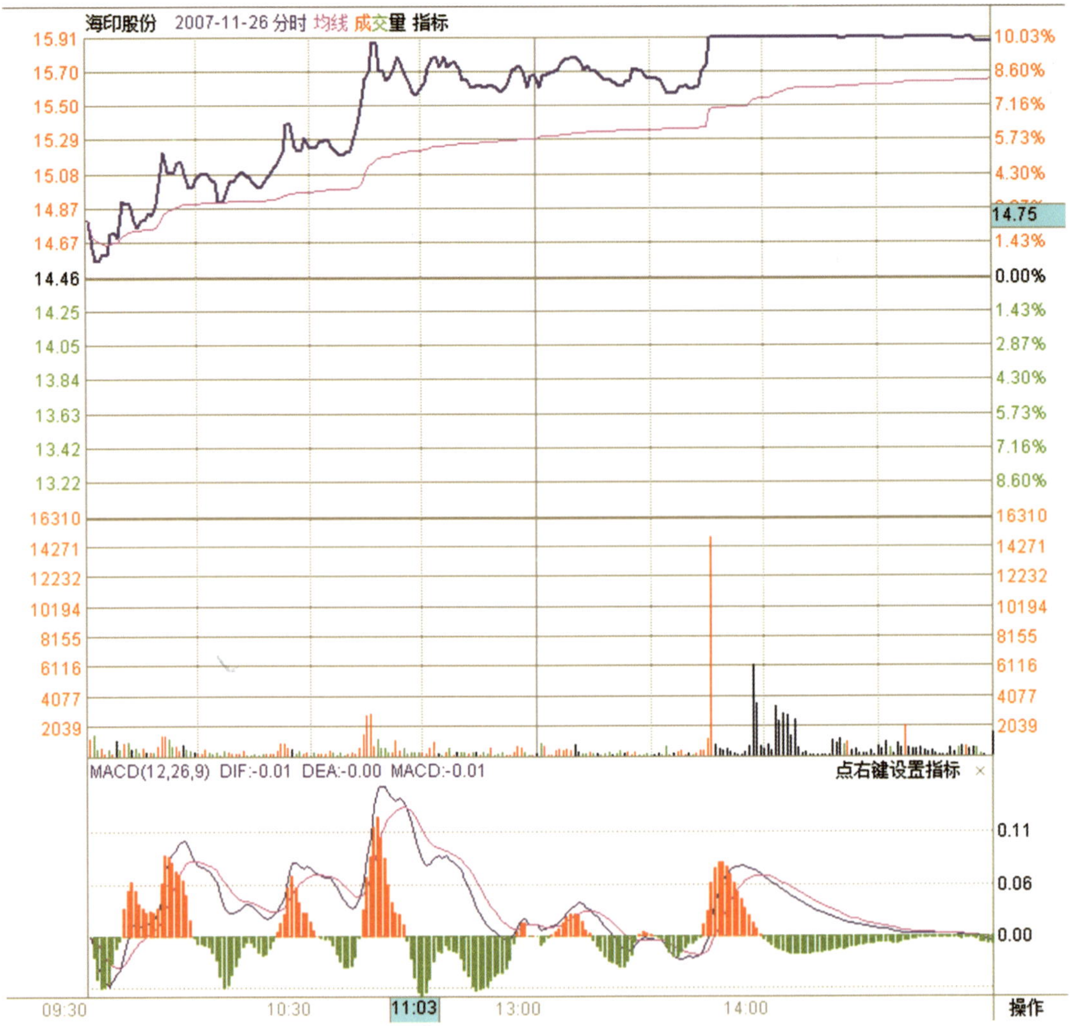

图例 102　海印股份（000861）第三时间段盘口即时走势图谱

【道破涨停天机】实战图谱 103

（一）当日日 K 线临盘技术分析：该股今日高开高走，并在盘中一度冲击涨停。量能结构显示，主力还在盘中积极收集筹码。今日上涨，是否是主力盘中的诱多动作？从昨日洗盘的状态看，主力应该还有更凶狠的洗盘计划。既然主力还会打压洗盘，我们就坚决不动。

（二）操盘决策：按照操盘计划，未来数日，如股价回调到 10 天均线处必须进行狙击。

图例 103 海印股份（000861）日 K 线走势图谱

【道破涨停天机】实战图谱 104

震荡盘升、放量涨停临盘技术判断与操盘决策：

该股今日高开低走，早盘上下震荡快速完成震仓整理。第二时间段逐步展开震荡盘升走势。量比 2 倍以上，量能呈现迅速放大状态。第四时间段，主力果断攻击涨停。盘中波形结构仍以冲击波为主，冲击波形证明主力还在盘中积极建仓收集筹码。自从股价于 11 月 28 日击穿 10 天均线后，主力进行了凶狠洗盘。今日放量涨停，说明主力第一阶段洗盘已经结束。按照操盘计划，股价次日再次回调时，应于 5 天均线逢低加仓。

图例 104　海印股份（000861）全天盘口即时走势图谱

【道破涨停天机】实战图谱 105

（一）当日日 K 线临盘技术分析：该股今日放量涨停，盘中一举创出历史新高。量能结构显示，主力还在盘中积极收集筹码。前几日，主力果然进行凶狠洗盘，并在盘中击穿 10 天均线。按图中方框所绘，我方按照操盘计划围绕 10 天均线积极进行中线第一仓建仓。第一仓位平均价格为 14 元，总仓位达到 70%。今天主力向上拉升突破洗盘平台，说明第一阶段调整已经结束。根据中线主力的操盘习惯，股价突破平台后，必然展开技术性回抽动作。

图例 105　海印股份（000861）日 K 线走势图谱

（二）操盘决策：如次日股价回调到 5 天均线，则坚决投入第二仓位的步署。

【道破涨停天机】实战图谱 106

震荡盘升、缩量上涨当日日 K 线临盘技术分析：

该股经过前期的震荡调整后，今日继续震荡盘升。股价上涨，而量能大幅萎缩。这种情况说明主力已经完成拔高建仓计划，目前形成控盘状态。根据图中所绘的三个级别波段形态看，目前股价正运行在第 3 级波形中。一般情况下，一个完整的拉升大浪由 3 ~4 个子级别的拉升波组成。今天主力轻微放量就可实现 6 个点的拉升，说明盘中已无抛压。第二仓位已经于 12 月 13 日入场，因此，临盘仍耐心等

图例 106　海印股份（000861）日 K 线走势图谱

待主力最后第 4 浪的加速行情到来。均线系统坚定不移地向上攻击，后市只要不放巨量，则主力就未出货。主力不出货，涨势就将继续。盘中就可放心持股。

【道破涨停天机】实战图谱 107

小阳盘升、即将加速当日日 K 线临盘技术分析：

该股经过前 3 天震仓后，今日继续震荡盘升。股价上涨，而量能进一步萎缩。K 线形态显示股价已经形成攻击状态。如果一旦放量，则股价就将加速拉升。仔细观察 K 线组合形态，发现从 11 月 22 日的第一轮洗盘以来，目前已经完成了三轮洗盘。每轮洗盘的时间周期均在有计划地缩短。这种现象说明元旦上来，主力将极可

图例 107　海印股份（000861）日 K 线走势图谱

能展开第 4 子浪的拉升。临盘仍可放心持股，欢度元旦。

【道破涨停天机】实战图谱 108

高位震荡、见顶滞涨当日日 K 线临盘技术分析：

该股经过元旦上来的一轮快速拉升后，今日盘中展开震荡整理。量能持续温和放大，说明主力盘中有阶段性出货迹象。目前价位主力未放巨量，大幅出货的可能性还不太大。但波段涨幅已经达到 52%，远远超过预期目标。一般情况下，中线主力波段行情在 40% 左右。这说明主力波段目标涨幅已经完成，股价高位震荡滞涨，有阶段性见顶的技术特征。由于仓位较重，临盘第一阶段先撤出 60% 仓位。第二仓

图例 108 海印股份（000861）日 K 线走势图谱

位如次日股价冲高无力时，坚决出局。

【道破涨停天机】实战图谱 109

高位震荡、头部出现当日日 K 线临盘技术分析：

从分时盘口观察显示，股价高位震荡，放量滞涨。均线系统向上发散，攻击力度明显减弱。这种状态是典型的阶段性头部特征。该股未来 6 个交易时间段内还有惯性上涨动作。临盘应考虑实施阶段性减仓计划。严格执行操盘纪律，守住利润是操盘的神圣职责。毕竟预期盈利目标已经远远达到，当前盈利已经超过 50% 了。当

图例 109 海印股份（000861）分时盘口走势图谱

预感风险即将出现时，职业操盘手应第一时间出局避险。绝不参与未来不确定性的行情趋势。

【道破涨停天机】实战图谱 110

缩量攻击、假升见顶当日日 K 线临盘技术分析：

该股今日盘中展开震荡盘升。量比只有 0.71 倍，量能持续萎缩，上升只是假象。第三时间股价明显在高位滞涨，之后主力展开回头波打压。这种情况说明主力波段目标涨幅已经完成，股价再次出现见顶的技术特征。我们赚钱已多，在主力回

图例 110 海印股份（000861）日 K 线走势图谱

头打压前就全仓出局了。该股后市走势将以反复盘头行情为主，目的无非是主力想通过大震荡来出货。从上图中看，量能持续萎缩，主力已经控盘。后市出货估计比较艰难。

【道破涨停天机】实战图谱 111

低开低走、单边杀跌当日日 K 线临盘技术分析：

该股今日盘中低开低走，果然实施单边杀跌出货的走势。昨天进场的跟风盘全部套牢。贪婪者往往对后市行情抱有幻想，所以常常在高位追进。主力出货的对象就是这些无知的跟风盘。从该股今日走势判断，股价击穿 10 天均线的重要支撑已

图例 111 海印股份（000861）日 K 线走势图谱

经没有悬疑。后市该股还有一波再见高点的短线小行情。聪明的套牢盘应该在这波反弹小行情中小亏出局。我们应做好春节前的休整，准备迎接下一只大黑马的到来。

第五章

涨停技术实训图谱

职业操盘培训要点：

（一）了解和掌握各个时间段涨停的主要形式。

（二）了解和掌握一波涨停的操盘意义和主力操作意图。

（三）了解和掌握二波涨停的操盘意义和主力操作意图。

（四）了解和掌握三波涨停的操盘意义和主力操作意图。

（五）了解和掌握多波涨停的操盘意义和主力操作意图。

第一节　一波涨停技术图谱

【道破涨停天机】实战图谱 112

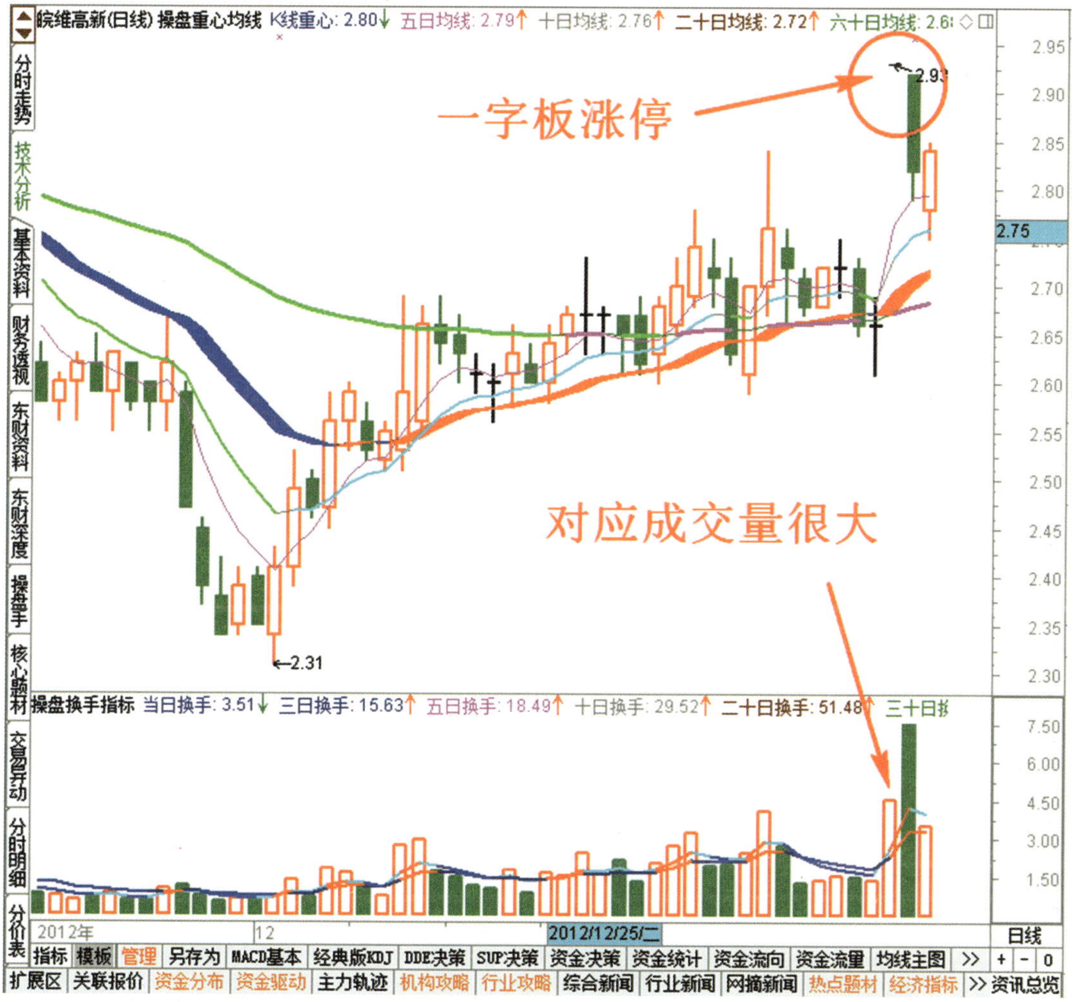

图例 112　一波涨停

职业操盘手临盘实训要点：

（一）观察当前股价的空间位置，这是职业操盘手决定买卖的第一步。当前股价的位置处于拉升初期，出现明显的止跌 K 线信号之后，向上攻击开始。

（二）从当天的走势来看，虽然是一字板，但是成交量却很大，这不符合逻辑的。

（三）从操盘的逻辑来说，一字板应该是缩量，或者量很小。

（四）因此，这样的涨停板不具备参与价值。

（五）临盘保持观望比较明智，如果之前持有仓位，此时可以大幅度减仓。

【道破涨停天机】实战图谱 113

图例 113　一波涨停

职业操盘手临盘实训要点：

（一）此时股价处于空间位置的相对高位，面临前期高点的压力。

（二）临盘首先要判断是否具有短线操作价值，不宜急于进场。

（三）从前一交易日洗盘的动作来看，后市可以看高一线。

（四）从盘口来看，筹码稳定性良好。

（五）因此，可以积极进场，排队参与。

【道破涨停天机】实战图谱 114

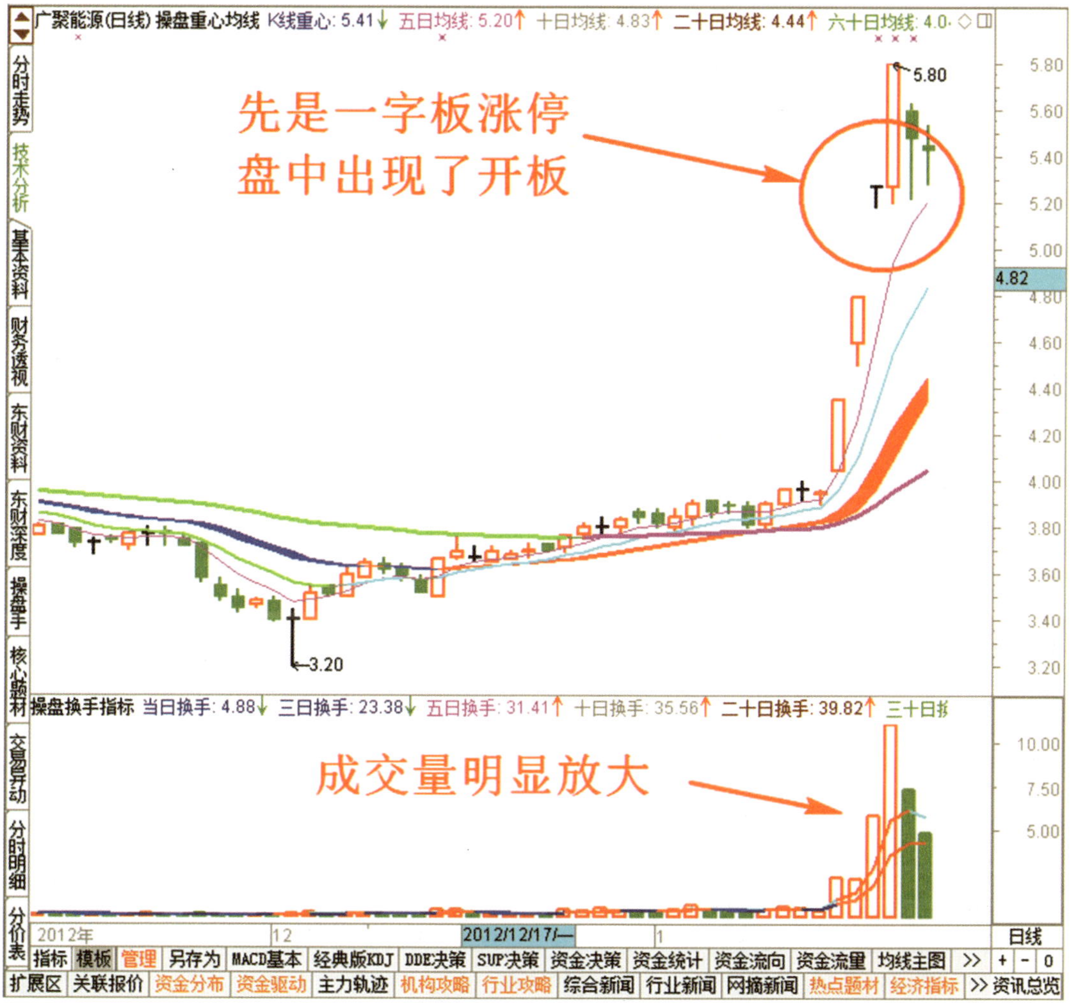

图例 114　一波涨停

职业操盘手临盘实训要点：

（一）操盘手临盘实战的时候，先判断当前股价是否具有出货空间。

（二）从盘口来看，前边连续拉升，涨幅超过了 20%，但成交量不大。

（三）说明筹码稳定性良好，但需要洗盘。

（四）因此，集合竞价不必急于进场。

（五）操盘手可以在盘中打开涨停板之后寻找低点买进。

【道破涨停天机】实战图谱 115

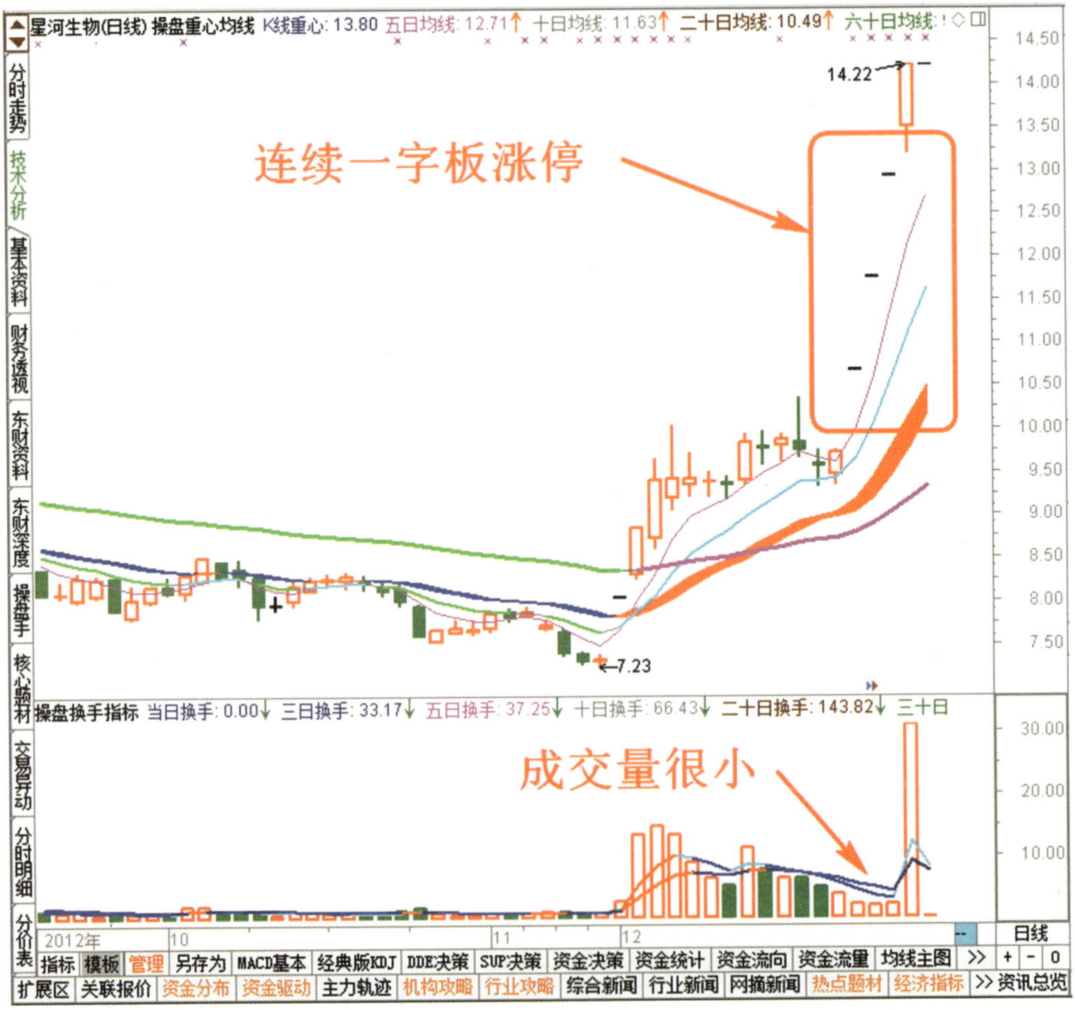

图例 115　一波涨停

职业操盘手临盘实训要点：

（一）首先判断连续一字板拉升的过程中是否具有出货迹象。从盘口来看，出货的迹象并不明显，成交量很小，说明筹码松动不明显，因此，后市看高一线。

（二）操盘手在集合竞价时间段可以积极进场，下单排队买进。

（三）当前股价虽然位置偏高，但是拉升的气势很凶猛，依然可以看高一线。
（四）从炒作题材来看，比较符合政策预期。
（五）因此，不排除短线游资借机炒作。

【道破涨停天机】实战图谱 116

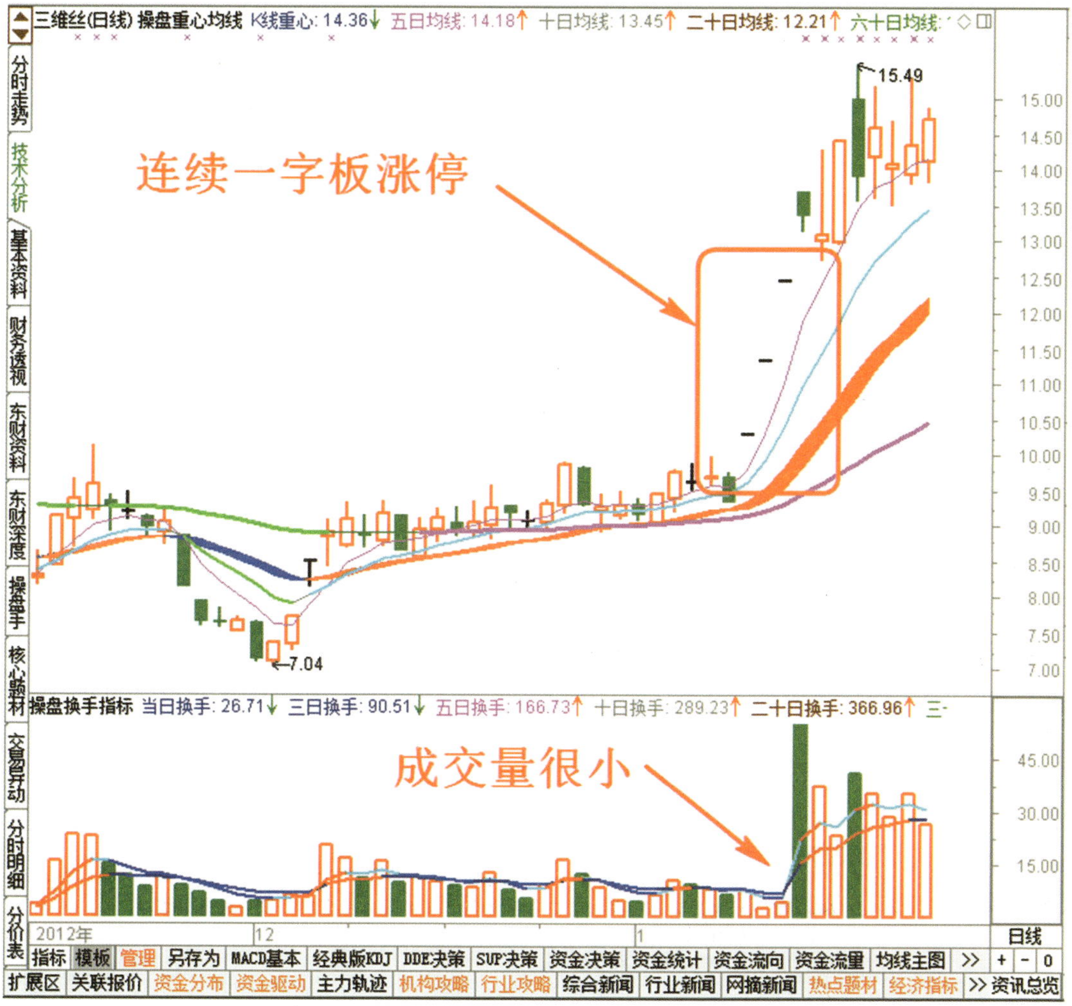

图例 116　一波涨停

职业操盘手临盘实训要点：

（一）受消息的刺激，股价连续一字板拉升，气势非凡，可见做盘决心巨大。
（二）从成交量来看，很小，说明惜售明显，后市将演变成波段震荡出货走势。
（三）结合炒作的题材分析，该股具有反复炒作的价值。

（四）临盘可以积极排队买进，坚决参与涨停行情。

（五）如果次日出现开板，或者出现下挫的时候，可以积极加仓买进。

【道破涨停天机】实战图谱 117

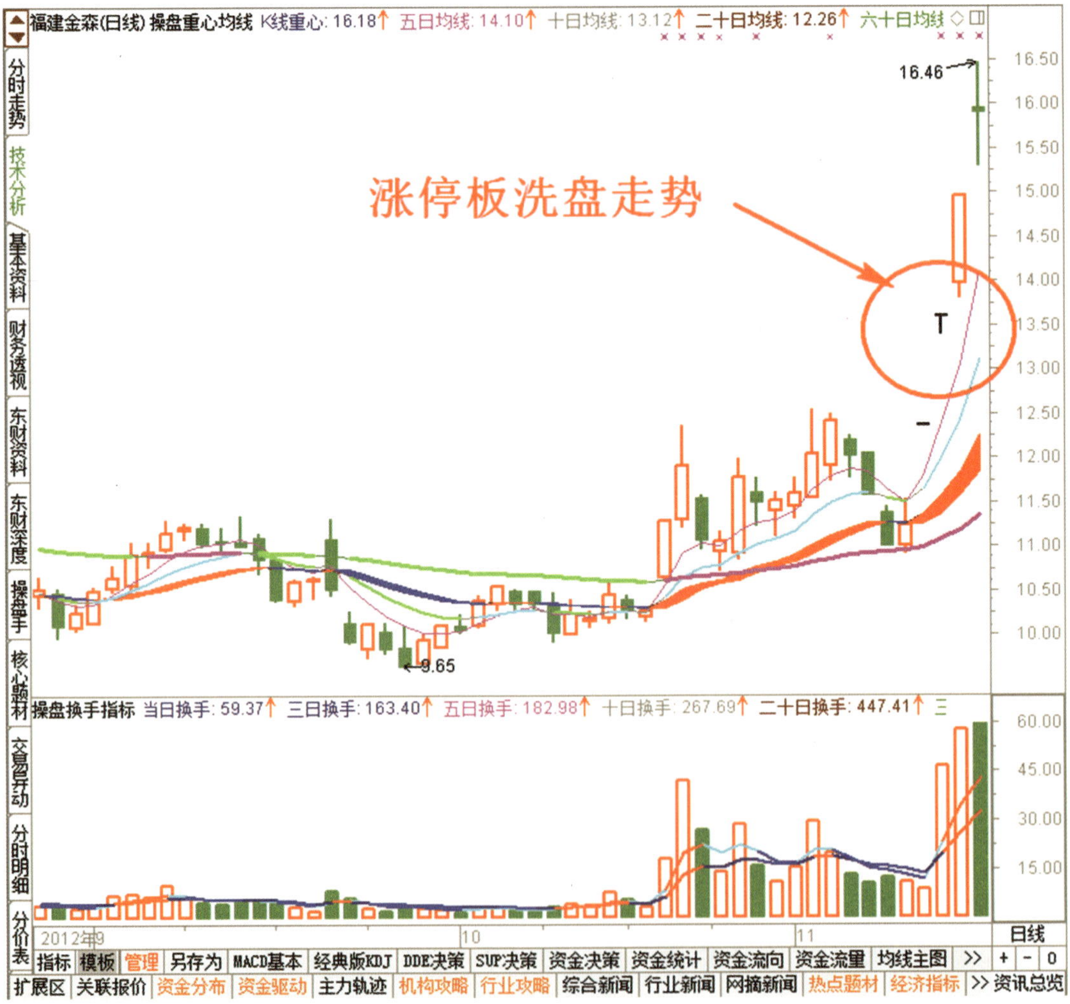

图例 117　一波涨停

职业操盘手临盘实训要点：

（一）经过昨日的一字板涨停之后，短期内获利筹码过多，需要清洗。

（二）因此，今日出现开板洗盘，属于预料之中的操盘动作。

（三）从该股上市以来的走势来看，并没有经过大幅度炒作，因此，此时的开板洗盘，不存在刻意出货行为，而是仅仅洗盘而已。

（四）因此，操盘手在打开涨停的瞬间，可以积极进场。

（五）次日如果出现低开，还可以继续加仓买进。

【道破涨停天机】实战图谱 118

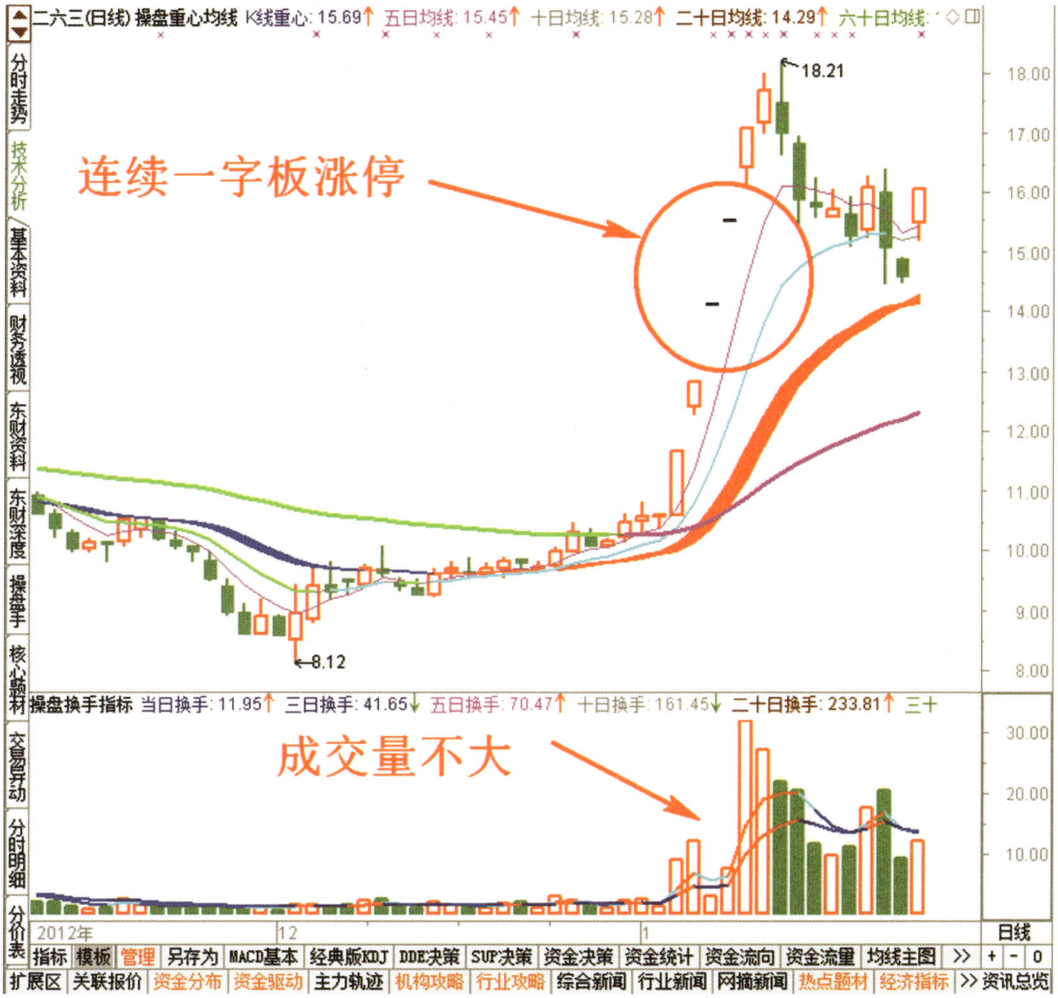

图例 118　一波涨停

职业操盘手临盘实训要点：

（一）该股截至今天已经出现了连续 4 个涨停，主力操作的力度很大。

（二）从盘口来看，虽然短期内涨幅已经很大，但还没有明显的出货迹象。

（三）从成交量来看，近期并没有明显的放量，说明筹码锁定性良好。

（四）因此，这时候的连续拉升，可以理解为新进场的资金拔高建仓。

（五）临盘的时候，操盘手可以积极参与操作，次日继续加仓买进。

【道破涨停天机】实战图谱 119

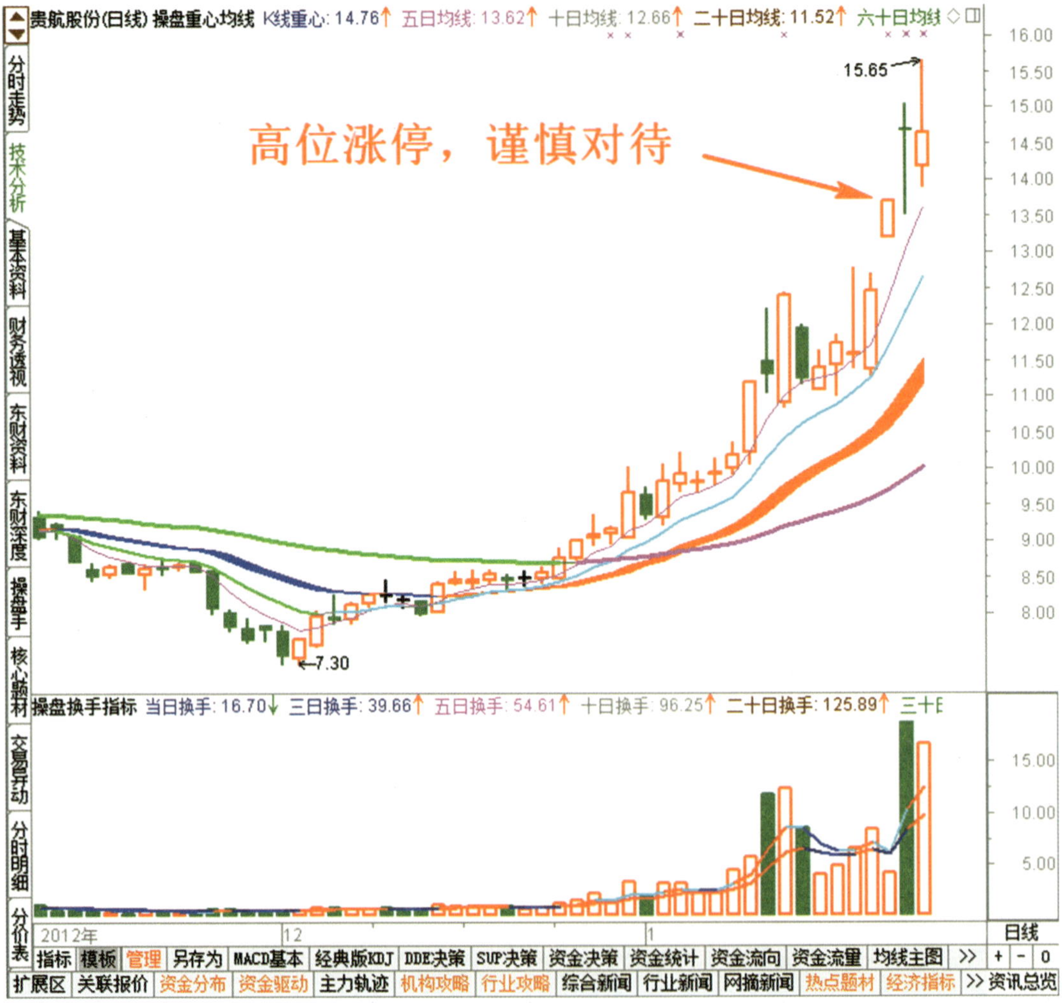

图例 119 一波涨停

职业操盘手临盘实训要点：

（一）从空间位置来看，当前股价已经处于高位，因此，需要谨慎。

（二）从开盘的形式来看，并没有直接涨停，说明主力有些犹豫。

（三）但是开盘之后直接一波涨停，显示出主力改变了主意。

（四）结合当天的成交量来分析，短线可以看高一线。

（五）临盘可以考虑小仓位适当参与，不必重仓。

【道破涨停天机】实战图谱 120

图例 120 一波涨停

职业操盘手临盘实训要点:

(一)从开盘的形式来看,主力当天处于十字路口,显得有些犹豫。

(二)开盘之后一波直接封住涨停,似乎有点变奏了。

(三)但从全天走势来看,封涨停之后,虽然没有打开,但减仓迹象明显。

(四)当天对应的成交量并没有萎缩到极致。

(五)说明此处已经是主力出货的开始,后市高度有限。

【道破涨停天机】实战图谱 121

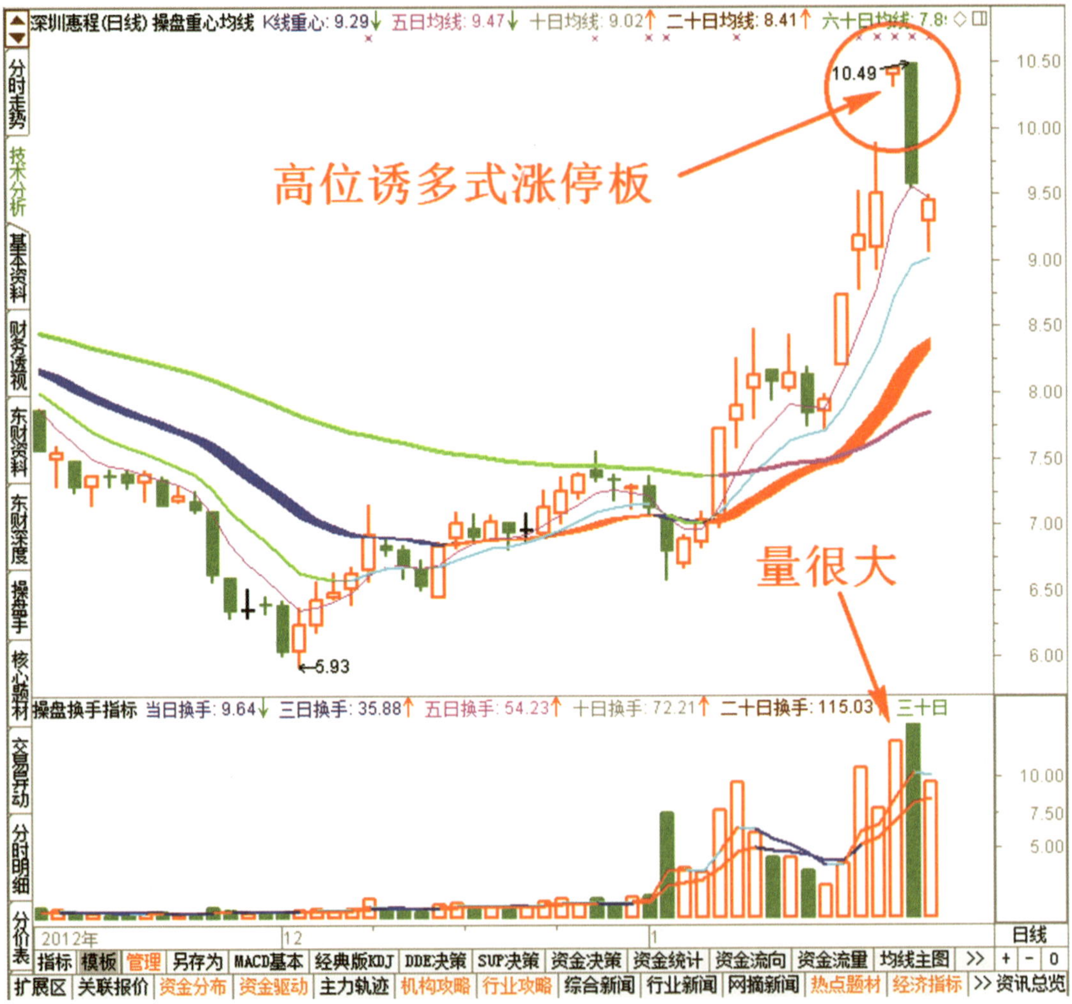

图例 121　一波涨停

职业操盘手临盘实训要点：

（一）从这波行情的低点算起，当前股价已经处于高位。从拉升的幅度来看，已经接完成了阶段性的量度涨幅，因此，此时出现涨停，需要谨慎对待。

（二）对于职业操盘手来说，要时刻牢记风险的存在。

（三）像这样的高开，幅度很大，就需要谨慎对待。

（四）如果不能快速牢牢封住涨停板，将是非常危险的。

（五）从操盘逻辑上来看，今天的成交量必须是萎缩的，才说明主力志存高远。

而盘中出现过多的放量，说明筹码出现松动。因此，此时需要尽快减仓。

【道破涨停天机】实战图谱 122

图例 122 一波涨停

职业操盘手临盘实训要点：

（一）从盘口来看，早盘大幅度高开之后，直接一大单封住涨停。

（二）这样的走势出现在底部区域的话，说明主力做盘的决心巨大。但是，现在出现在空间位置的高位，就有作秀的嫌疑，要特别警惕。

（三）此时作为操盘手，就不要轻易下单买进了。

（四）盘中出现开板，成交量巨大，不符合高位涨停板买进原则。

（五）因此，我们的操盘策略是只卖出，不买进。控制风险，落袋为安。

【道破涨停天机】实战图谱 123

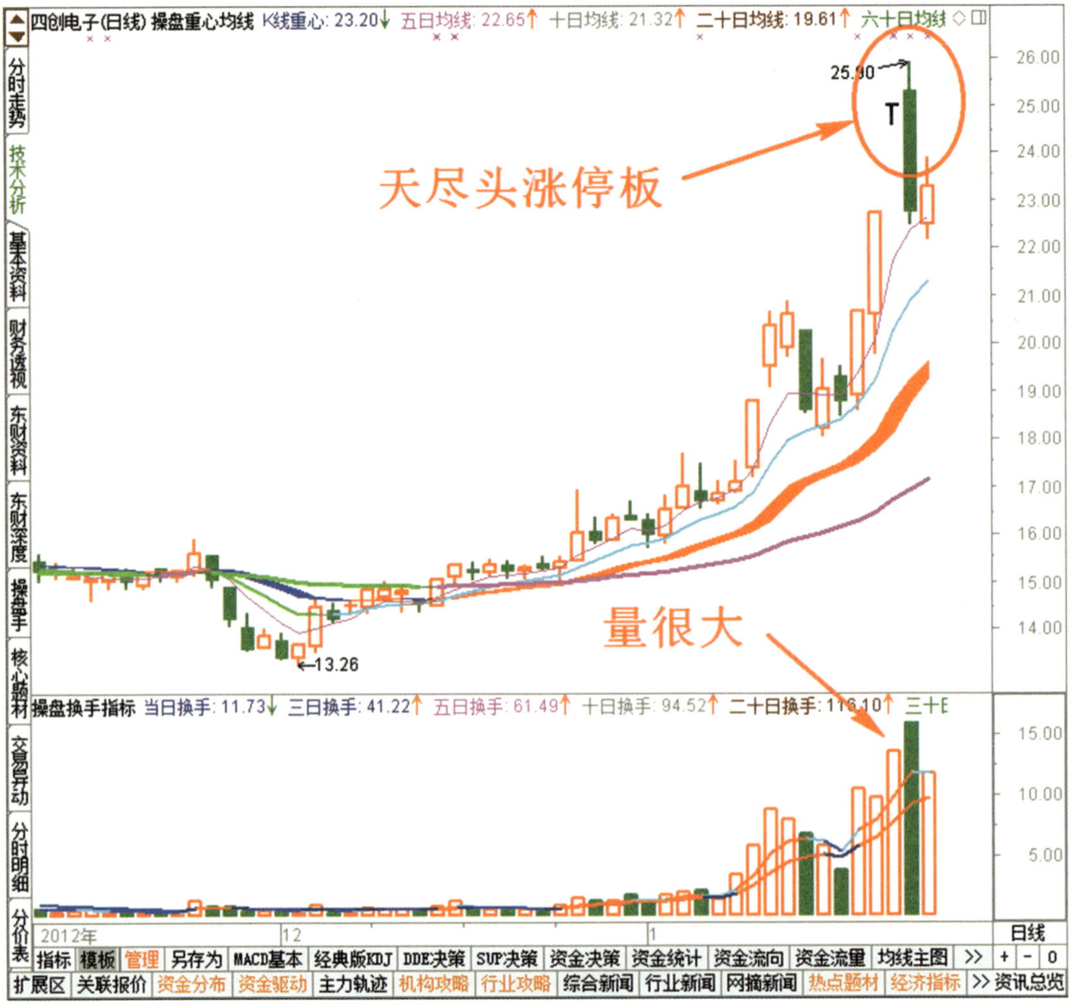

图例 123　一波涨停

职业操盘手临盘实训要点：

（一）操盘手临盘首先要做出判断：现在的股价位置是高了还是低了，有没有参与炒作的价值。这是最基本的职业素质。

（二）图例 123 所示的品种，前边经过连续拉升，此时出现竞价时间段涨停，这是近来操盘界惯用的出货手法，蒙蔽那些不明真相的投资者。

（三）临盘实战的时候，如果遇到的涨停开盘不是近期第一次涨停，要谨慎。

（四）观察和鉴别的方法，可以查看盘中成交量的变化情形。

（五）如果盘中成交量异常放大，就说明筹码已经开始松动。

【道破涨停天机】实战图谱 124

图例 124　一波涨停

职业操盘手临盘实训要点：

（一）结合当前股价所在的位置分析，集合竞价的时候，不宜直接挂单参与。

（二）开盘之后，先观察成交量的变化情形，如果瞬间开板后快速拉起，成交量不是持续放大，则说明筹码还稳定，反之，则说明筹码已经开始松动，有出货嫌疑。

（三）开盘后出现两次开板，成交量很大，不符合操盘的逻辑。

（四）因此，可以断定此时已经开始出货，不值得参与。

（五）操盘手临盘的时候，就需要保持冷静，观望为宜。

第二节　二波涨停技术图谱

【道破涨停天机】实战图谱 125

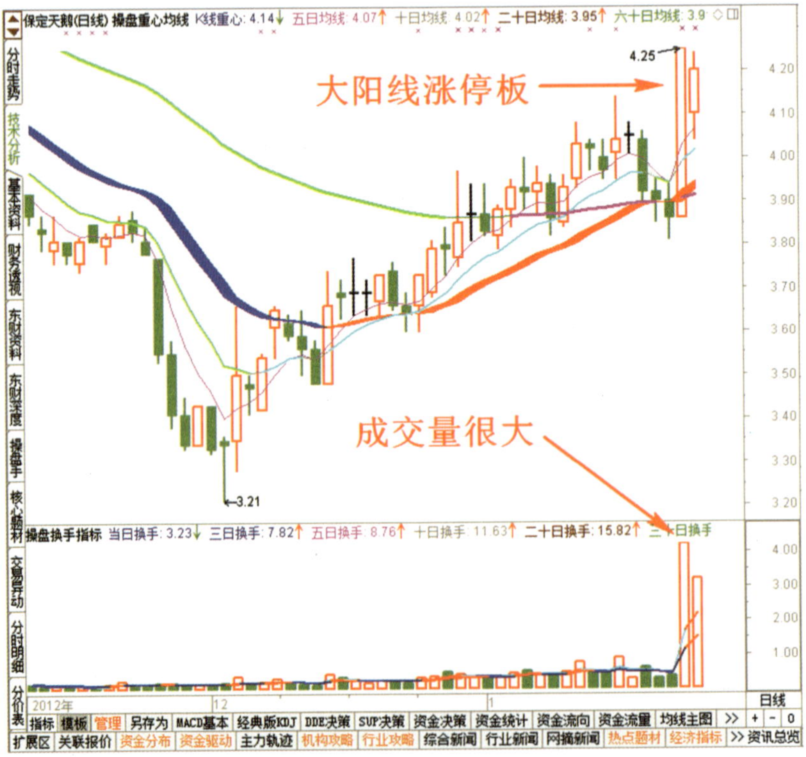

图例 125　二波涨停

职业操盘手临盘实训要点：

（一）当前股价处于关键技术点位，这是操盘手看盘的时候首先需要明确的第一个技术要领。在关键技术点位出击，也是我们每一位操盘手务必遵守的操盘纪律。

（二）因此，当天在决策线附近开盘的时候，我们要做好出击的准备。

（三）为了确保能够上车，可以在集合竞价的时候首先买进一仓。

（四）因为这个时候已经调整到了关键技术点位，出现了明显的止跌信号。

（五）因此，临盘实战的时候，就要坚决果断地出击，不要有任何犹豫。

【道破涨停天机】实战图谱 126

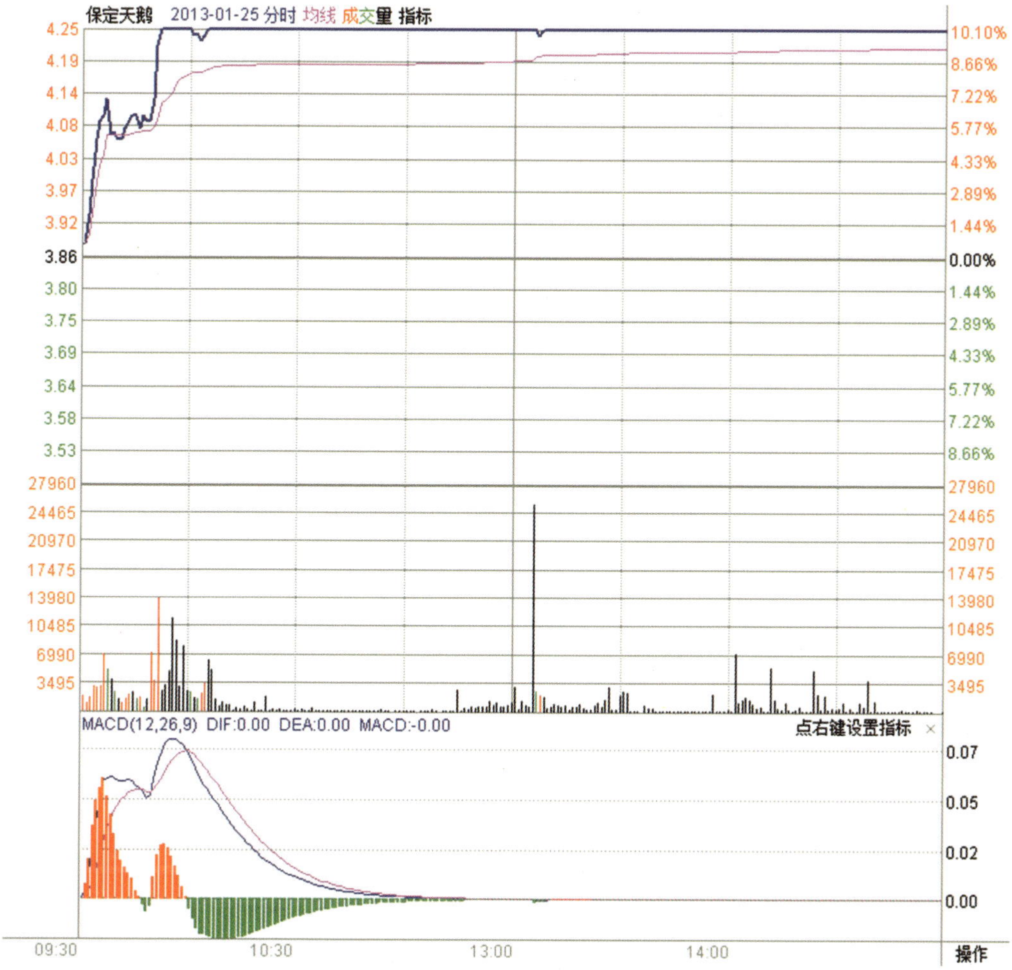

图例 126 二波涨停

职业操盘手临盘实训要点：

（一）首先是狙击时间的确定。由于前一个交易日在关键技术点位出现了明显的止跌 K 线信号，因此，只要今天不出现低开，就可以考虑及时出击。

（二）因此，当集合竞价出现小幅度的高开的时候，可以立即买进第一仓。

（三）开盘之后，出现快速上拉操盘动作，说明主力迅速拉升，快速脱离昨日成本区。这时候要立即观察股价回撤的时候支撑点在什么位置。

（四）随后缩量回试均价线，不再出现有效跌穿均价线。

（五）因此，操盘手要在此时立即加码买进，大仓位参与。

【道破涨停天机】实战图谱 127

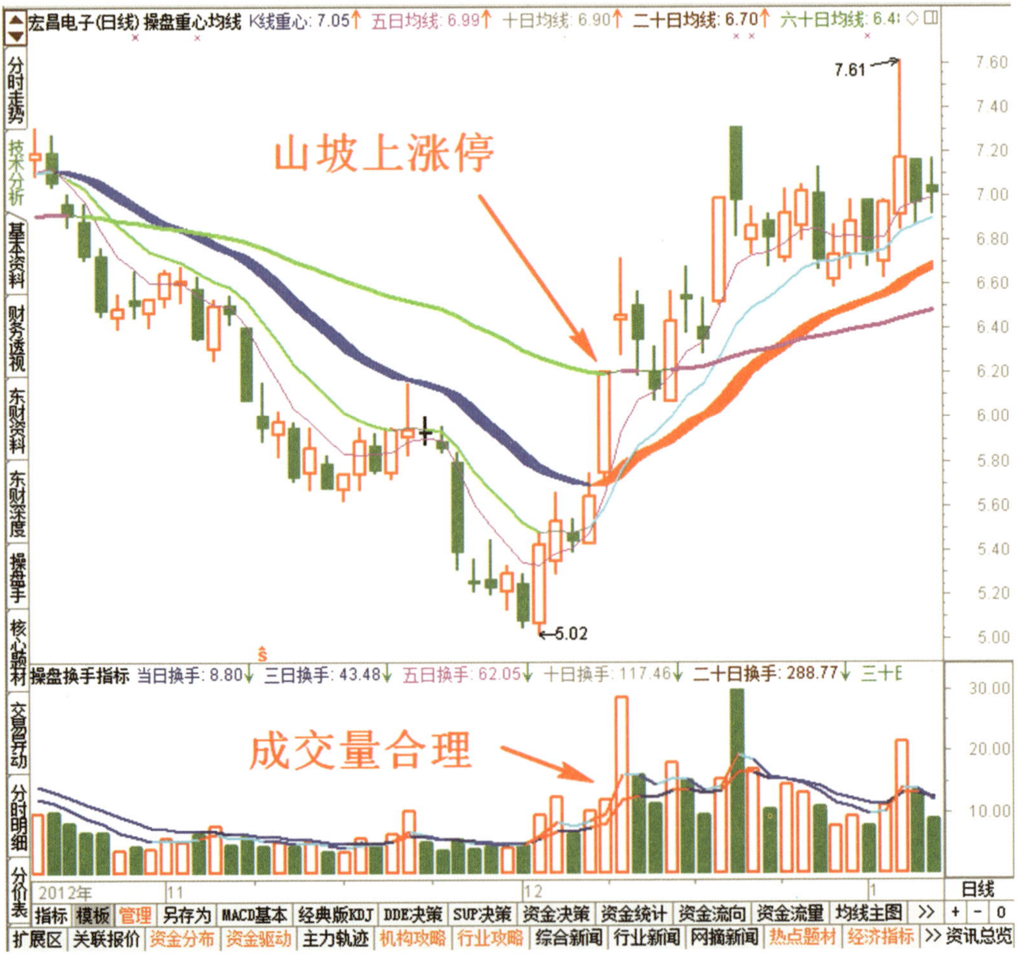

图例 127 二波涨停

职业操盘手临盘实训要点：

（一）这是典型的涨停起涨点，股价处于关键技术点位，攻击线与操盘线已经发生金叉，当天出现小幅度高开，强势上攻，直奔涨停而去。

（二）操盘手在判断这种走势的时候，首先要确定当前股价的位置关系。判断是不是具有操作价值，以及当前股价处于整个操盘计划的什么阶段。

（三）任何一个起涨点的出现，都是主力新一轮操盘计划的开始。

（四）因此，可以认为，今天的涨停板就是新一轮行情的正式启动。

（五）操盘手在实战中，见到这样的走势，要立即介入，及时跟进。

【道破涨停天机】实战图谱 128

图例 128 二波涨停

职业操盘手临盘实训要点：

（一）从当天的盘口走势来看，首先要考虑的是开盘的幅度，不大，开盘量也不张扬，这颇有点示弱的味道，目的是让前几天进场的跟风客出场。

（二）开盘之后，股价并没有快速拉升，而是选择下行，缓慢下跌，就是诱使那些短线客出局，减轻后续的抛压。此时操盘手不要急于下结论，要冷静判断股价是否击穿前收盘价，以及判断前收盘价支撑的力度是否强劲。

（三）随后出现快速上行，说明早盘属于诱空。

（四）第二波攻击拉升后出现回落，没有击穿均价线。

（五）因此，操盘手此时要及时出击，不要错过机会。

【道破涨停天机】实战图谱 129

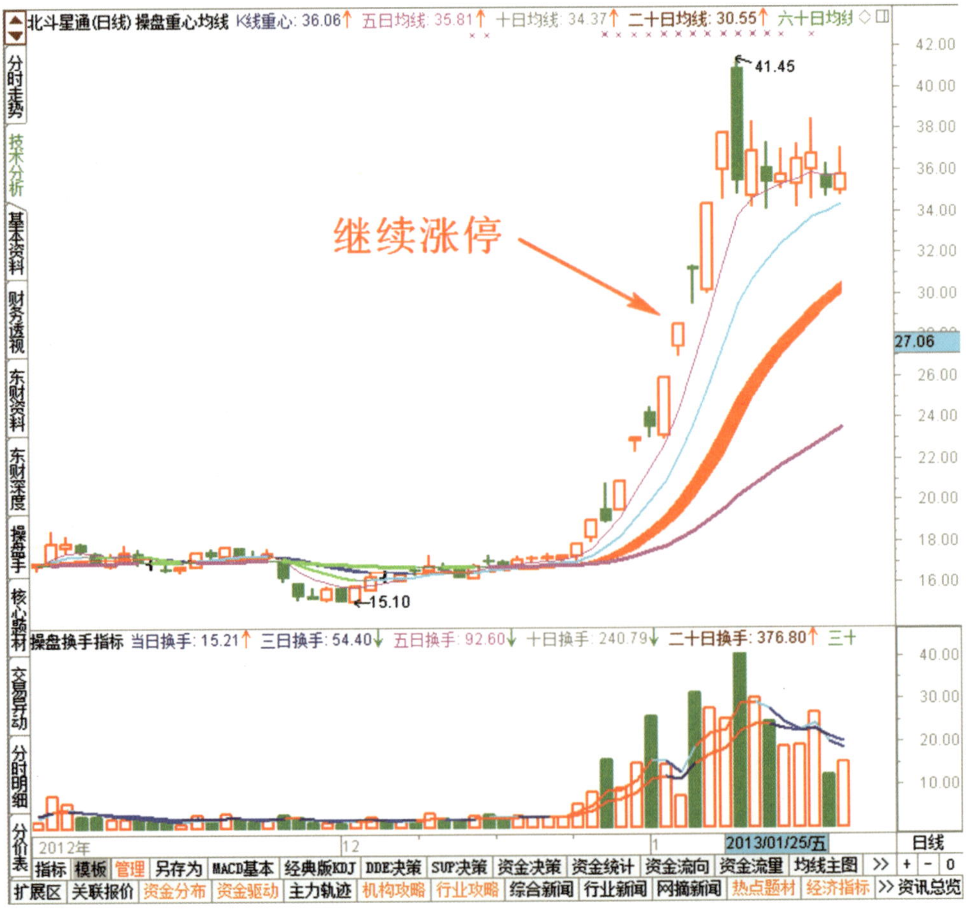

图例 129　二波涨停

职业操盘手临盘实训要点：

（一）从股价的位置来看，当前处于拉升阶段的中期。

（二）此时出现高开涨停，预示着行情继续向前发展。

（三）一般来说，正在高速拉升的品种，具有惯性向上的特征。

（四）因此，此时可以在盘中出现下挫的时候，积极加仓。

（五）如果已经持有仓位，可以积极滚动套利，或者持股待涨。

【道破涨停天机】实战图谱 130

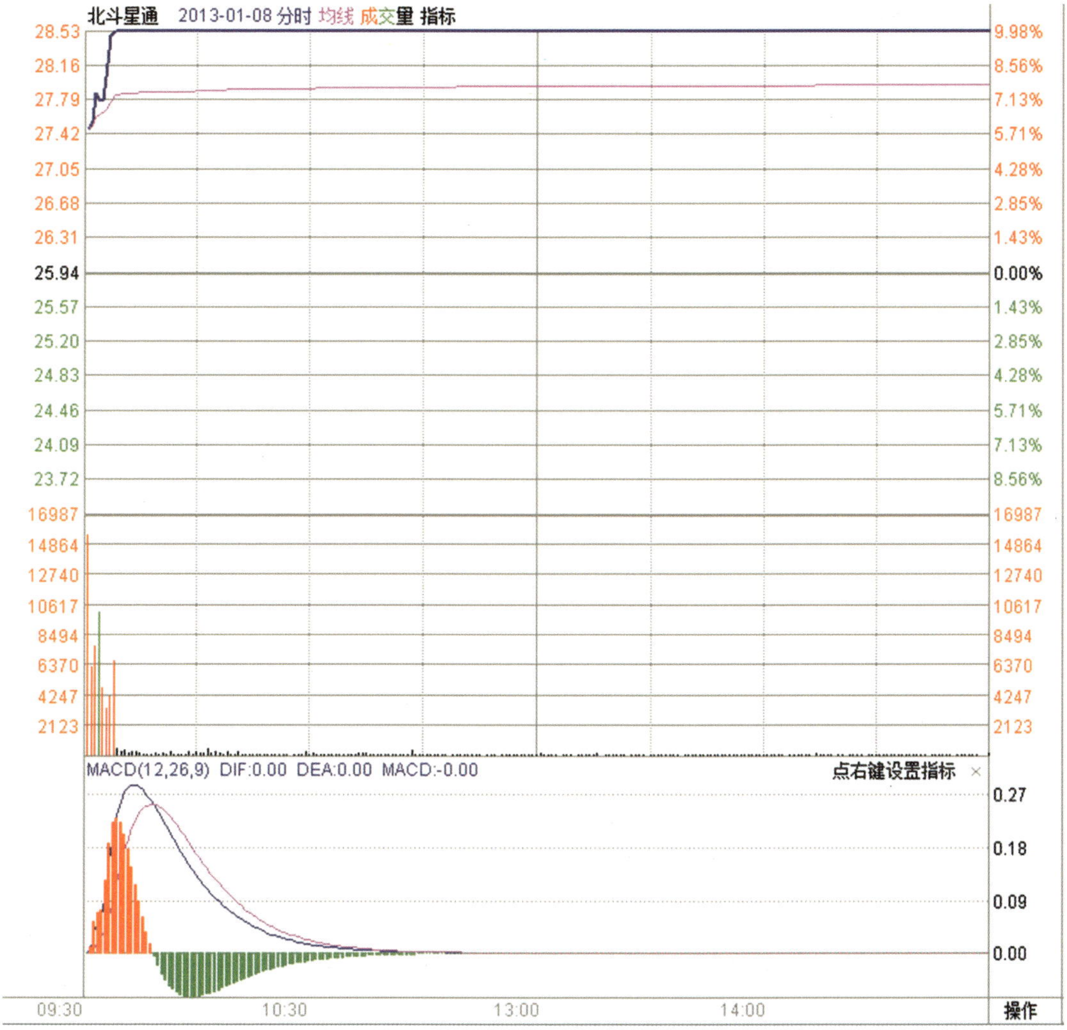

图例 130　二波涨停

职业操盘手临盘实训要点：

（一）早盘阶段股价高开高走，说明向上攻击的愿望依旧很强。

（二）盘中并没有出现开板的迹象，说明筹码还没有出现松动。

（三）早盘回抽，没有击穿均价线，说明控盘力度很强。

（四）对于场外资金来说，此时还可以小仓位进场一搏。

（五）对于持筹者来说，最好的策略是持股待涨。

【道破涨停天机】实战图谱 131

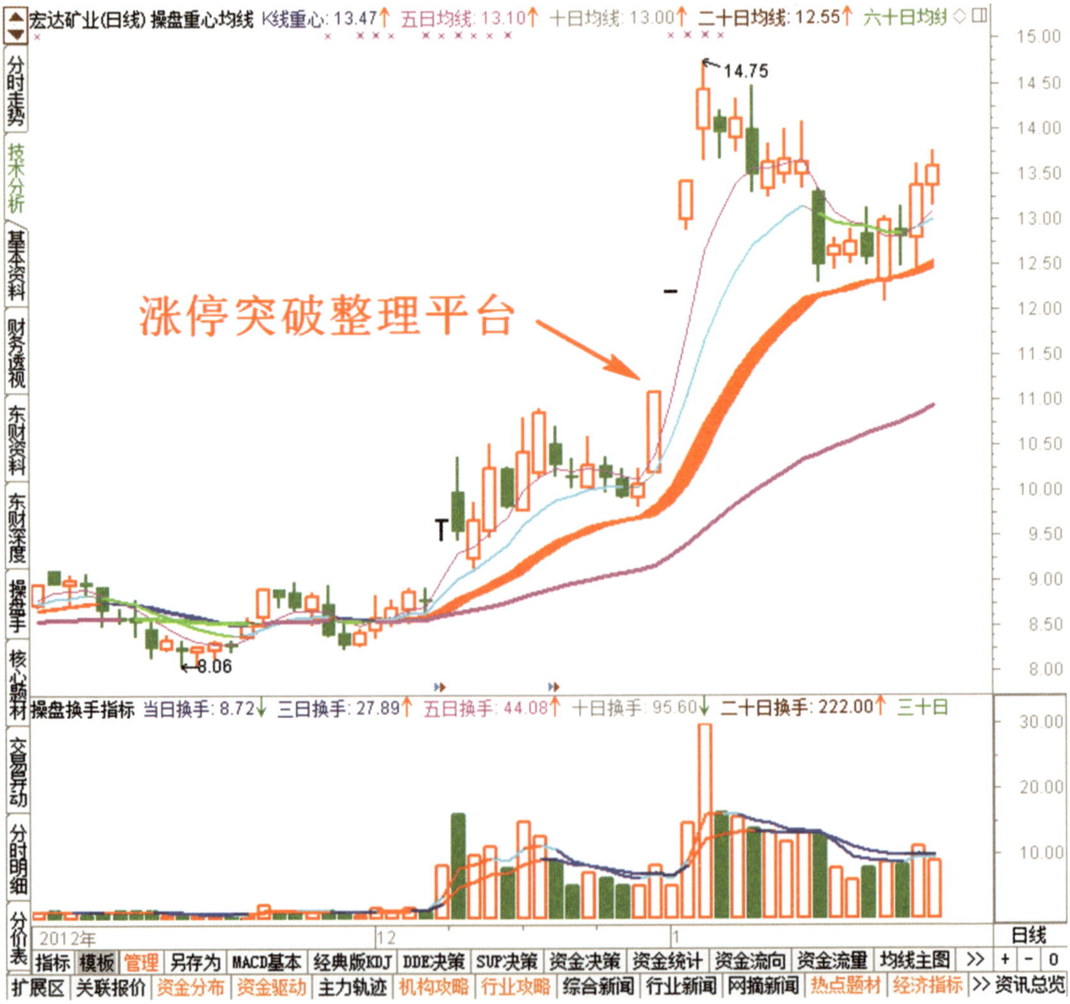

图例 131　二波涨停

职业操盘手临盘实训要点：

（一）这是宣告整理结束、突破整理平台常见的操盘手法。

（二）股价的位置处于拉升中期，第一波拉升之后出现整理，今天的股价位置就属于整理的末端，向上高开高走，标志着整理结束，进入新一轮拉升周期。

（三）如果当天能够放量上涨，穿越整理平台，将出现新的加速拉升。

（四）当天操盘手可以在集合竞价的时候试探性买进第一仓。

（五）盘中再寻找低点积极加仓买进更多仓位。

【道破涨停天机】实战图谱 132

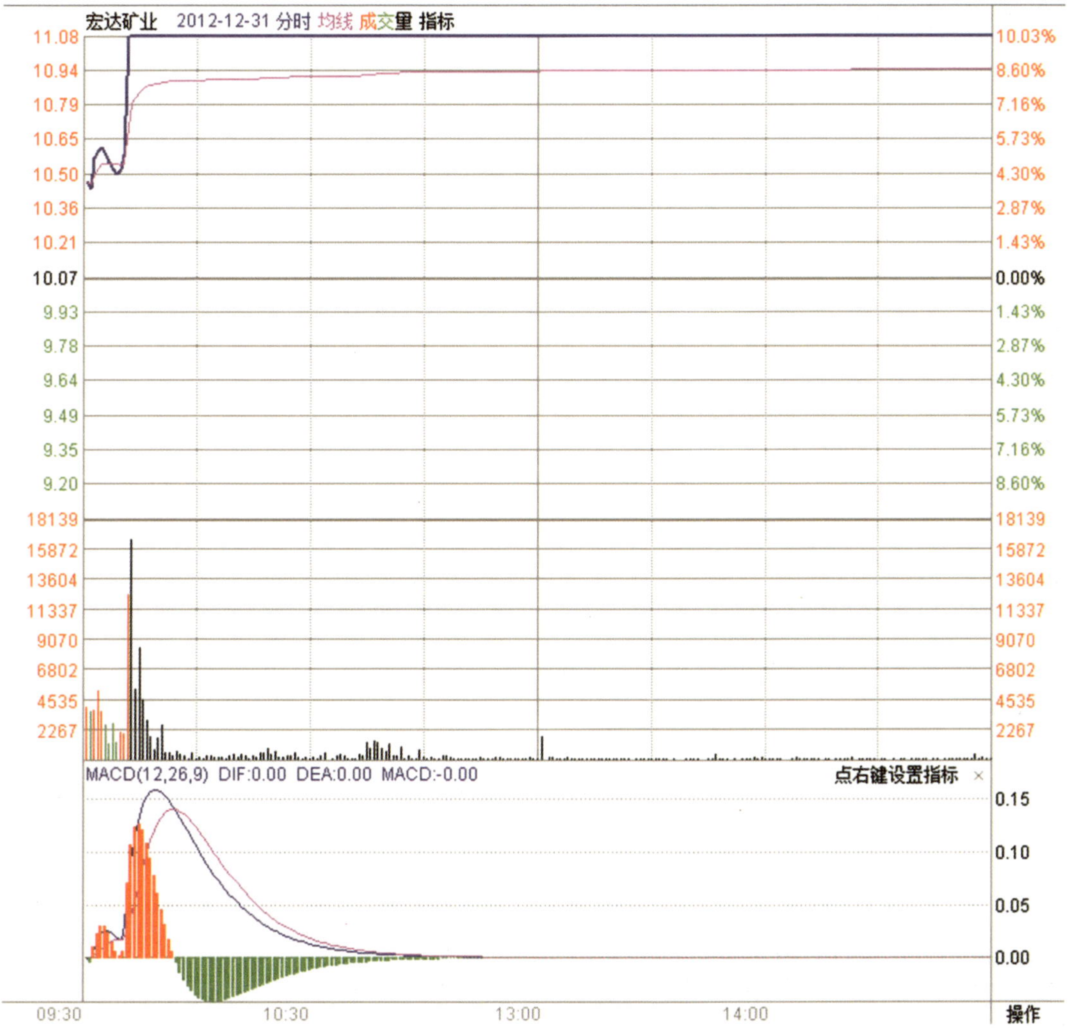

图例 132　二波涨停

职业操盘手临盘实训要点：

（一）根据股价所在的位置，操盘手可以决定在集合竞价的时候积极参与，首先买进第一仓，以便确保当天能够成功上车。

（二）第一仓的比例可大可小，各人要根据自己的风险承受能力来决定。

（三）对于职业投资者来说，可以像操盘手一样，买进 30% 左右的底仓。

（四）早盘一波拉升之后出现回落，不创新低，不跌破开盘价，再加码买进。

（五）全天的总仓位，控制在 50% 以内比较稳健。

【道破涨停天机】实战图谱 133

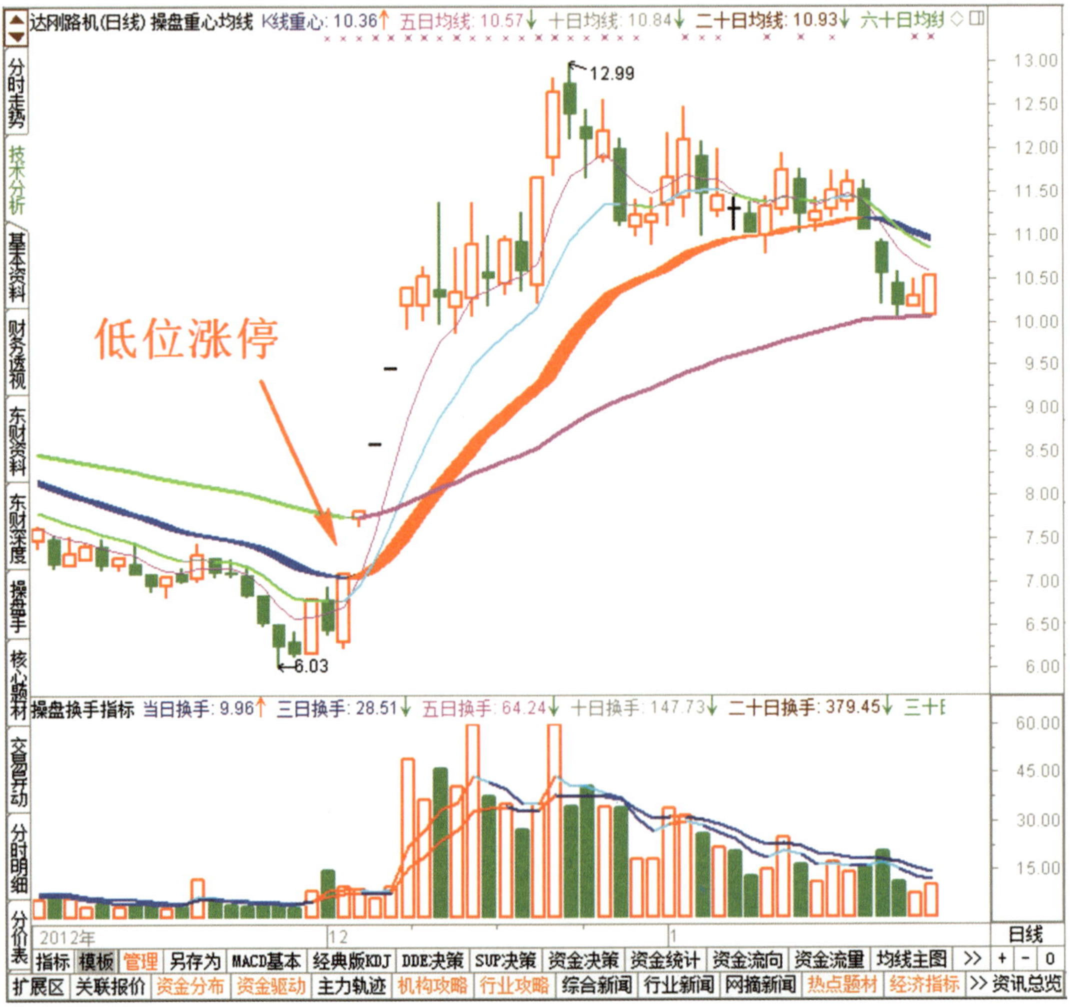

图例 133　二波涨停

职业操盘手临盘实训要点：

（一）这是空间位置低位出现的涨停板。

（二）这时候股价完全处于阶段性低位区域，安全的程度比较高。

（三）因此，当操盘手确定操盘目标之后，就要积极大胆参与。

（四）判断是否值得参与的标准是比照前边的大阳线。

（五）只要当天不出现跌破大阳线的最低点走势，就可以大胆买进。

【道破涨停天机】实战图谱 134

图例 134　二波涨停

职业操盘手临盘实训要点：

（一）在临盘实战中，可以分两步操作。

（二）第一步是确定买与不买。如果敢于承担风险，则在集合竞价的时候出现低开时买进第一仓，买进的原理可以参见《道破盘口天机》彩图版有关叙述。

（三）第二步是确定买多少仓位。因为当前处于低位，底部区域，仓位可以放大一些。原则上大比例买进也比较安全，因此，可以考虑买进30%以上仓位。

（四）早盘不创新低的时候，可以加仓买进。

（五）也可以在长波攻击涨停的时候，加码买进。

【道破涨停天机】实战图谱 135

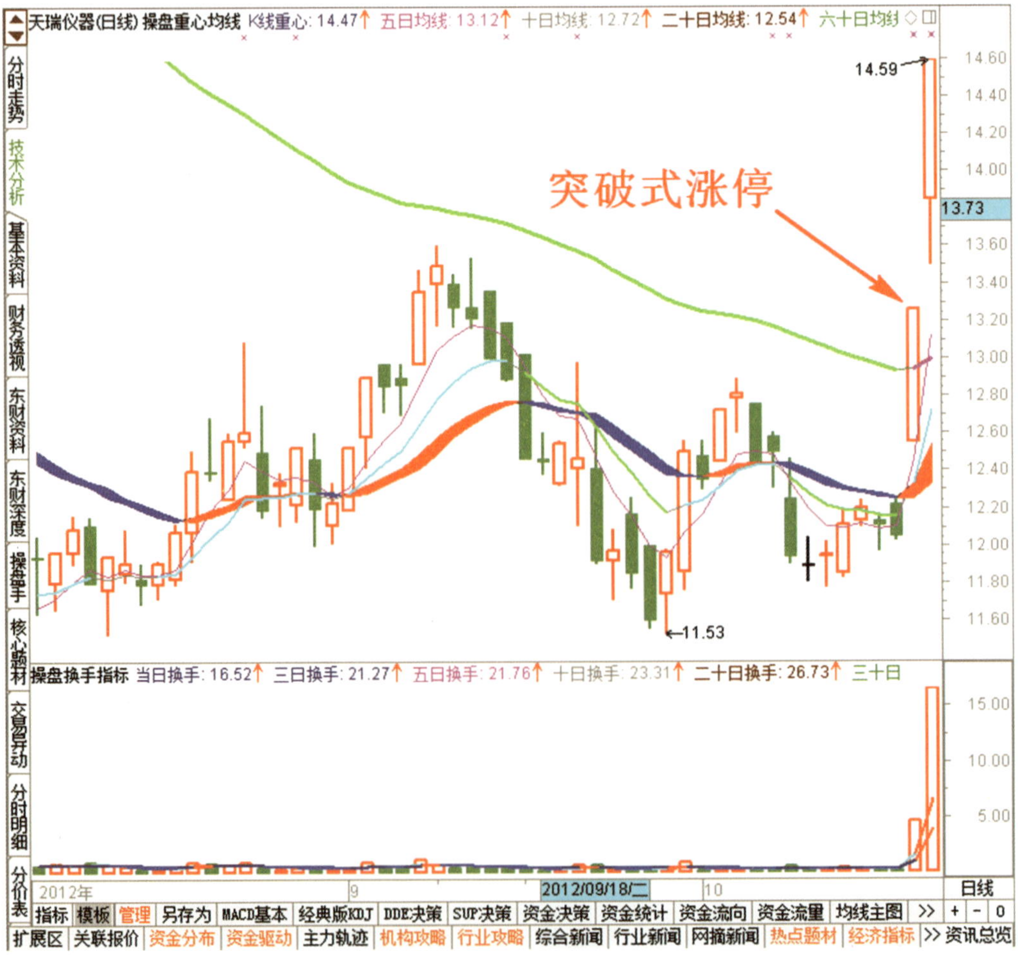

图例 135　二波涨停

职业操盘手临盘实训要点：

（一）当前股价处于阶段性整理的末端，上档面临着决策线的压力，下边有生命线的支撑，处于选择方向的临界点上。也就是短期变盘点上。

（二）此时操盘手可以观察开盘后主力的动向，再决定如何操作。

（三）这个位置出现了高开，但开盘只是表示多头占据上风，不能表明立即上涨。

（四）因此，如果开盘后向上攻击，回落不破开盘价，则跟进。

（五）相反，如果出现高开低走的话，则在操盘线附近狙击。

【道破涨停天机】实战图谱 136

图例 136 二波涨停

职业操盘手临盘实训要点：

（一）从盘口来看，集合竞价的时候，出现了高开，因为此时位置特殊，无法断定股价接下来的走势会如何演变，因此首先观望一下，不要急于进场。

（二）开盘之后，快速冲高，快速回落，这时候要紧紧盯住开盘价的支撑。

（三）如果开盘价被击穿，则不要急于进场，再观察前收盘价的支撑。

（四）股价今天向下运行的时候，并没有击穿开盘价就止跌了。

（五）因此，在折返向上不创新的低点时，可以进场。

【道破涨停天机】实战图谱 137

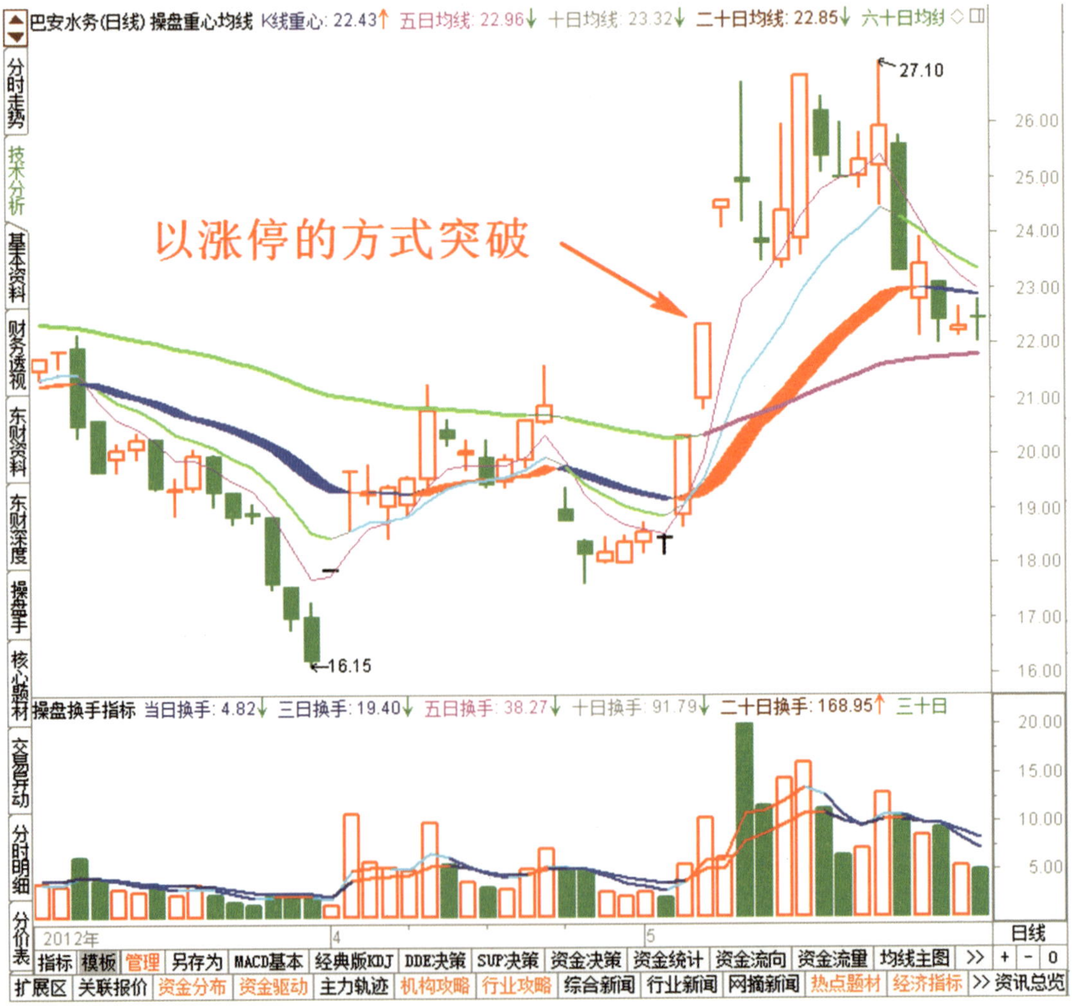

图例 137　二波涨停

职业操盘手临盘实训要点：

（一）这是起涨之后紧接着出现的突破走势。

（二）前一天结束整理起涨之后，面临着决策线的压力。

（三）今天必须放量突破，才能继续向上拉升。这是今天的关键点。

（四）因此，如果出现高开低走但不破前收盘价，则可以跟进。

（五）如果跌破前收盘价，说明走势转弱了，就暂时保持观望。

【道破涨停天机】实战图谱 138

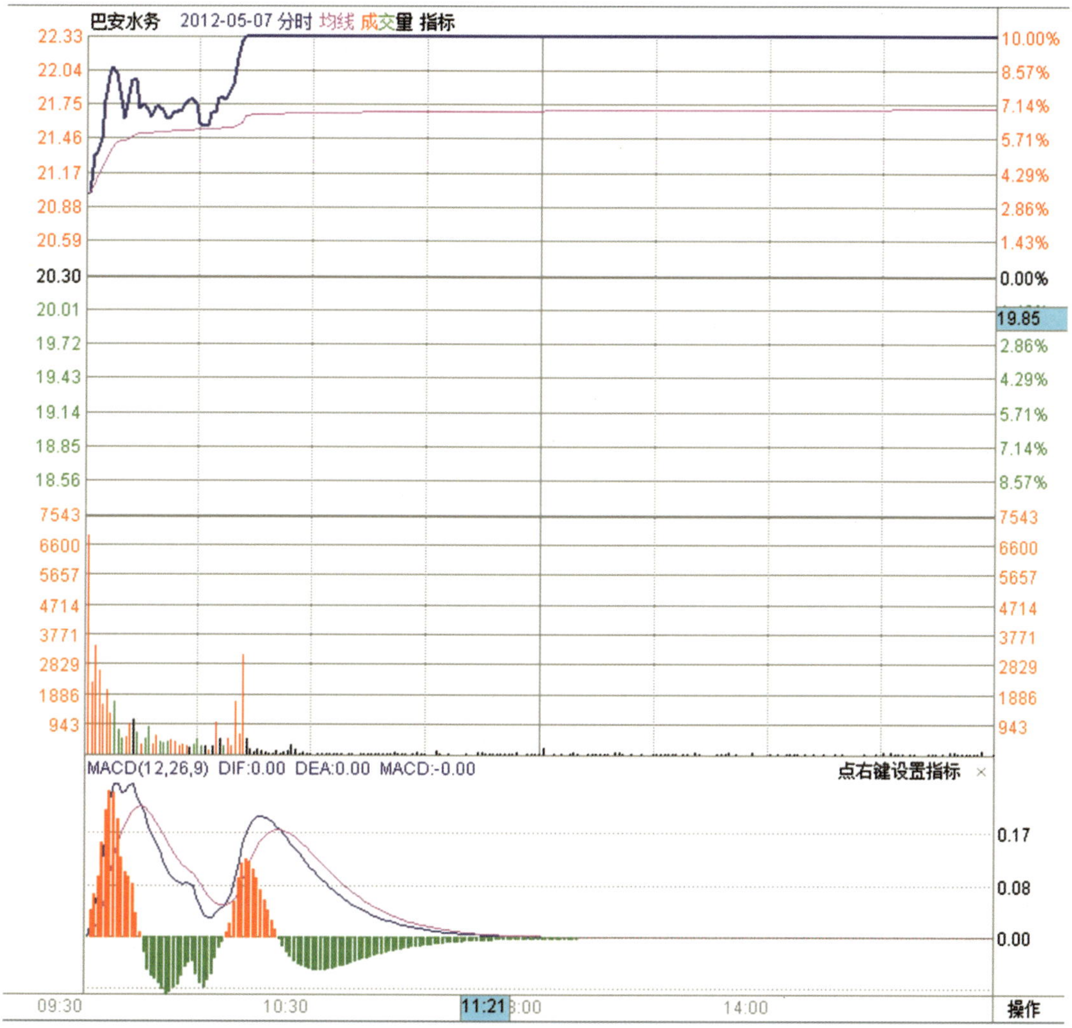

图例 138 二波涨停

职业操盘手临盘实训要点：

（一）从盘口的走势来看，开盘之后快速下行，瞬间就拉了起来。

（二）说明多头的力量十分强大，今天猛烈上攻已经成为定局。

（三）因此，临盘的时候，坚决选择低点进场，大仓位狙击。

（四）可以在冲高回落不击穿均价线的时候买进第一仓。

（五）在即将封住涨停的瞬间，再次加仓买进。

【道破涨停天机】实战图谱 139

图例 139　二波涨停

职业操盘手临盘实训要点：

（一）首先查看当前股价的空间位置，属于筑底之后的低位。

（二）其次观察均线系统的结构，短期均线攻击线、操盘线已经金叉向上。

（三）再看量能配合情况，并没有典型的新多资金进场迹象。

（四）综合分析，可以得知这是原来的老主力在运作。

（五）因此，在这个位置出现涨停，可以视为发动新的拉升行情。

【道破涨停天机】实战图谱 140

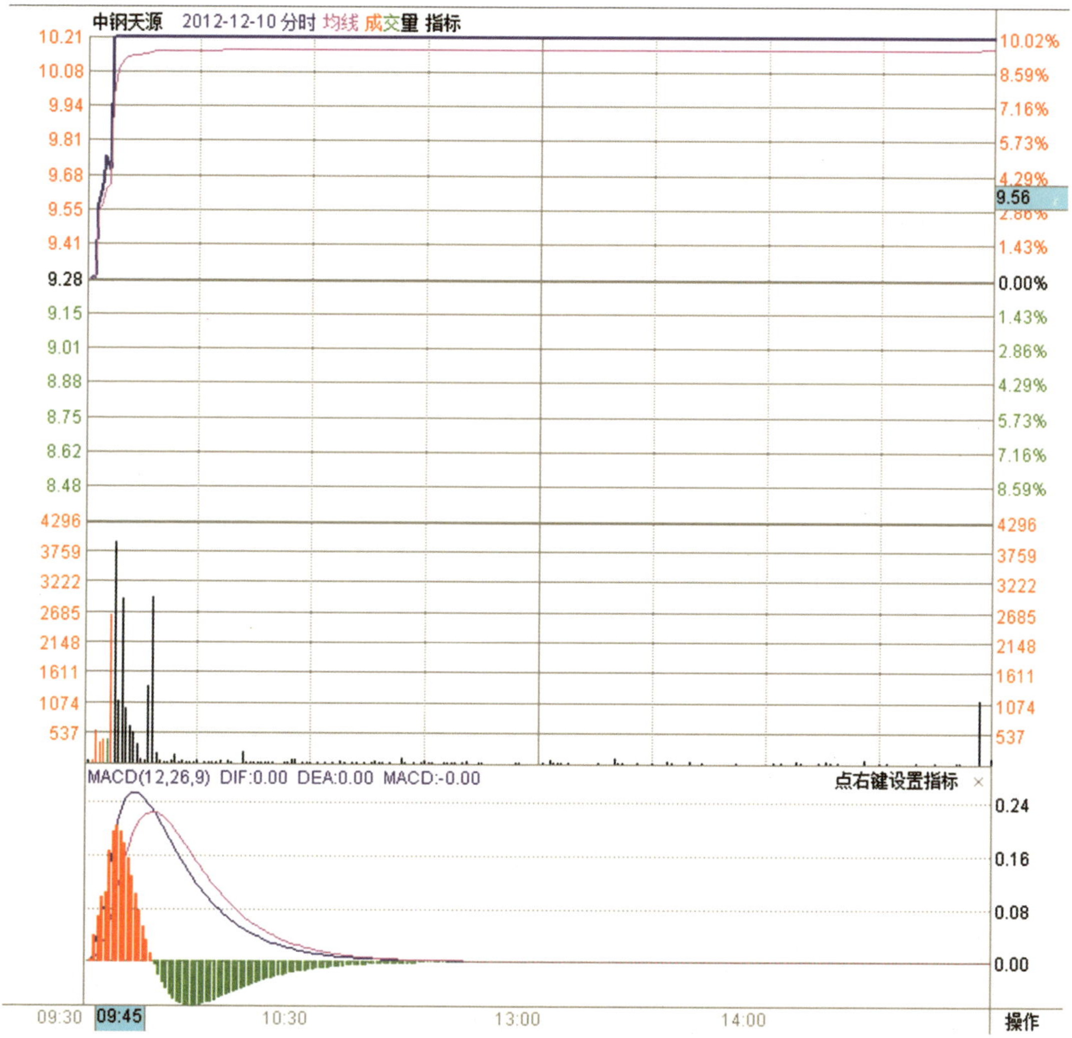

图例 140　二波涨停

职业操盘手临盘实训要点：

（一）从盘口分析来看，首先要确定当天的开盘价是否构成支撑。

（二）开盘后，股价并没有回落，而是直接向上拉升，一去不回头。

（三）这时候就可以寻找机会，择机买进，确保上车再说。

（四）为了谨慎起见，买进的时候，可以分批进行。

（五）在即将封住涨停的那一瞬间，继续加码买进。

第三节　三波涨停技术图谱

【道破涨停天机】实战图谱 141

图例 141　三波涨停

职业操盘手临盘实训要点：

（一）这是比较典型的相对高位涨停放量。

（二）注意这里的关键词是高位、涨停、放量。

（三）意思是说，空间位置已经高了。

（四）这时候拉涨停，基本上可以认定为主力的出货计划开始实施。

（五）再看涨停的方式。先涨停，然后开板，反复的开板，这样的走势基本上可以认定为出货动作。因此，这样的涨停板没有参与价值。

【道破涨停天机】实战图谱 142

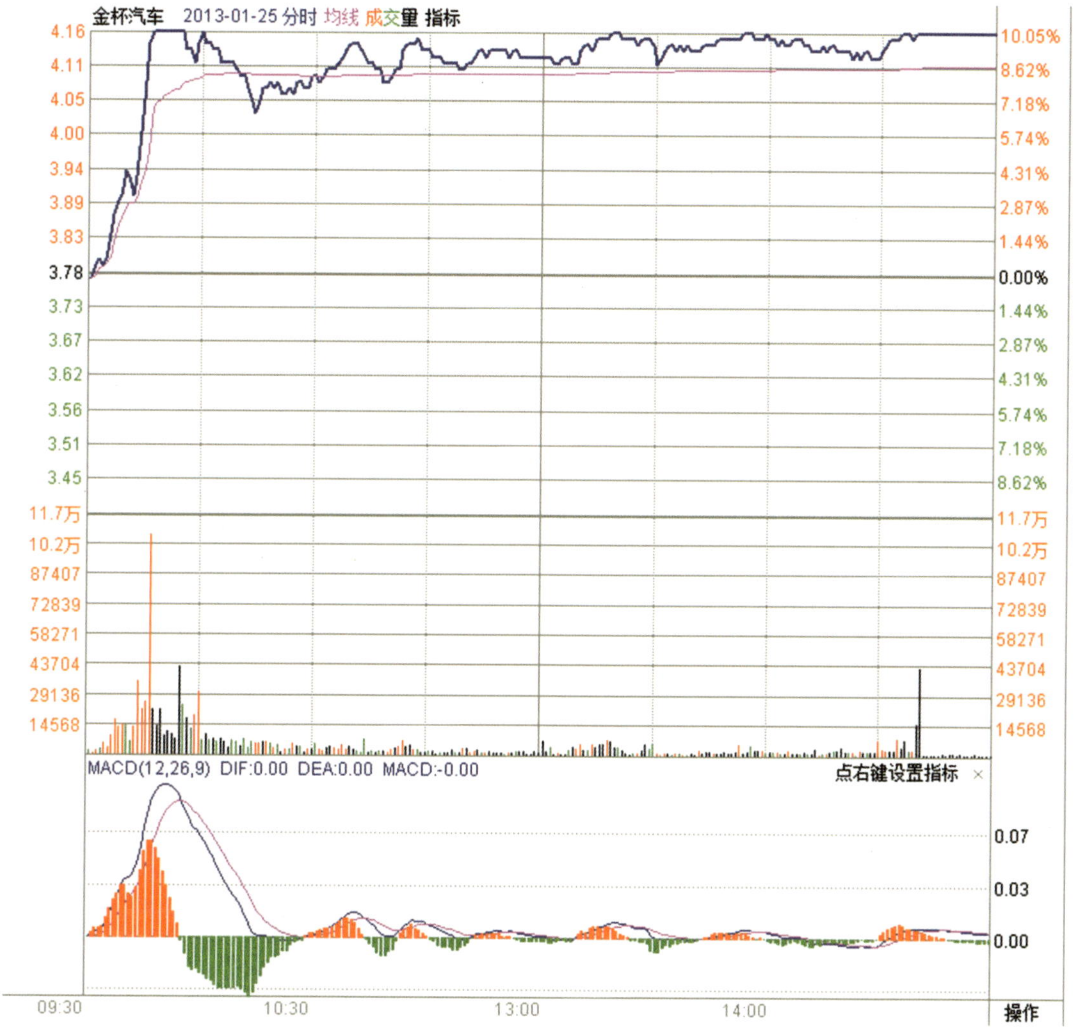

图例 142 三波涨停

职业操盘手临盘实训要点：

（一）从盘口来看，早盘的走势比较关键。

（二）从波形来判断，属于三波涨停，但是波长却是一波比一波长。

（三）第三波封涨停的波形，很长，但对应的量峰很单薄。

（四）涨停之后，反复打开，成交量也反复的放出来。

（五）这样的涨停板，可以定性为出货。

【道破涨停天机】实战图谱 143

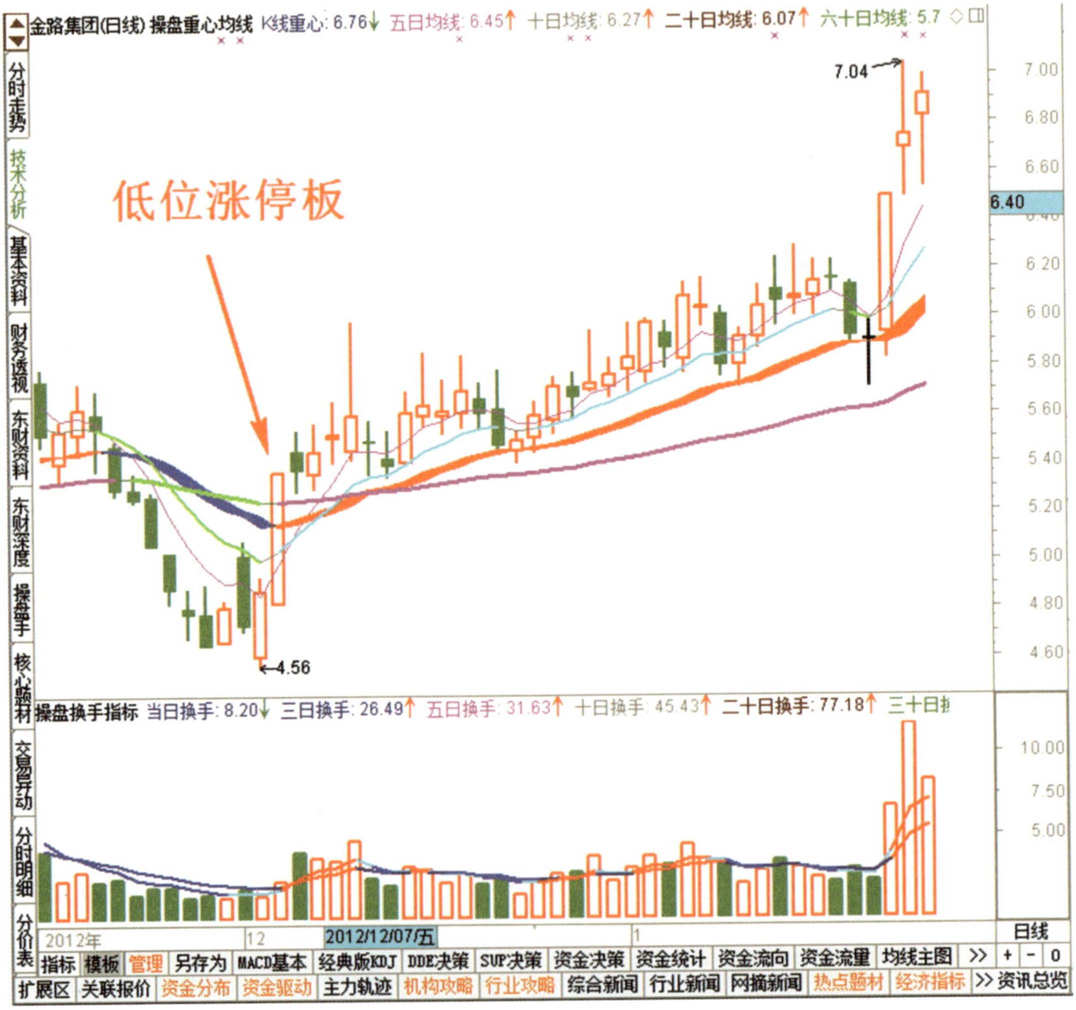

图例 143　三波涨停

职业操盘手临盘实训要点：

（一）这是典型的空间位置相对低位。

（二）它是经过前期拉升之后挖坑形成的低点。

（三）这时候出现涨停，标志着挖坑结束，新的拉升开始。

（四）因此，这时候可以在盘中选择低点分批买进。

（五）稳健的投资者可以在尾盘接近收盘的时候再进场。

【道破涨停天机】实战图谱 144

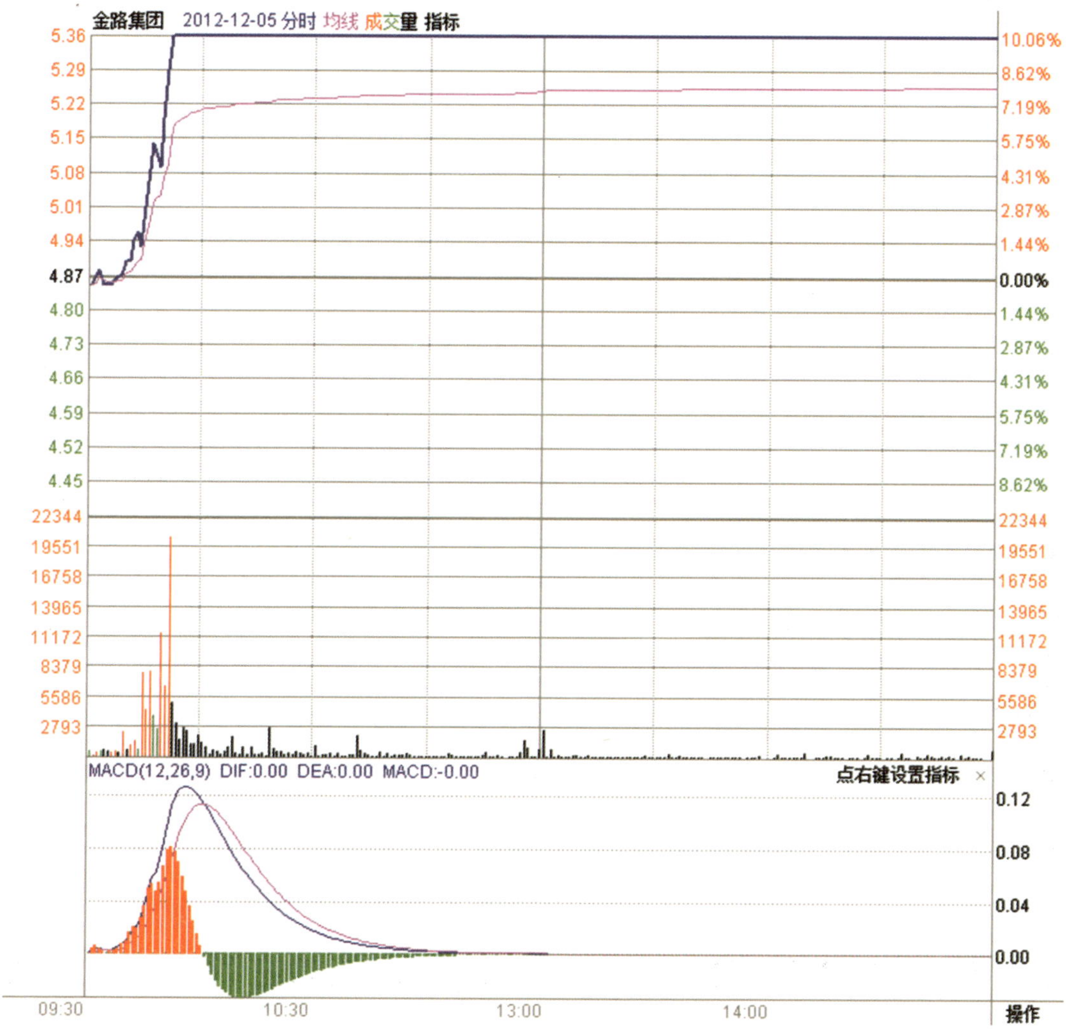

图例 144　三波涨停

职业操盘手临盘实训要点：

（一）这是处于空间位置低位出现的低开。

（二）很显然，结合盘口技术来分析，如此低开有诱空嫌疑。

（三）因此，早盘阶段再不出现新低点的时候，积极进场。

（四）在出现快速拉升的途中，选择低点快速出击。

（五）在即将封住涨停的瞬间，继续加码买进。

【道破涨停天机】实战图谱 145

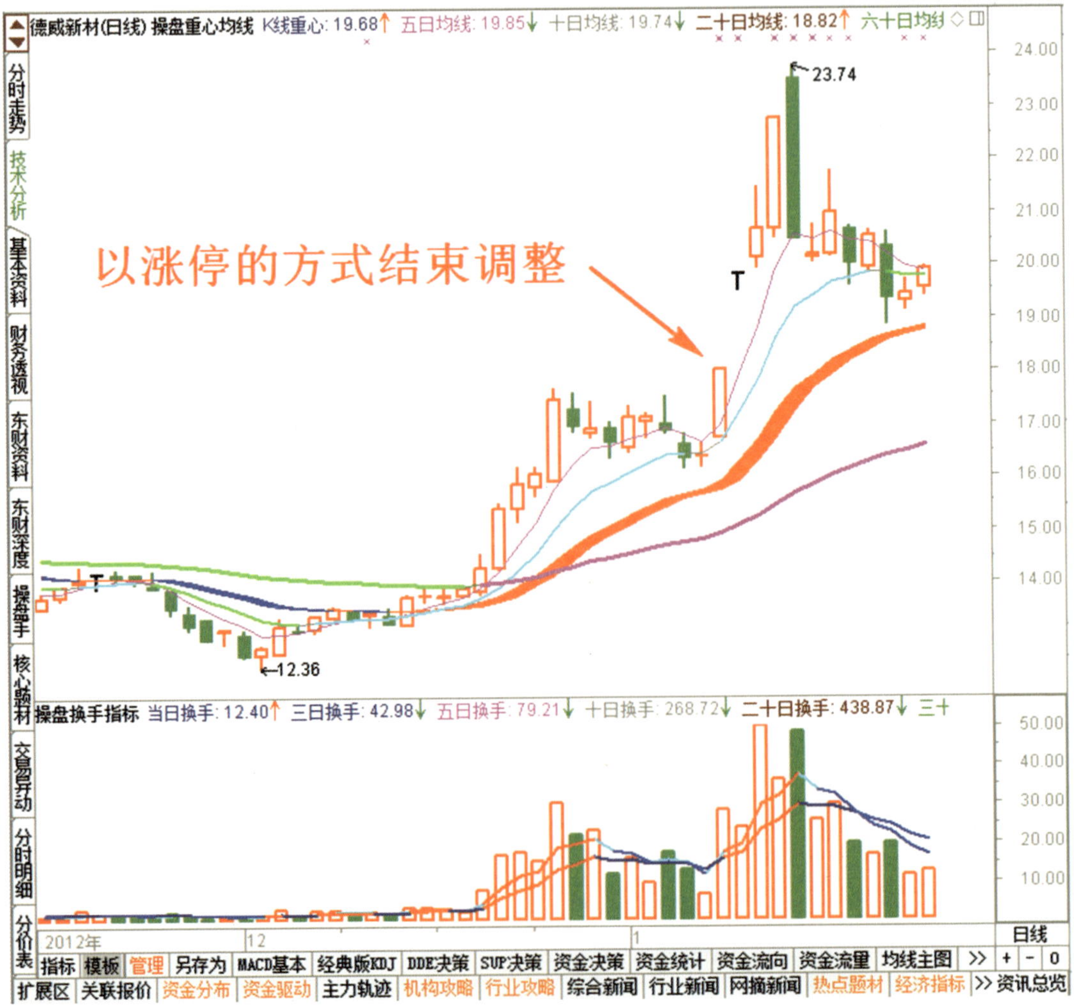

图例 145　三波涨停

职业操盘手临盘实训要点：

（一）这是一波拉升之后出现整理，随后以涨停的方式宣告调整结束。

（二）此时股价调整到了操盘线附近，在有效跌穿之前，跳空高开。

（三）当天直接在操盘线之上开盘，然后一路向上拉升。

（四）因此，这个涨停可以视为第二波拉升的起涨信号。

（五）这时候，盘中可选择任何低点买进，都是正确的选择。

【道破涨停天机】实战图谱 146

图例 146　三波涨停

职业操盘手临盘实训要点：

（一）从盘口来看，集合竞价时间段出现跳空高开，宣告多头开始反攻。

（二）此时，激进的投资者可以买进第一仓，首先上车。

（三）稳健的投资者可以在早盘首先观察，如果开盘后不再跌穿开盘价，可以选择低点进场，或者在拉升的时候，选择股价回踩均价线不被跌穿的时候进场。

（四）第二时间段大部分时间在均价线上方整理，可以低吸，不必追高。

（五）也可以在拉升攻击涨停的瞬间，积极追涨，大胆进场买进。

【道破涨停天机】实战图谱 147

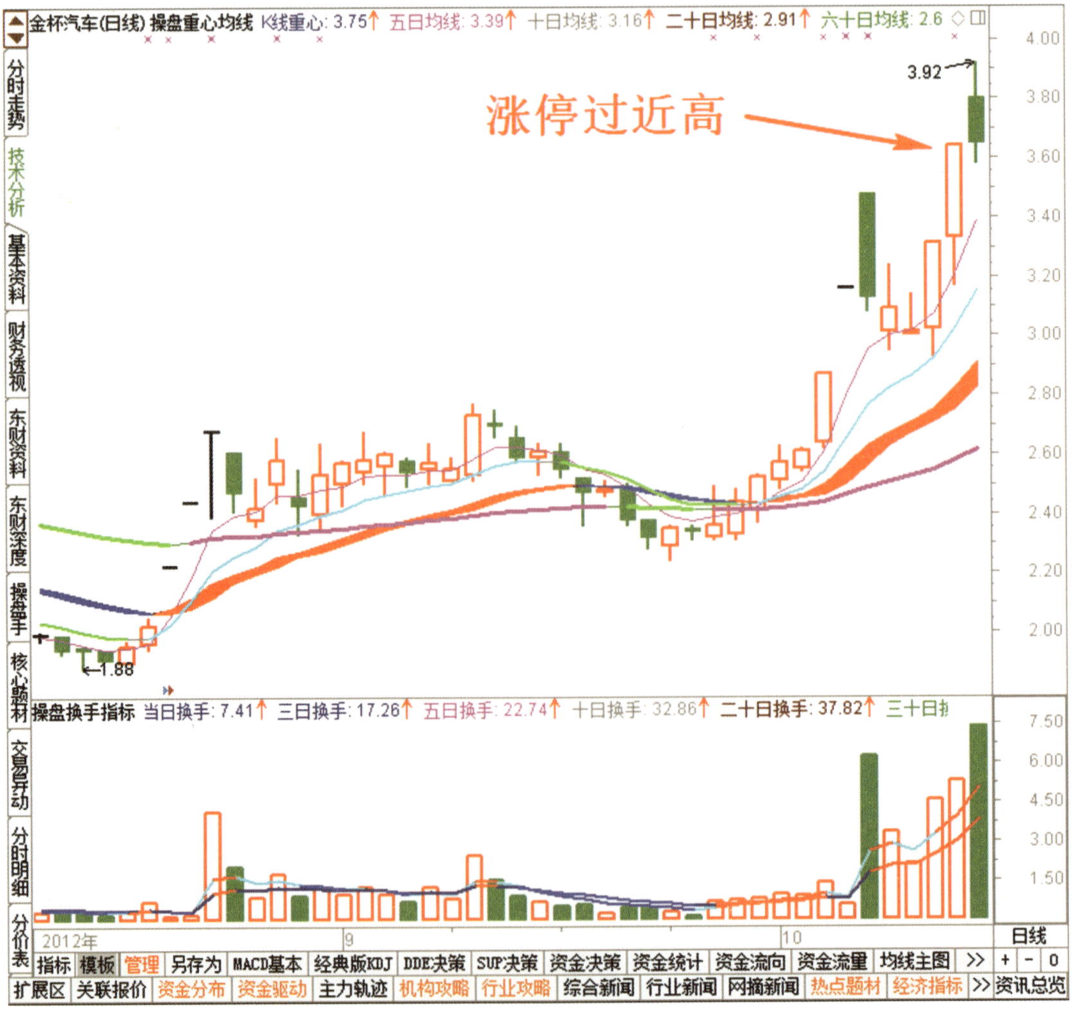

图例 147 三波涨停

职业操盘手临盘实训要点：

（一）这是构筑短期头部常用的操盘手法。

（二）表现在日线图上，出现典型的头肩顶形态。

（三）在构筑中间的头部时，采用涨停的方式，吸引跟风盘。

（四）这种操盘方式的实质是为了加速出货。

（五）因此，在成交量方面，通常是比较大的。

【道破涨停天机】实战图谱 148

图例 148　三波涨停

职业操盘手临盘实训要点：

（一）从盘口方面来看，集合竞价的时候小幅度高开。

（二）早盘先是小幅度下挫，造成洗盘的假象。

（三）随后出现三波拉升，攻击涨停，引诱跟风盘追进。

（四）之后，在涨停封板的时候快速抽离封单，将跟风资金一网打尽。

（五）这是非常隐蔽的涨停板出货方式，需要谨慎对待。

【道破涨停天机】实战图谱 149

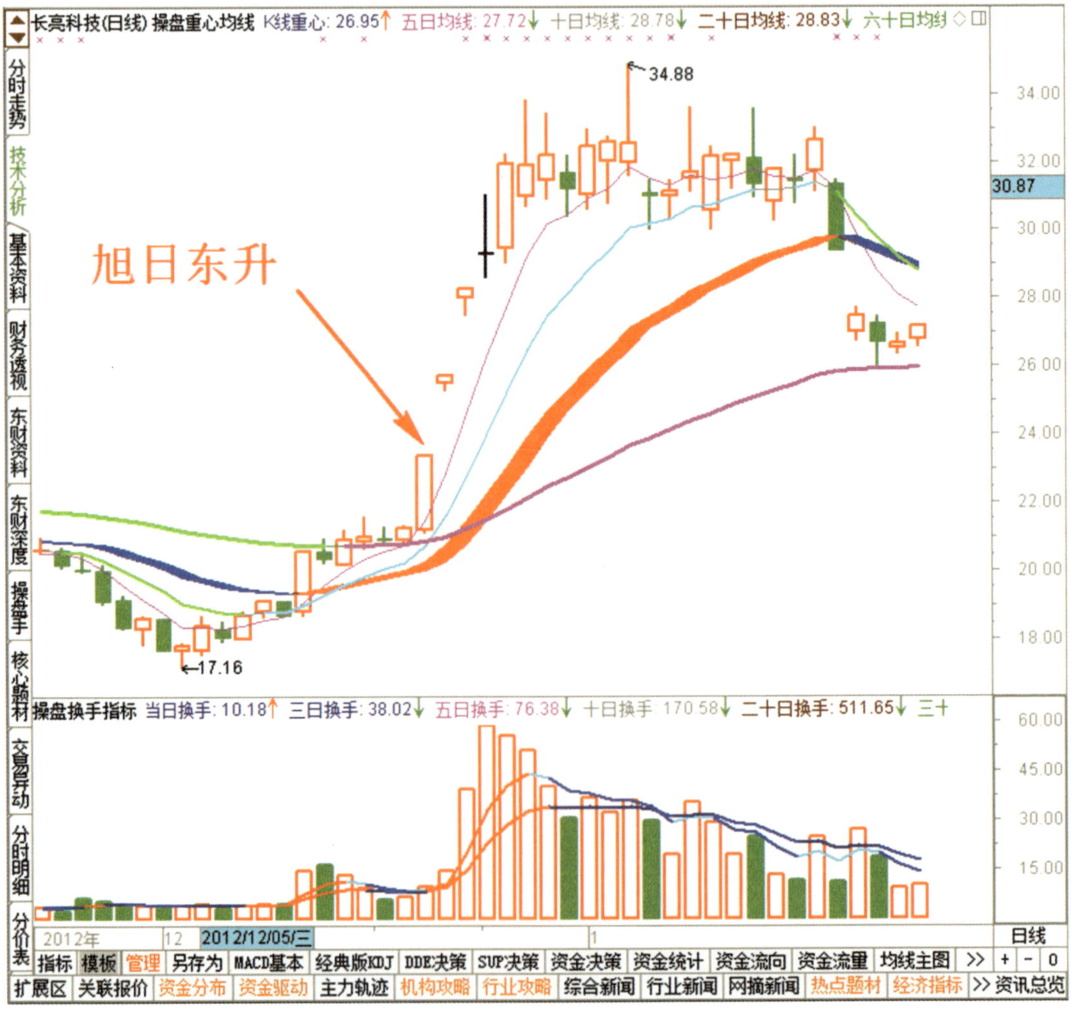

图例 149　三波涨停

职业操盘手临盘实训要点：

（一）这是最经典的旭日东升腾飞点涨停定式。

（二）前期股价经过反复运作之后，已经完成了建仓动作。

（三）之后出现典型的挖坑下跌，清洗浮筹。

（四）在大阳线起涨之后，再次出现整理平台。

（五）然后，在时间之窗变盘点，出现涨停大阳线，正式腾飞。

【道破涨停天机】实战图谱 150

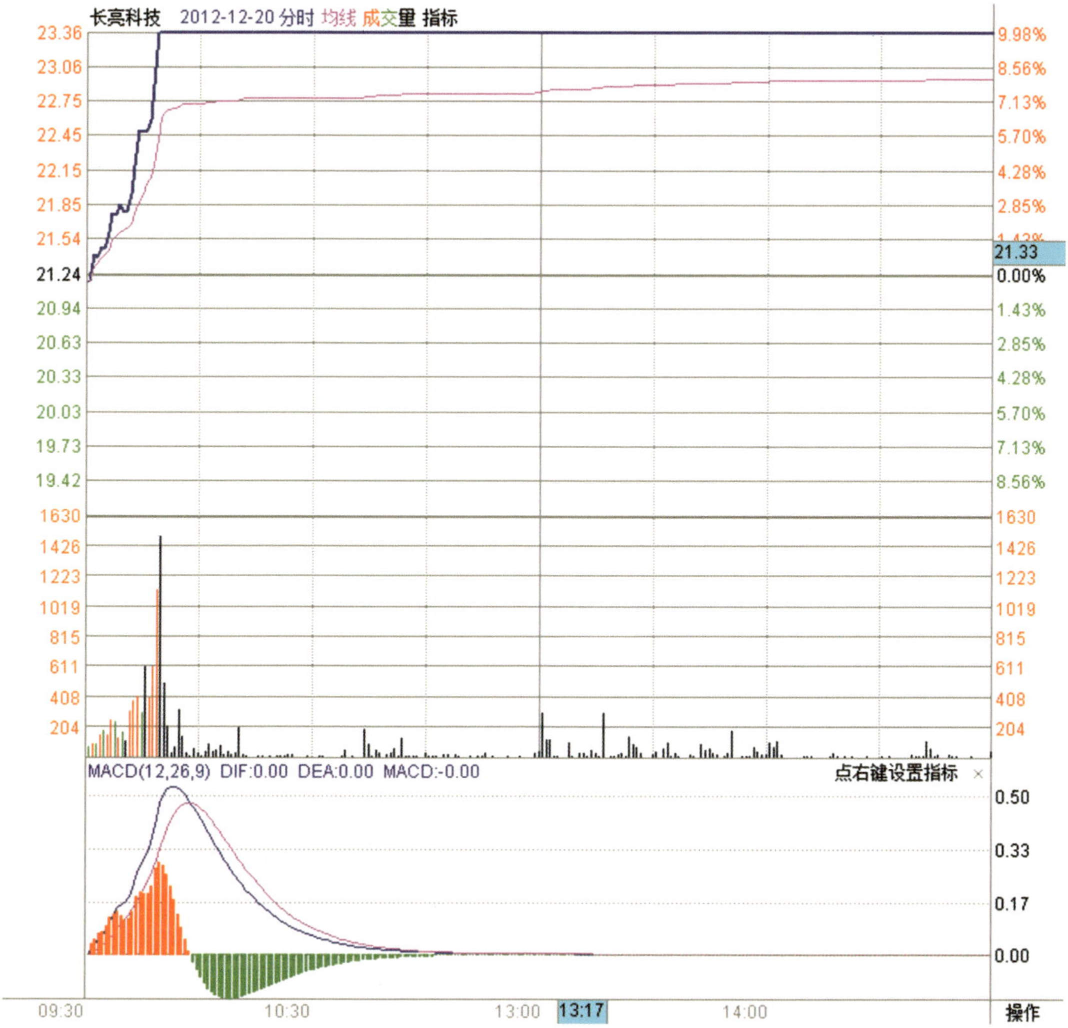

图例 150 三波涨停

职业操盘手临盘实训要点：

（一）从盘口来看，早盘股价运行在开盘价之上。

（二）均价线十分陡峭，向上延伸，急促，有力。

（三）对应的量峰非常齐整、完美。姿势优美，说明主力操盘水平很高。

（四）三波上攻，中间停顿时间很短，说明波段行情已经展开。

（五）此时操盘手需要立即大仓位介入，参与主升段大行情。

【道破涨停天机】实战图谱 151

图例 151　三波涨停

职业操盘手临盘实训要点：

（一）这是非常经典的三角形整理末端出现的涨停。

（二）这种走势说明整理已经结束，新的拉升行情已经开始。

（三）注意观察整个整理期间量能的变化，如果是缩量整理的话，预示着将会出现比较大的拉升幅度。相反，则说明拉升的高度有限。

（四）结合空间位置和整理时间来考量，当天可以在盘中积极参与。

（五）也可以在次日选择低点大胆加仓，积极参与新的拉升行情。

【道破涨停天机】实战图谱 152

图例 152　三波涨停

职业操盘手临盘实训要点：

（一）从盘口来看，早盘高开之后积极上攻，强势特征明显。

（二）为了确保上车，可以在随后的回落中积极跟进。

（三）第一仓可以在均价线附近买进，仓位不宜过大。

（四）随后出现围绕均价线上下震荡的走势，可以首先观察是否创下新低。

（五）在确认不创新低的时候，还可以继续加仓买进。

【道破涨停天机】实战图谱 153

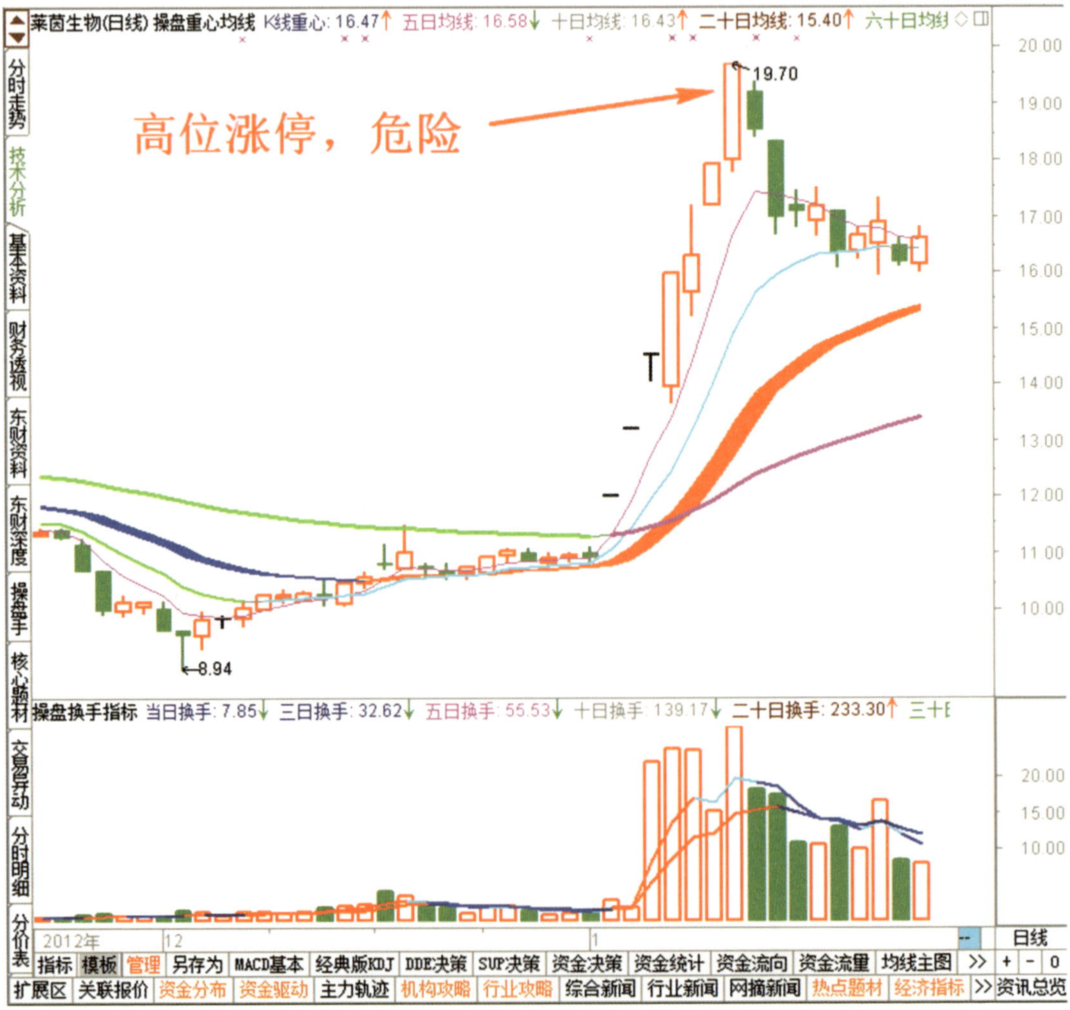

图例 153 三波涨停

职业操盘手临盘实训要点：

（一）并不是所有的涨停都是套利机会，有时候涨停的背后就是陷阱。

（二）因此，在出现涨停走势的时候，首先要从空间位置的高低加以辨别。

（三）图例 153 出现的涨停就属于高位涨停，这是明显的涨停陷阱。

（四）这样的涨停可以视为竭尽式涨停，属于出货行为。

（五）因此，操盘手临盘的时候，要坚决回避。

【道破涨停天机】实战图谱 154

图例 154　三波涨停

职业操盘手临盘实训要点：

（一）首先从空间位置来分析，这时候股价已经处于高位了。

（二）如果早盘出现大幅度低开之后猛拉大阳，属于诱多出货。

（三）如果小幅度高开高走，封不住涨停板，或者反复开板，属于出货。

（四）该股早盘三波拉到涨停位置，立即开板，这是典型的诱多。

（五）这种涨停板没有参与价值。如果手上持股，则需要尽快减仓。

【道破涨停天机】实战图谱 155

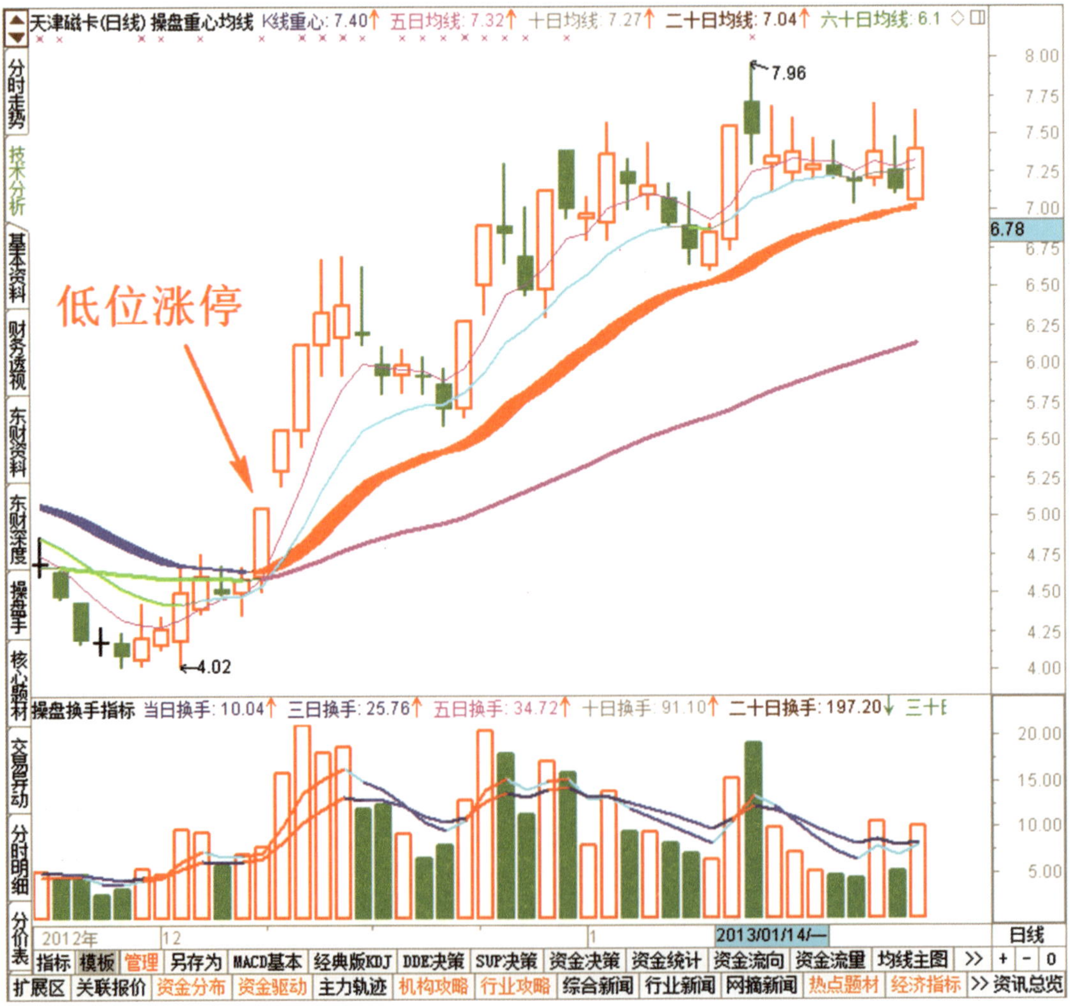

图例 155　三波涨停

职业操盘手临盘实训要点：

（一）这是经过前期拉升之后，阶段性回落而形成的低点。

（二）从图形上来看，恰好在均线系统交汇的地方出现涨停。

（三）这是主力刻意在关键技术点位拉升，以便吸引短线客帮忙抬轿。

（四）在空间位置低位、而且是关键技术点位放量拉升，可以大仓位参与。

（五）如果当日没有买入足够的仓位，次日还可以继续加仓买进。

【道破涨停天机】实战图谱 156

图例 156　三波涨停

职业操盘手临盘实训要点：

（一）先从空间位置来看，这个点位处于关键点位。

（二）这时候往往处于变盘的临界点，属于重要的技术点位。

（三）从日线系统看，已经形成明显的多头排列趋势。

（四）因此，向上攻击性拉升已经属于大概率事件。

（五）临盘实战的时候，操盘手可以在盘中选择低点介入。

第四节　多波涨停技术图谱

【道破涨停天机】实战图谱 157

图例 157　多波涨停

职业操盘手临盘实训要点：

（一）首先要确定这是最近以来的第几次涨停。从图上来看，这是最近启动拉升以后的第三次涨停了。临盘分析的时候，这一点是要十分明确的。

（二）从空间位置来说，如果低开之后往下走，很明显会不利于出货。

（三）股市本身是一种利益的博弈，主力最终是为了赚钱。

（四）因此，低开如果低走的话，就会侵蚀前边两个涨停制造出来的套利空间。

（五）除非出现系统风险，否则，向上拉升是必然的选择。

【道破涨停天机】实战图谱 158

图例 158 多波涨停

职业操盘手临盘实训要点：

（一）临盘实战的时候，首先要确定主力当天的操作意图。

（二）早盘低开之后，稍微上冲就拐头向下，并出现了放量。

（三）很明显，如果继续下去，将会有不少短线客出局。

（四）随后徐徐的缓慢下跌，做盘的意图很明显，就是要洗掉一批人。

（五）因此，当盘口出现不创新低迹象的时候，就可以试探性进场了。

【道破涨停天机】实战图谱 159

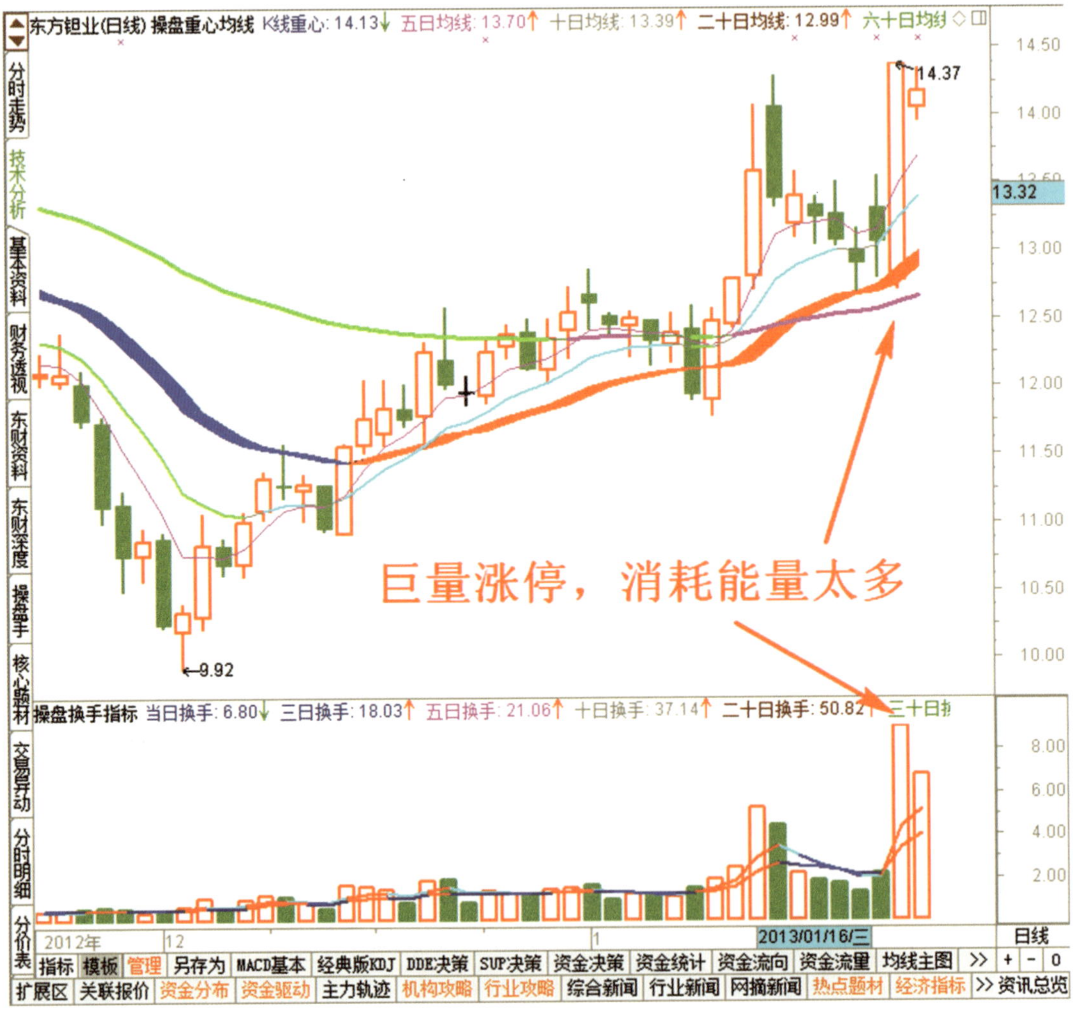

图例 159　多波涨停

职业操盘手临盘实训要点：

（一）从前期低点 9.92 元出现止跌信号上升以来，上升的幅度已经不小。

（二）从图形来看，股价开始构筑阶段性头部，需要谨慎对待。

（三）如果筹码锁定性良好，说明出货不多，股价还会继续上升。

（四）如果拉升的时候出现巨量大阳线，说明筹码开始松动。

（五）今天的涨停释放出巨大的成交量，消耗能量过多，后市看跌。

【道破涨停天机】实战图谱 160

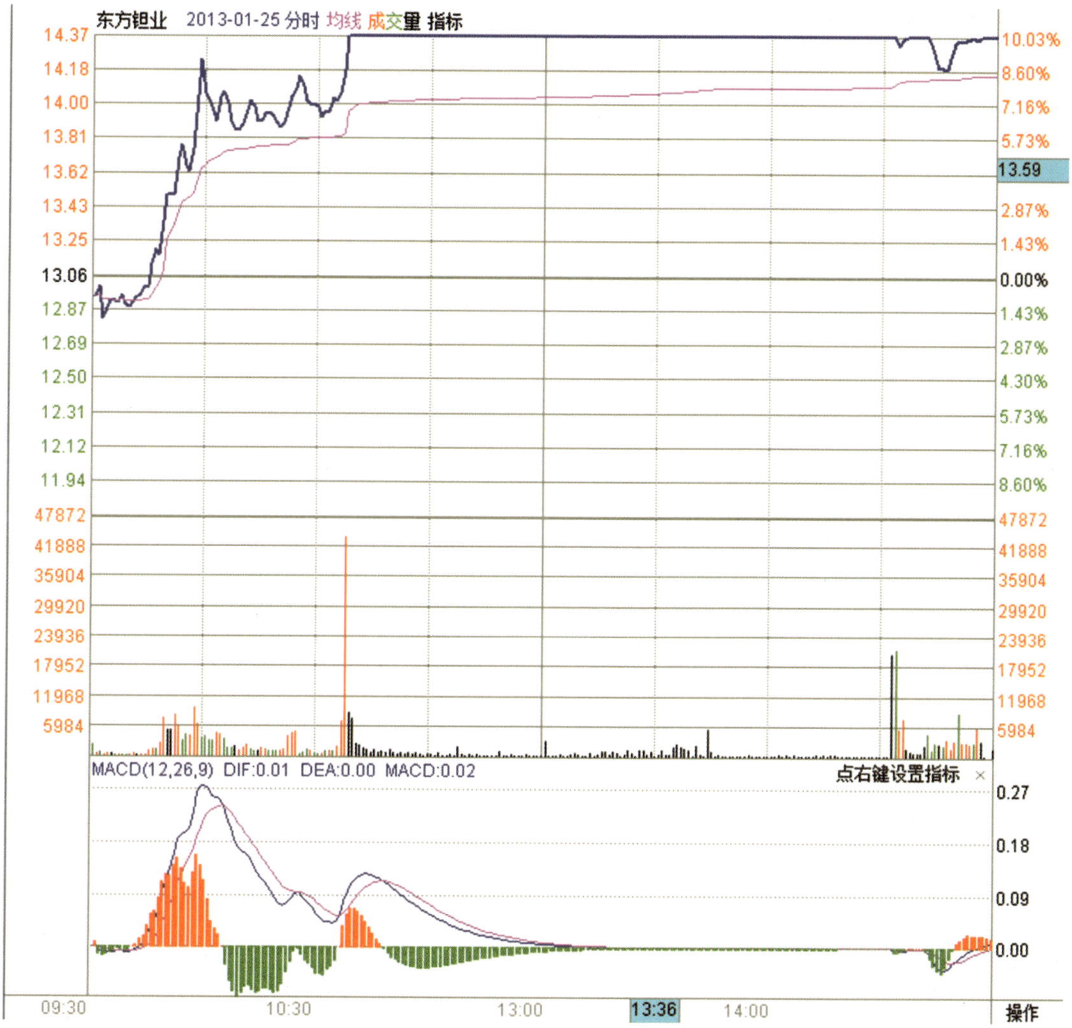

图例 160　多波涨停

职业操盘手临盘实训要点：

（一）从实盘来看，早盘低开下行，停留时间不长，量也不大。

（二）但是，拐头向上拉升的时候，出现了缓慢拉升，放量明显。

（三）这样的走势说明主力无心做多，只是一门心思琢磨如何出货。

（四）多波拉升之后，还没拉到涨停板位置就停下来，貌似整理，实为出货。

（五）尾盘阶段打开涨停板，更是赤裸裸的出货行为。后市看跌为主。

【道破涨停天机】实战图谱 161

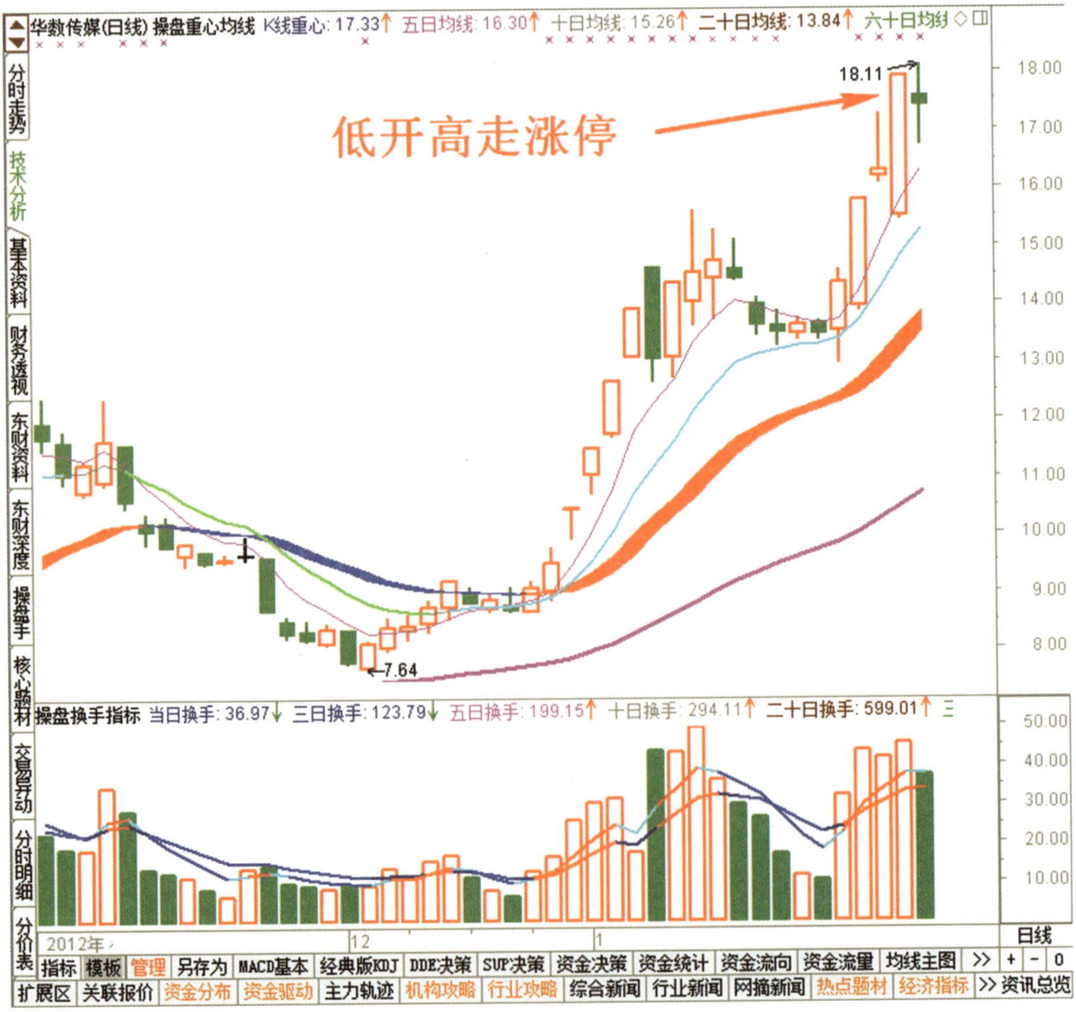

图例 161 多波涨停

职业操盘手临盘实训要点：

（一）先看空间位置，这个位置从低点算起已经是高位了。

（二）凡是股价已经到了高位，都需要特别谨慎小心。

（三）当主力已经具有出货空间的时候，接下来出货就是必然。

（四）不要认为这是在构建多方炮，在高位，不管是什么图形，都是为了出货。

（五）在空间位置高位，低开高走涨停大阳线是最具有欺骗性的出货 K 线。

【道破涨停天机】实战图谱 162

图例 162 多波涨停

职业操盘手临盘实训要点：

（一）早盘低开之后，在前收盘价附近磨磨蹭蹭的，似乎在等待什么。

（二）其实不是主力不愿意拉升，而是等待时机，等待接盘的到来。

（三）再看第一、第二时间段的走势，貌似攻击，实为边拉边出的诱多。

（四）整个上午的走势磨磨叽叽，拖泥带水，这不是好事情。

（五）因此，操盘手临盘要做的事，就是选择高点不断减仓。

【道破涨停天机】实战图谱 163

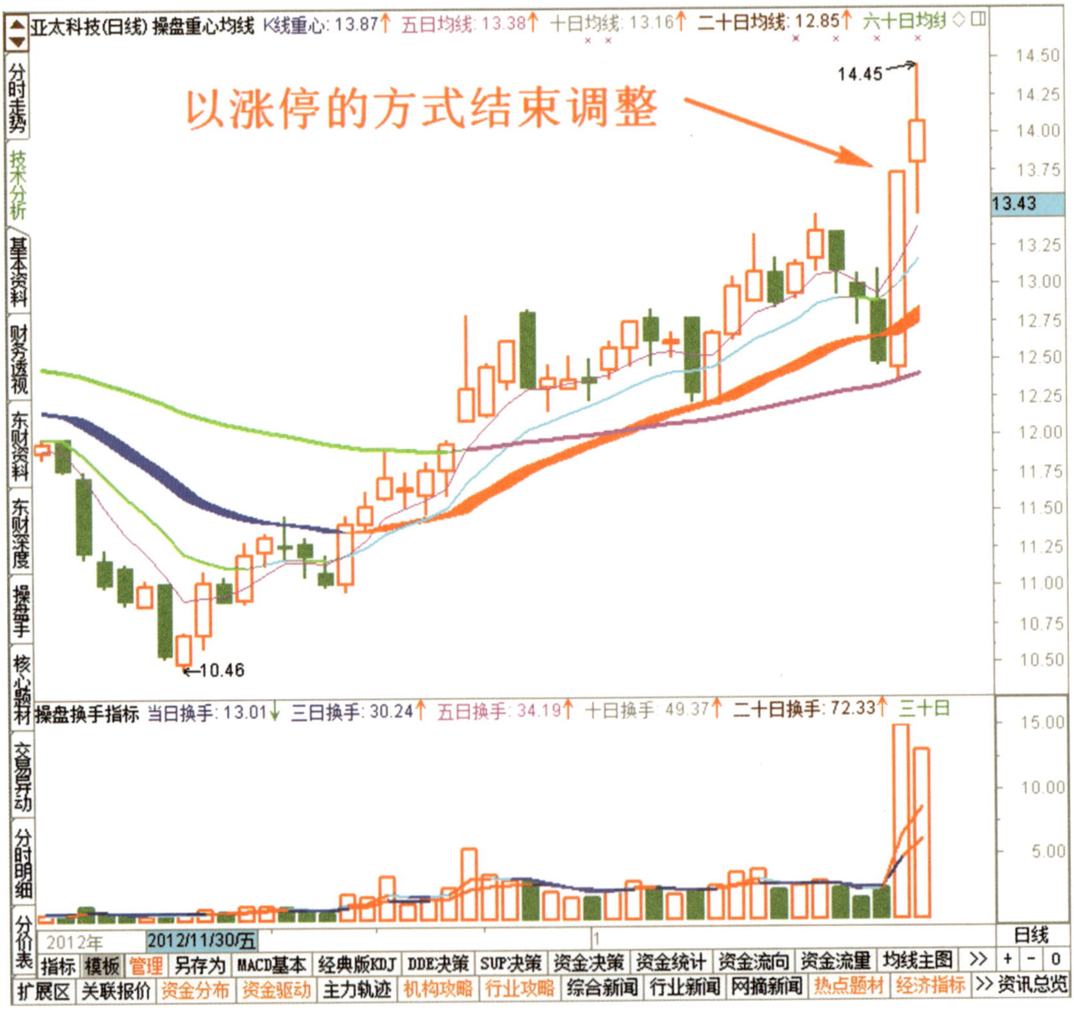

图例 163　多波涨停

职业操盘手临盘实训要点：

（一）股价经过前边的三连阴调整之后，击穿了生命线。

（二）这时候，首先需要观察决策线的支撑是否成立。

（三）如果支撑是支撑、压力不是压力，股价将会继续上涨。

（四）如果支撑是支撑、压力是压力，股价就会保持横盘走势。

（五）如果支撑不是支撑、压力是压力，股价就会下跌。很显然，在这里决策线是最重要的支撑，当天并没击穿，就转身向上。可以认为是支撑有力，积极买进。

【道破涨停天机】实战图谱 164

图例 164 多波涨停

职业操盘手临盘实训要点：

（一）该股今天处于非常敏感的空间位置，因此，不宜急于进场。

（二）首先要开开盘的方式，是低开，说明空头暂时占据上风。

（三）开盘之后，在决策线的位置受到多头的狙击。

（四）说明在这个关键的技术点位有支撑。

（五）如果没有被跌破，说明支撑是成立的，积极进场。

【道破涨停天机】实战图谱 165

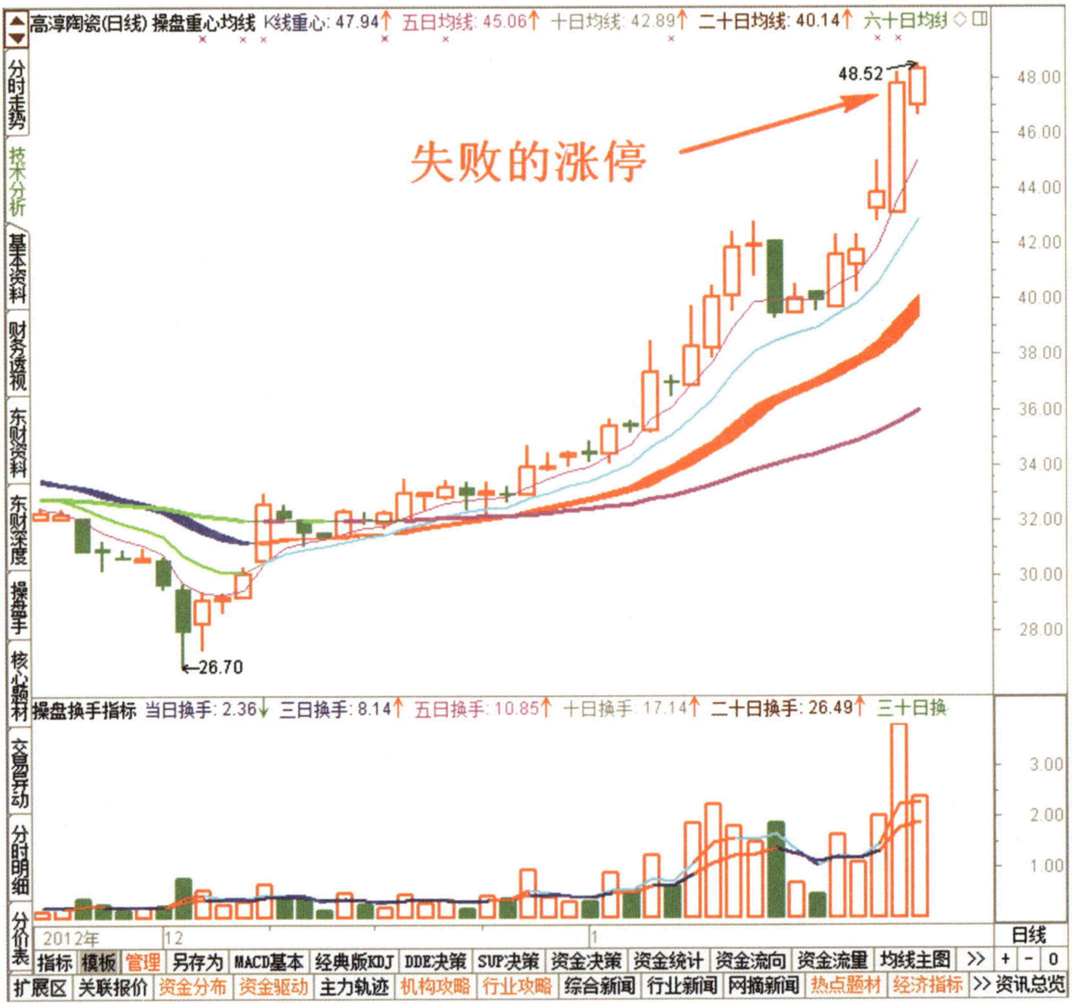

图例 165　多波涨停

职业操盘手临盘实训要点：

（一）今天这个位置已经是空间位置的相对高位了。

（二）股价从止跌算起，大幅度的拉升，已经接近翻倍。

（三）这时候，即使是拉升，也是属于出货的需要。

（四）最奇怪的也是最恶劣的，就是今天本来可以涨停却不涨停。

（五）这种涨而不停是无心涨停，需要谨慎对待。

【道破涨停天机】实战图谱 166

图例 166　多波涨停

职业操盘手临盘实训要点：

（一）这是比较典型的空间位置高位多波涨停走势。

（二）各位牢记这一点：凡是出现在高位的多波拉升，都属于诱多。

（三）多波拉升，缓慢涨停，就属于引诱跟风盘买单，主力自己出货。

（四）而涨停之后很快就打开，更是主力急于出货的表现。

（五）尾盘打开涨停板，预示着后市不妙，要择机减仓。

【道破涨停天机】实战图谱 167

图例 167　多波涨停

职业操盘手临盘实训要点：

（一）股价回落整理，在关键技术点位出现了止跌信号。

（二）说明本轮调整已经结束，股价将止跌回升。

（三）因此，操盘手可以在今天开盘不创新低的时候，大胆进场。

（四）盘中可以选择均价线附近反复低吸，加码买进。

（五）在关键技术点位大胆出击，这也是操盘手的基本功。

【道破涨停天机】实战图谱 168

图例 168 多波涨停

职业操盘手临盘实训要点：

（一）早盘开盘的量很小，说明这个位置已经很少抛压。

（二）开盘后缓慢爬升，但成交量不大，筹码锁定良好。

（三）从盘口来看，今天的均价线支撑很有力。

（四）因此，临盘实战的时候操盘手可以在均价线附近买进。

（五）在即将封住涨停板的瞬间，还可以加码买进。

第六章

涨停技术实战案例

职业操盘培训要点：

（一）了解和掌握各个时间段涨停的主要形式与操盘意图。

（二）了解和掌握涨停式起涨点的操盘意义和主力操作意图。

（三）了解和掌握涨停式腾飞点的操盘意义和主力操作意图。

（四）在实战中了解和掌握起涨点的操盘意义和主力操作意图。

（五）在实战中了解和掌握腾飞点的操盘意义和主力操作意图。

第一节　涨停板起涨点实战案例

【道破涨停天机】实战图谱 169

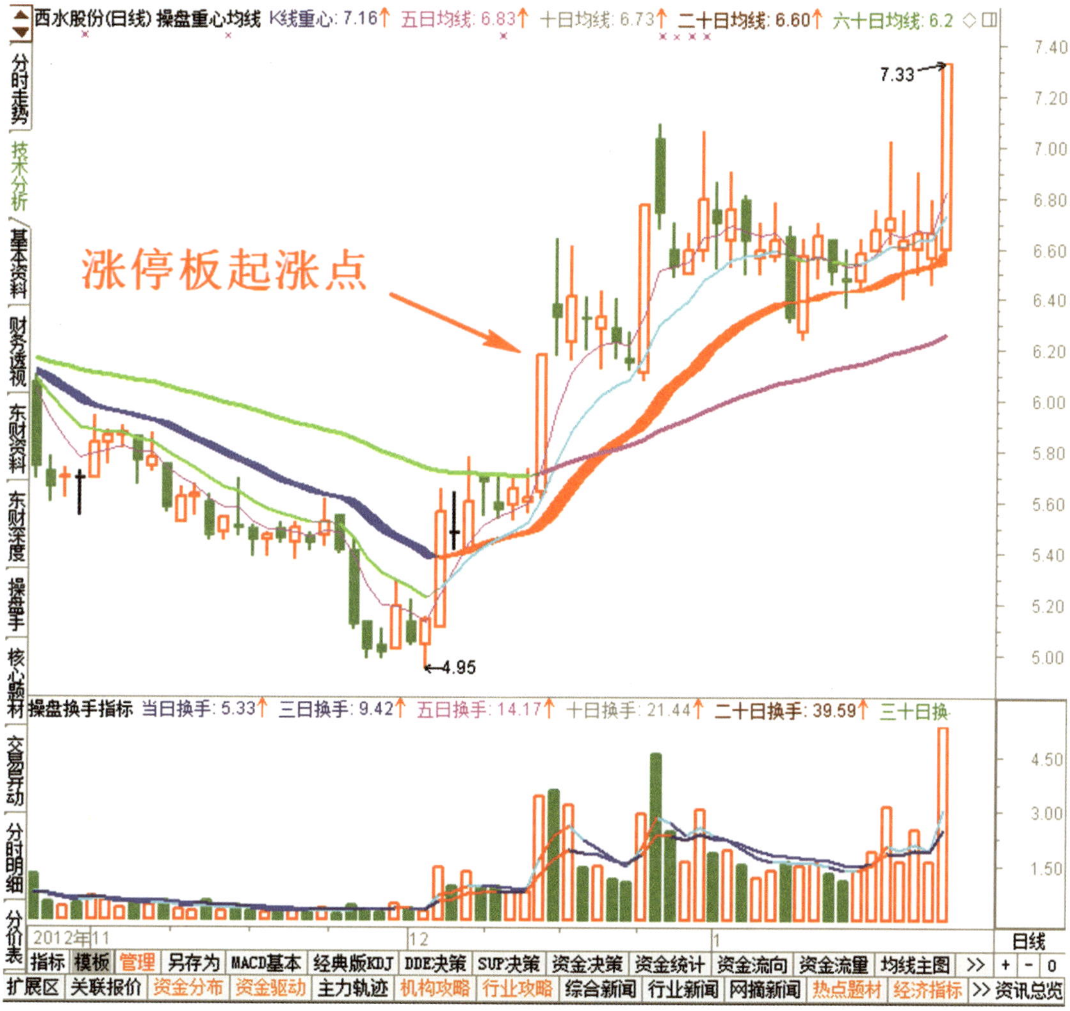

图例 169　涨停式起涨点

职业操盘手临盘实训要点：

（一）关于起涨点与涨停的关系，我们要详细的讲解一下。

（二）首先要明确，并不是所有的涨停都是起涨点。

（三）其次，要明白以涨停的方式起涨是最强悍的操盘手法。

（四）这样的起涨说明主力的操盘风格十分强悍，凶狠。

（五）这是最值得深入研究的起涨点，也是最有可能暴利的起涨点。

【道破涨停天机】实战图谱 170

图例 170 涨停式起涨点

职业操盘手临盘实训要点：

（一）但是，对于涨停板起涨点，要区别对待。

（二）最简单的区分方法，就是查看起涨当天的盘口。

（三）首先可以查看当天的波形结构，究竟属于哪一类涨停模型。

（四）其次可以查看与波形对应的成交量，看是哪一种类型。

（五）波形与量峰的对应关系，最能说明主力的操盘意图。

【道破涨停天机】实战图谱 171

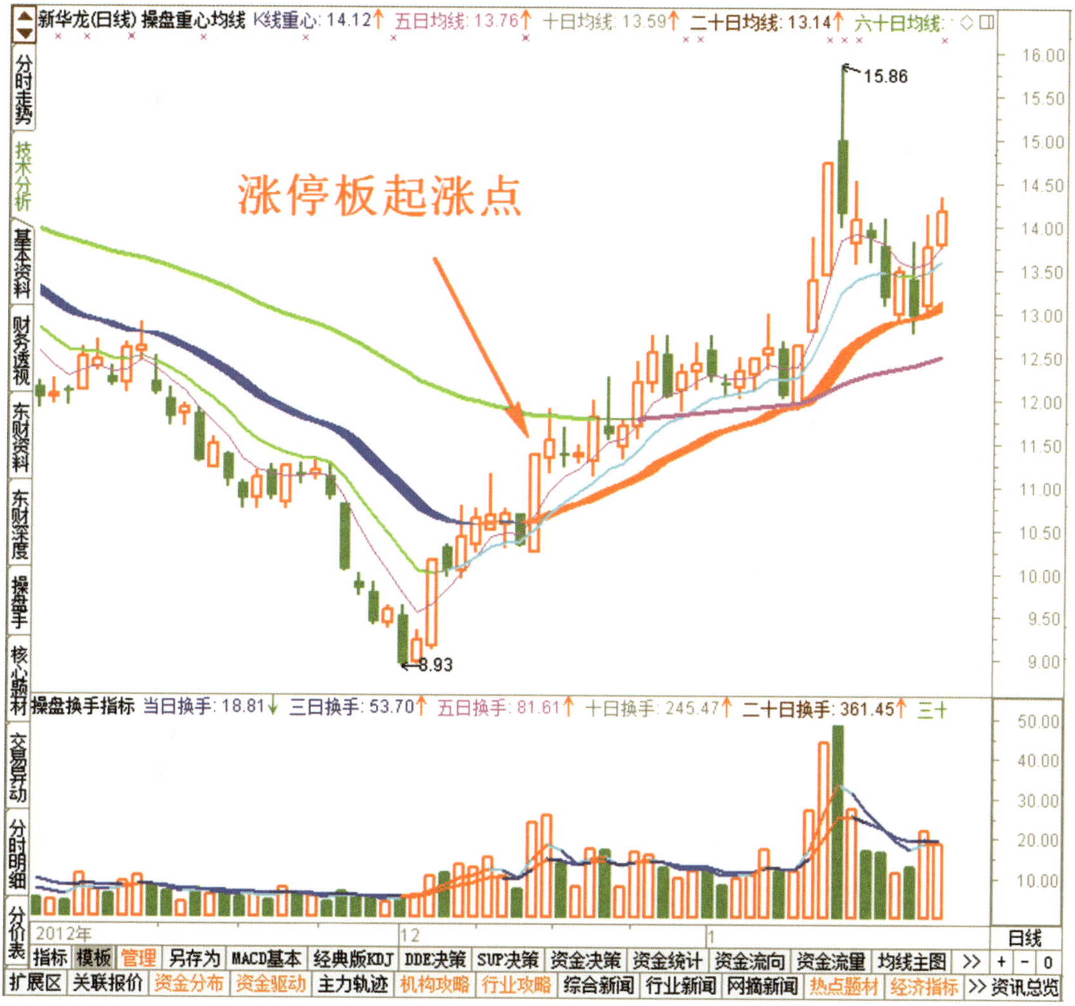

图例 171　涨停式起涨点

职业操盘手临盘实训要点：

（一）图例是比较典型的反弹性起涨点。

（二）所谓反弹型起涨点，可以参见《起涨点》新编彩图版一书。

（三）在这里我们要注意观察分析生命线的支撑力度。

（四）同时要观察决策线的阻力是否真的构成压力。

（五）可以从有效突破决策线的时间和量能等方面来理解。

【道破涨停天机】实战图谱 172

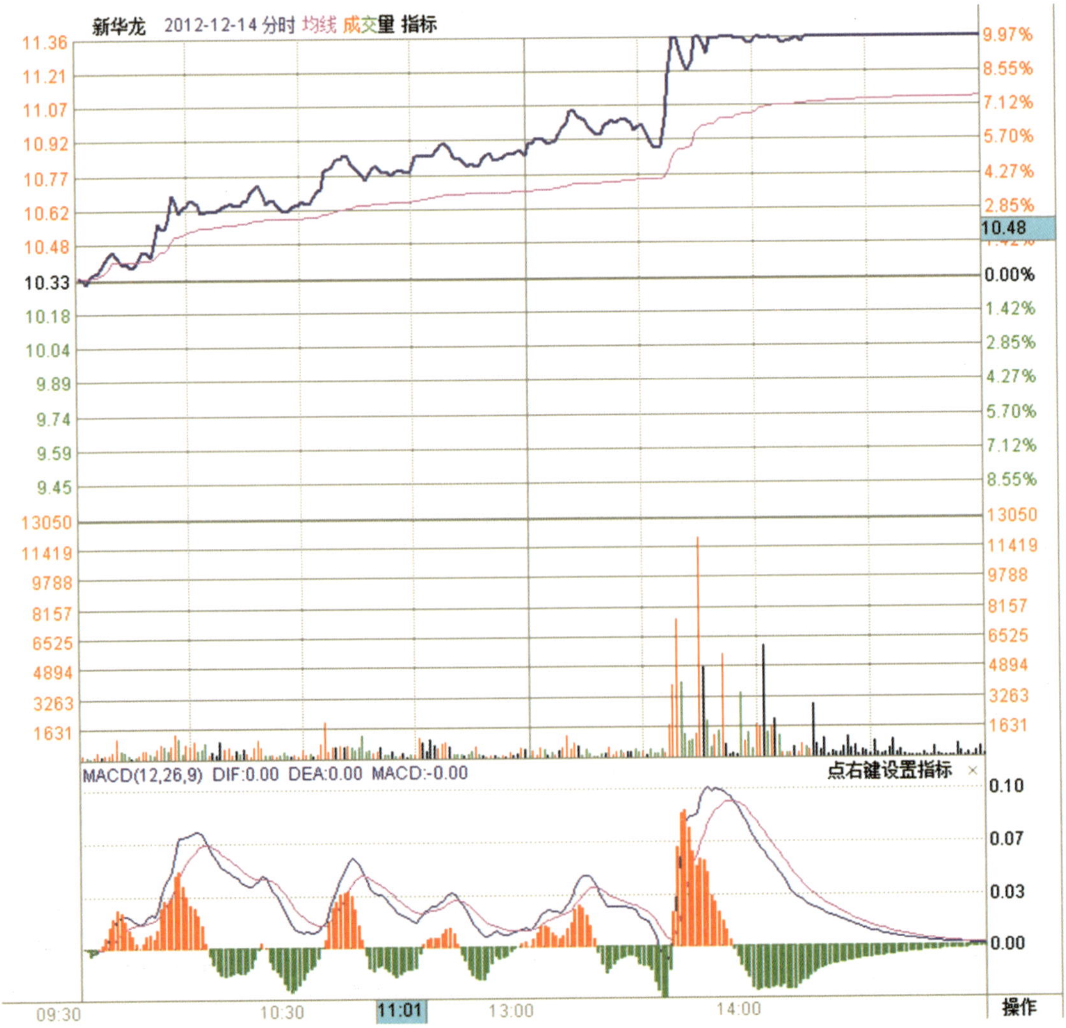

图例 172 涨停式起涨点

职业操盘手临盘实训要点：

（一）这是该股反弹型的起涨点，也就是决策线尚未走平的起涨点。

（二）这类起涨点通常属于底部区域建仓完成之后的试探性拉升阶段出现的。

（三）如果起涨之后遇到决策线的压力就继续回落整理，说明建仓力度不够。

（四）如果起涨之后很快就突破决策线的压力，进入拉升周期，说明主力已经完成了建仓。或者说主力的筹码已经不少，需要拉升进一步套利。

（五）这时候，操盘手可以选择逢低买进的策略，从容应对。

【道破涨停天机】实战图谱 173

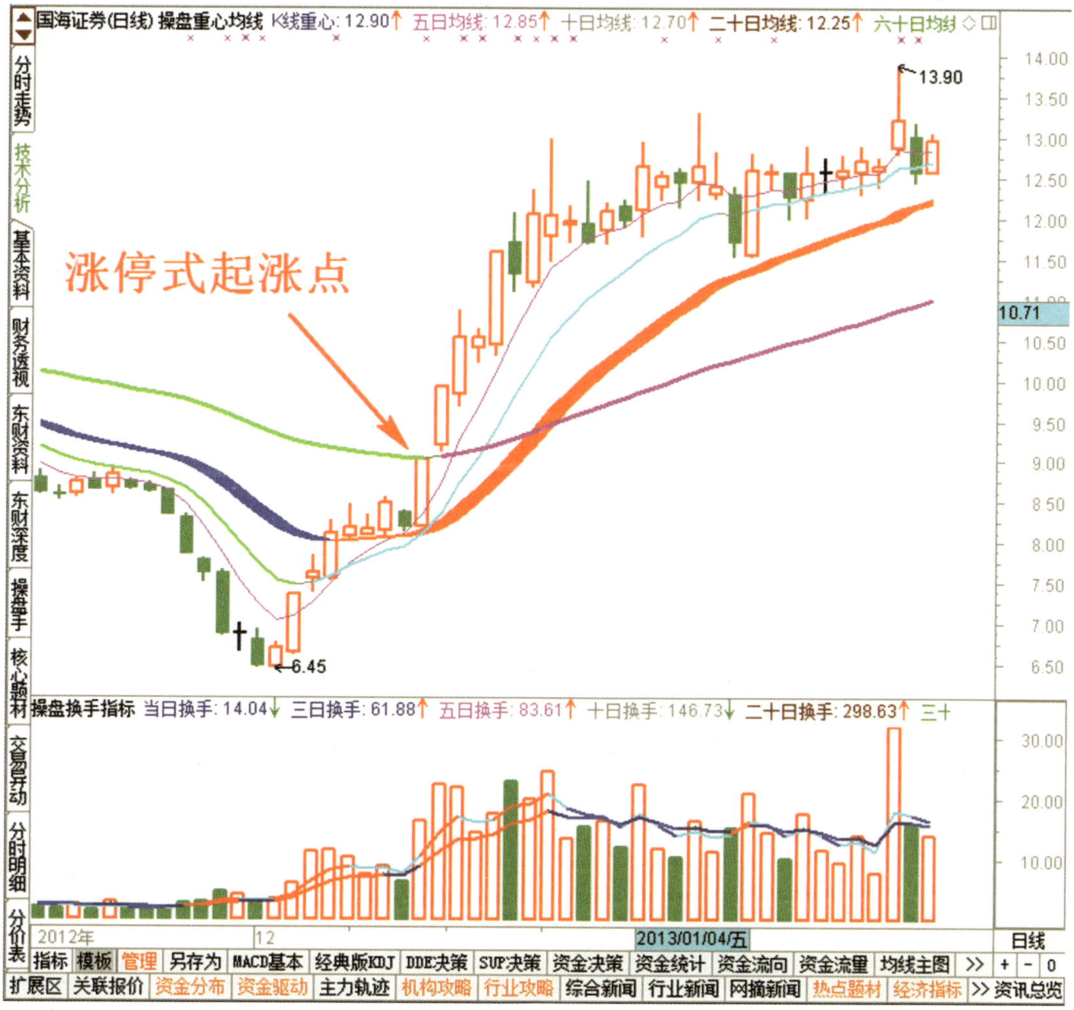

图例 173　涨停式起涨点

职业操盘手临盘实训要点：

（一）有些学员经常问我在什么情况下可以大仓位进场。

（二）我的意见是只要股价处于空间位置的低位出现起涨点，就可以大仓位进场。

（三）这时候主力已经开始行动了，你还担心什么呢？

（四）这时候，就需要放开手脚，大胆拼搏。

（五）当然，如果遇到大盘环境不好的时候，要谨慎一些。

【道破涨停天机】实战图谱 174

图例 174　涨停式起涨点

职业操盘手临盘实训要点：

（一）如图例 174 所示，这是空间位置低位出现的起涨点。

（二）注意观察它的走势，在起涨之前，已经构筑了漂亮的平台。

（三）在生命线的上方连续整理了 4 个交易日，蓄势充分。

（四）今天是第五天，属于神奇的时间窗口，变盘日。

（五）今天出现起涨的走势，操盘手就可以大胆重仓参与。

【道破涨停天机】实战图谱 175

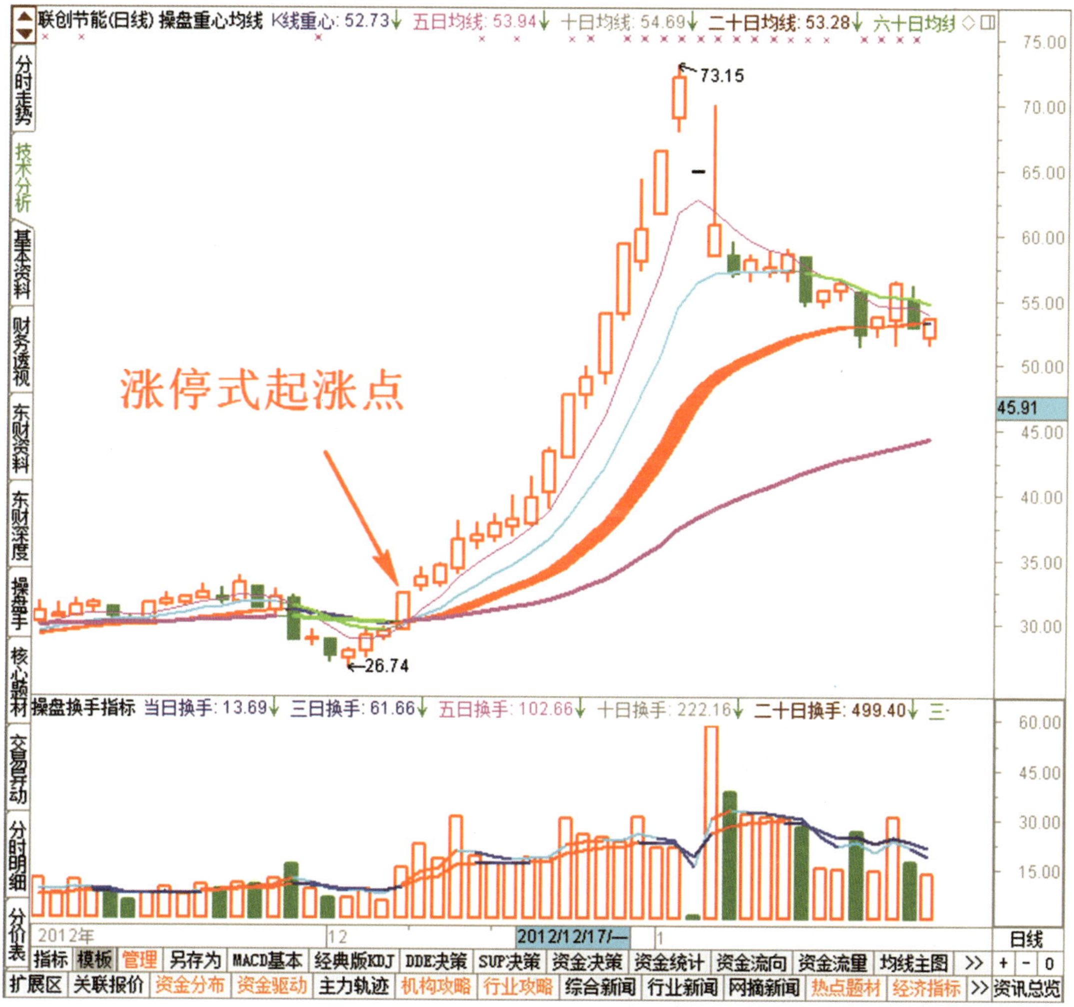

图例 175 涨停式起涨点

职业操盘手临盘实训要点：

（一）该股是非常典型的挖坑洗盘之后出现起涨点。

（二）这种走势的特点是不拉则已一拉不再回头。

（三）因此，遇到这样的起涨点，我们要在第一时间进场。

（四）这时候，就算是买错了，也要坚决进场，先买了再说。

（五）如果随后证明是买错了，那就坚决改正错误，不要怕。

【道破涨停天机】实战图谱 176

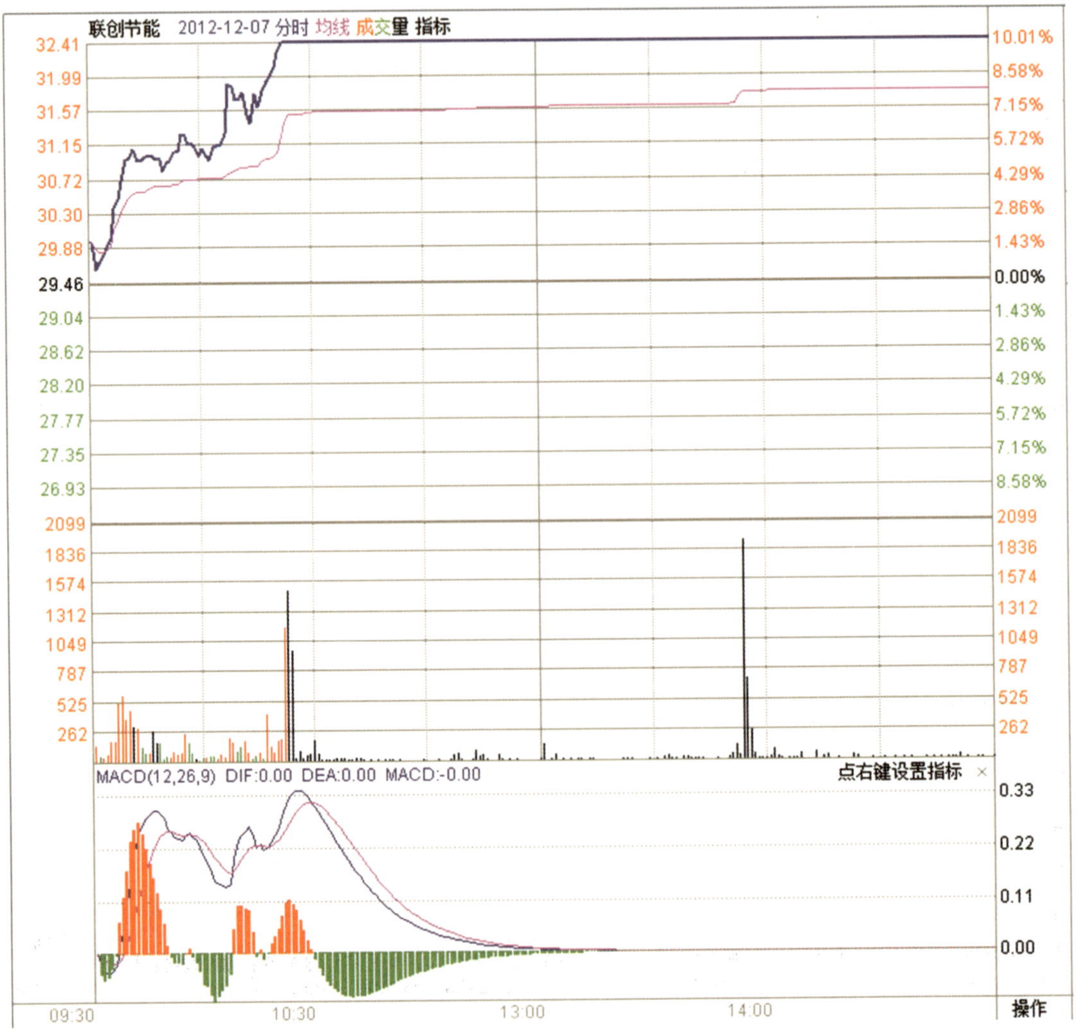

图例 176 涨停式起涨点

职业操盘手临盘实训要点：

（一）做股票，没有绝对的事情，只有概率的大小。

（二）对于起涨点，一旦出现，我们首先要敢于干。

（三）如果买错了，只要及时改正就可以了，不要害怕。

（四）但是，一旦买对了，买在起涨点上，那么就可能大赚。

（五）因此，起涨点是最值得搏杀一波的操盘技术，不要怀疑。

【道破涨停天机】实战图谱 177

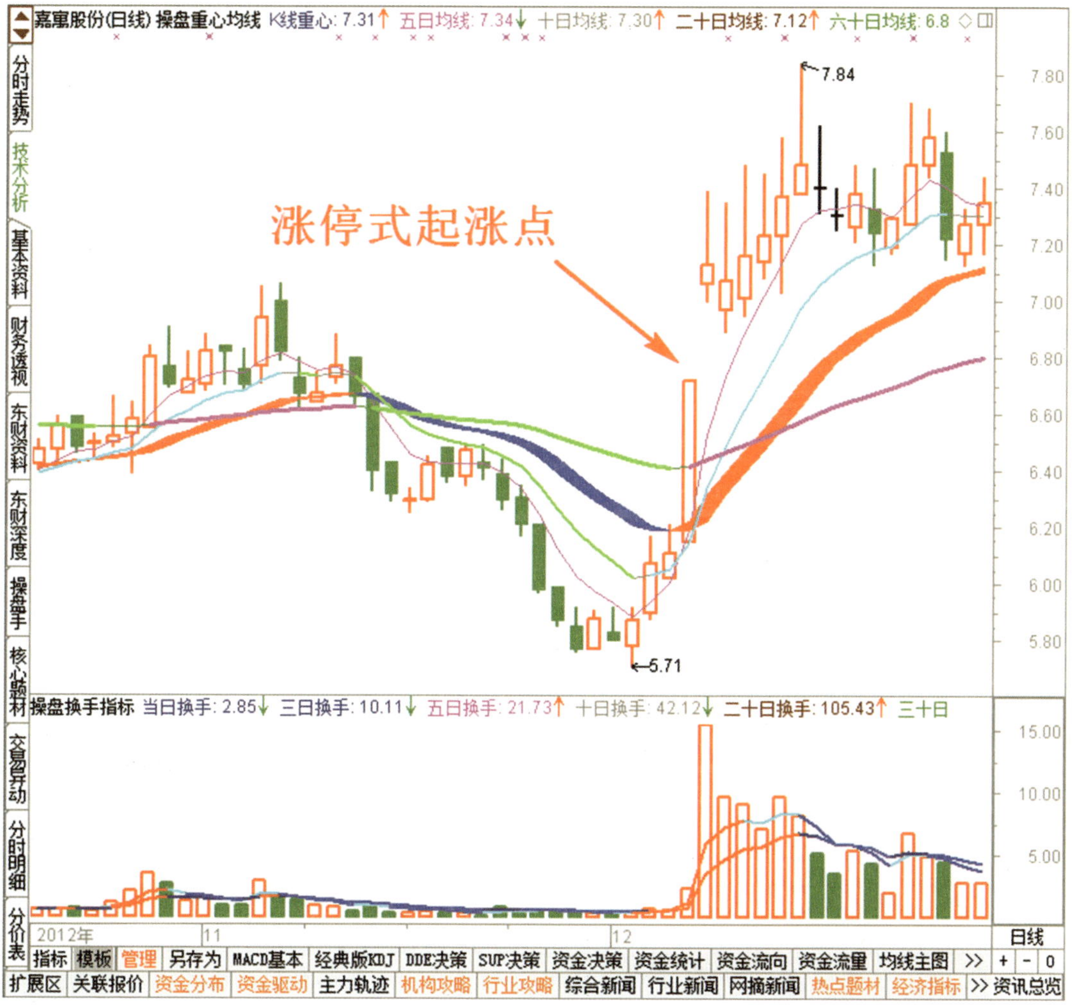

图例 177　涨停式起涨点

职业操盘手临盘实训要点：

（一）什么样的起涨点最值得参与呢？

（二）我的观点是所有的起涨点都尽量不要放过。

（三）尤其是股价下跌之后，在空间位置低位已经出现了均线金叉。

（四）这个金叉已经告诉大家主力早就做好准备了，你还犹豫什么呢？

（五）所以说，如果在低位出现金叉，典型的起涨点，就先买一仓。

【道破涨停天机】实战图谱 178

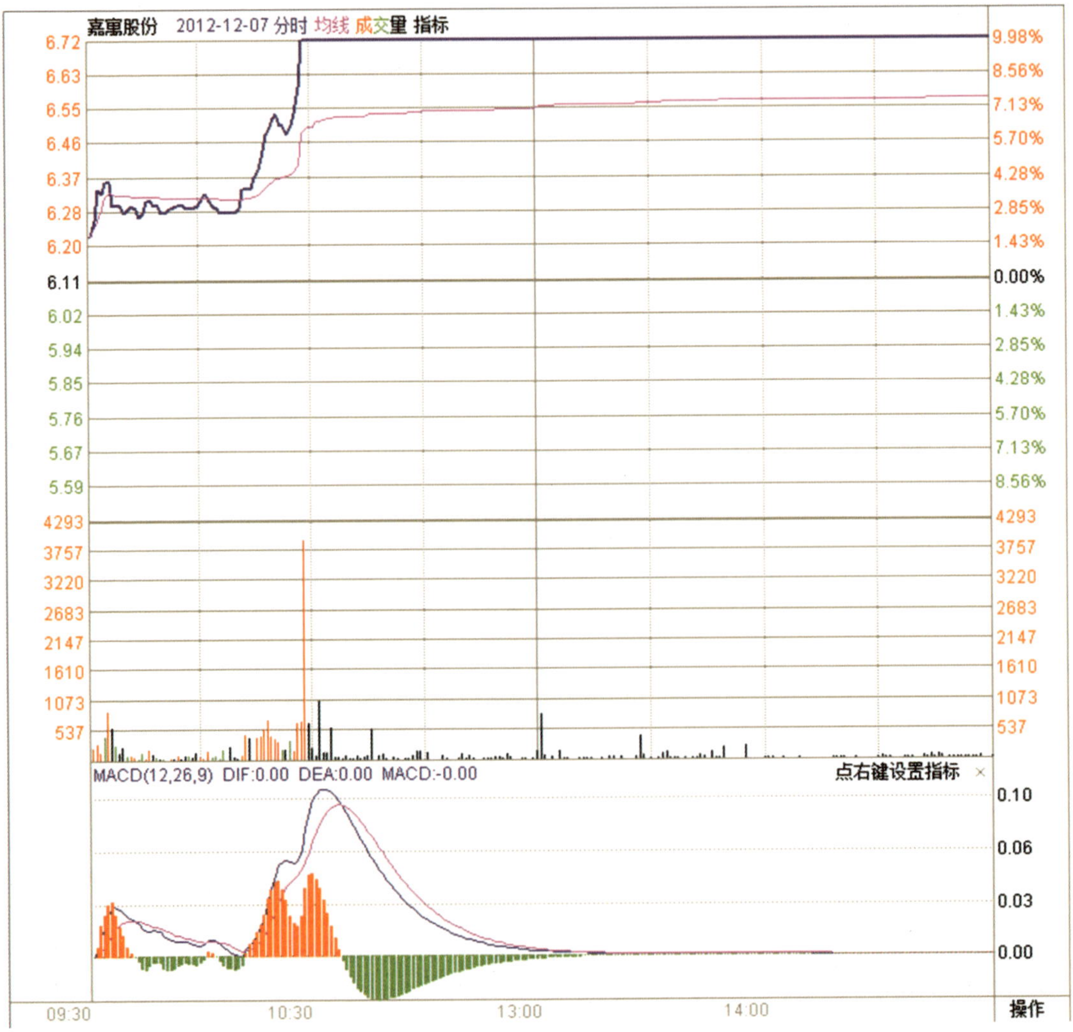

图例 178 涨停式起涨点

职业操盘手临盘实训要点：

（一）当然，这个买入不是随便的乱买。

（二）在买入的时候，要细细的看清楚。

（三）一是看当天的开盘方式，是高开还是低开。

（四）二是要开当天的波形结构，是攻击波还是冲击波。

（五）三是要看当天的量峰结构，是攻击型量峰还是冲击型量峰。

【道破涨停天机】实战图谱 179

图例 179　涨停式起涨点

职业操盘手临盘实训要点：

（一）在判断涨停型起涨点的时候，还要结合股价的运作阶段来分析。

（二）首先我们要知道股价运作是分阶段性的，各个阶段主力的操盘手法不同。

（三）图例 179 是属于波段式拉升的第二阶段，属于大波段的起点。

（四）这时候，我们要根据主力的操盘特点，狠下决心，大仓位搏杀。

（五）因为这个位置是主力的死穴，它非拉不可，就要吃定它。

【道破涨停天机】实战图谱 180

图例 180 涨停式起涨点

职业操盘手临盘实训要点：

（一）在具体的操作上，我们可以从盘口的走势上来分析主力的意图。

（二）从均线系统来看，可以看到已经形成了明显的多头排列。

（三）说明此时是主力蓄谋已久了的刻意追求的起涨临界点。

（四）这时候如果不拉升，那么前边的时间和花去的金钱就白费了。

（五）主力也有耗不起的时候，所以在这个关键技术点位上要敢于干。

【道破涨停天机】实战图谱 181

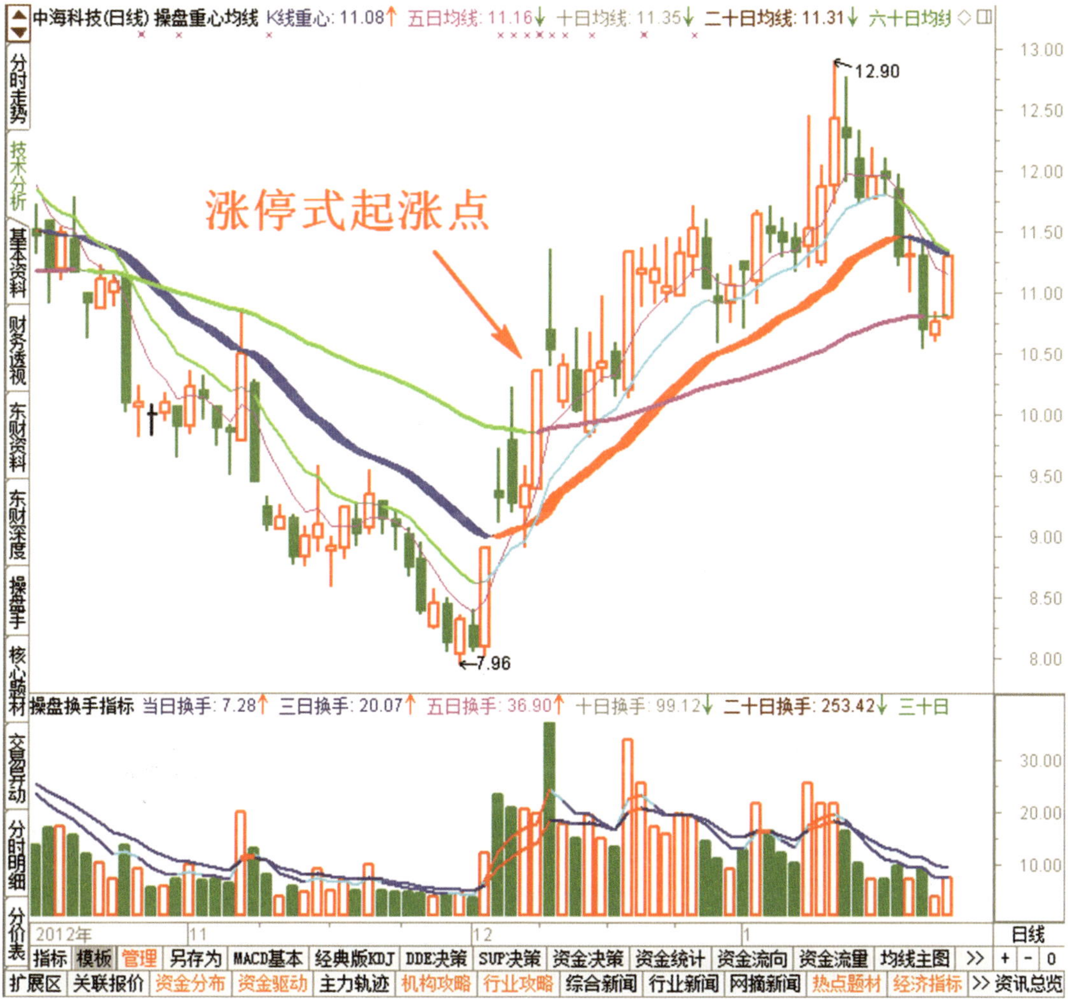

图例 181　涨停式起涨点

职业操盘手临盘实训要点：

（一）再看这个起涨点，很有意思。

（二）底部出现涨停大阳线之后，反复洗盘，用了 3 天。

（三）第四天，正好在攻击线的位置开盘，很能说明问题。

（四）说明主力前边狠狠地洗盘，其实就是为了狠狠地拉升。

（五）明白了主力的意图之后，此时操盘手就要重仓进场，狠狠地干。

【道破涨停天机】实战图谱 182

图例 182　涨停式起涨点

职业操盘手临盘实训要点：

（一）从盘口来看，主力的操作还是很符合技术要领的。

（二）先看均价线，屡次回试均价线，却没有被击穿。

（三）这说明主力每一次回试，其实都是有意的诱空。

（四）因此，操盘手临盘的时候，就在均价线附近买进。

（五）在即将涨停的瞬间，还可以加仓，扩大仓位。

【道破涨停天机】实战图谱 183

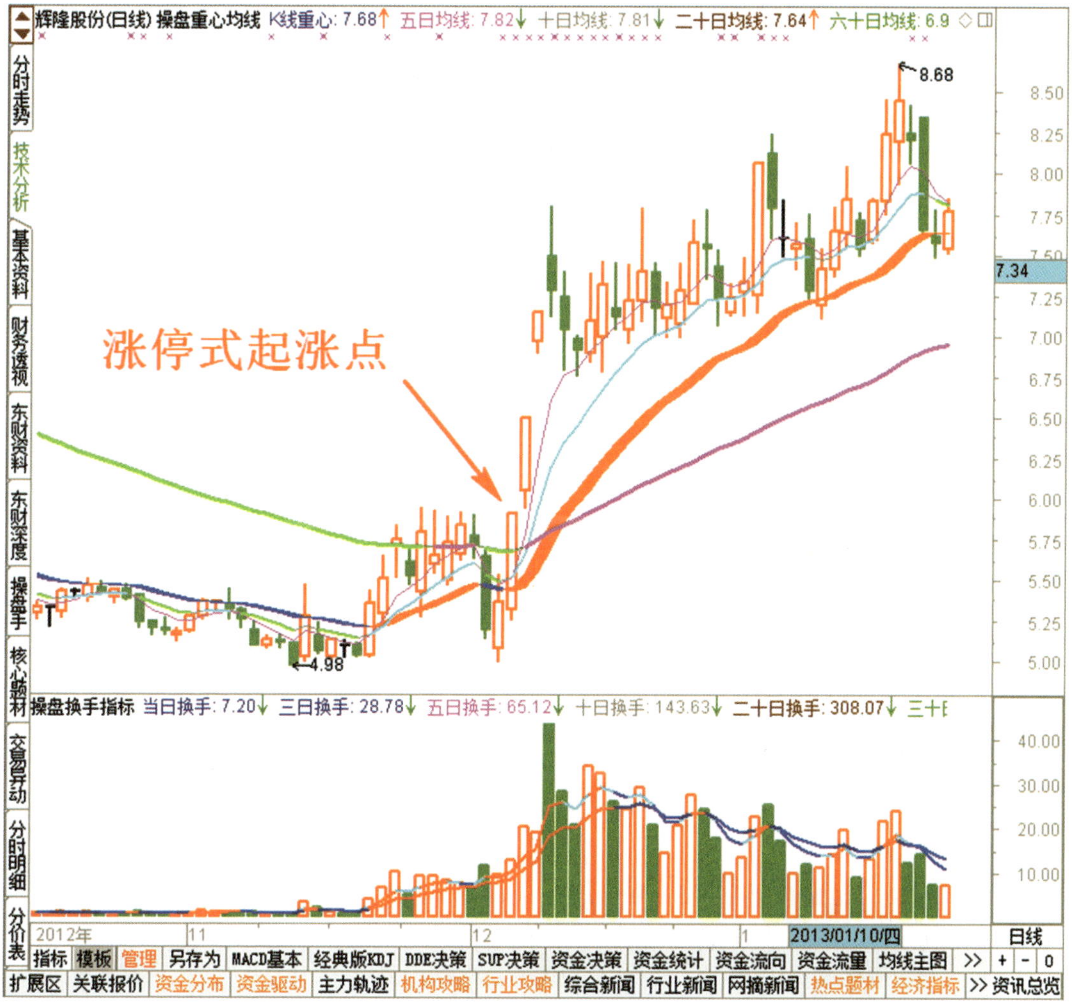

图例 183 涨停式起涨点

职业操盘手临盘实训要点：

（一）该股的日线走势图是很经典的，建仓的过程很清晰。

（二）因此，在一小波拉升之后，回落到关键技术点位，便是买点。

（三）这时候出现攻击性拉升，当天出现涨停型起涨点，强势特征明显。

（四）因此，早盘向上拉升，不断向上攻击的时候，逢低买进。

（五）这个位置，在任何回调的价位买进，都是符合技术要领的。

【道破涨停天机】实战图谱 184

图例 184　涨停式起涨点

职业操盘手临盘实训要点：

（一）从分时图走势来看，这是典型的震荡吸筹走势。

（二）经过前边的砸盘式洗盘之后，散户已经是惊弓之鸟。

（三）主力深谙这个群体的心理特征，因此不紧不慢，一步一摇拉升。

（四）这是典型的波段操盘庄家缓慢式建仓动作，滚动推升股价。

（五）因此，操盘手可以在盘中顺着均价线分批进场。

【道破涨停天机】实战图谱 185

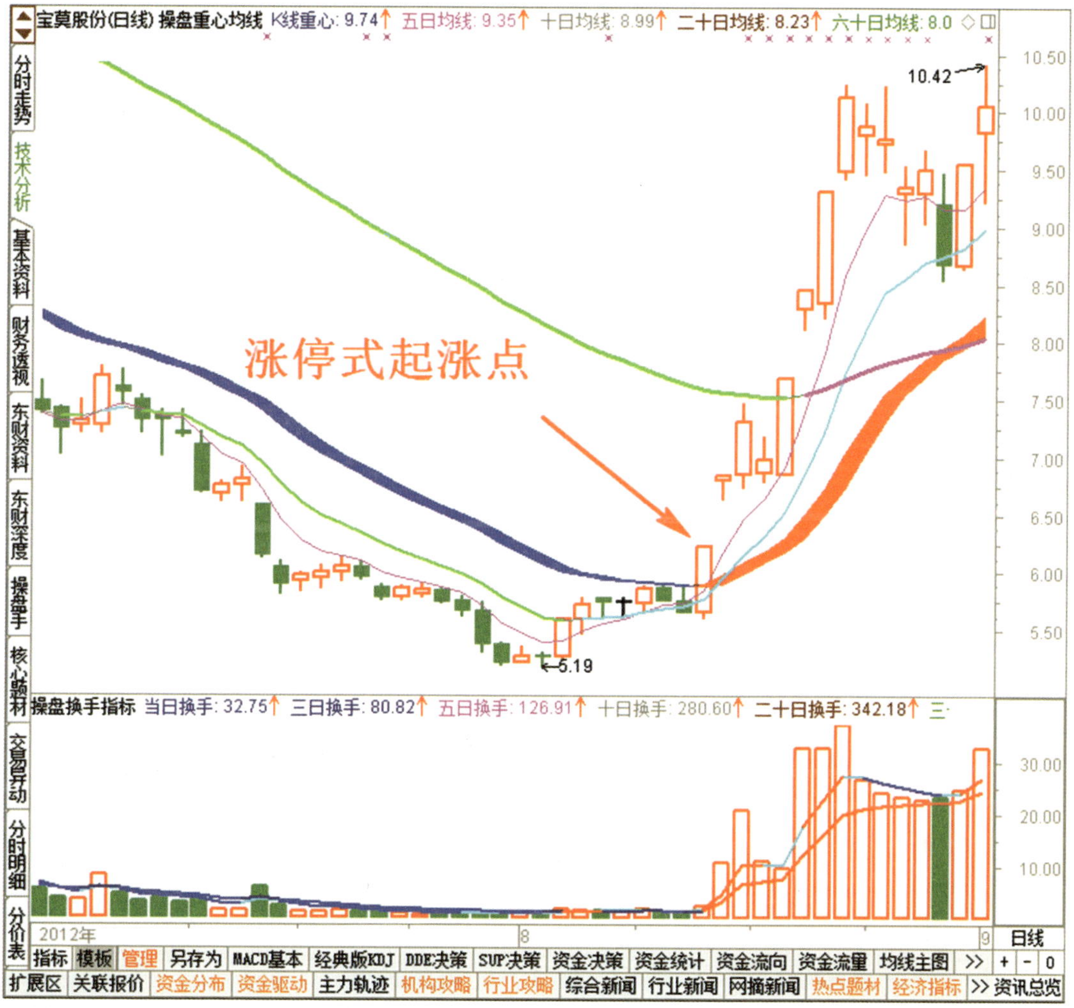

图例 185　涨停式起涨点

职业操盘手临盘实训要点：

（一）这是比较典型的空间位置低位起涨点。

（二）股价经过反复盘跌之后，在低位企稳，出现均线金叉。

（三）攻击线与操盘线低位金叉，并且穿越生命线，构成多头趋势。

（四）这是典型的低位反攻趋势，是多头发动行情的特征。

（五）这种起涨点一旦出现，就说明多头将发起攻击性拉升。

【道破涨停天机】实战图谱 186

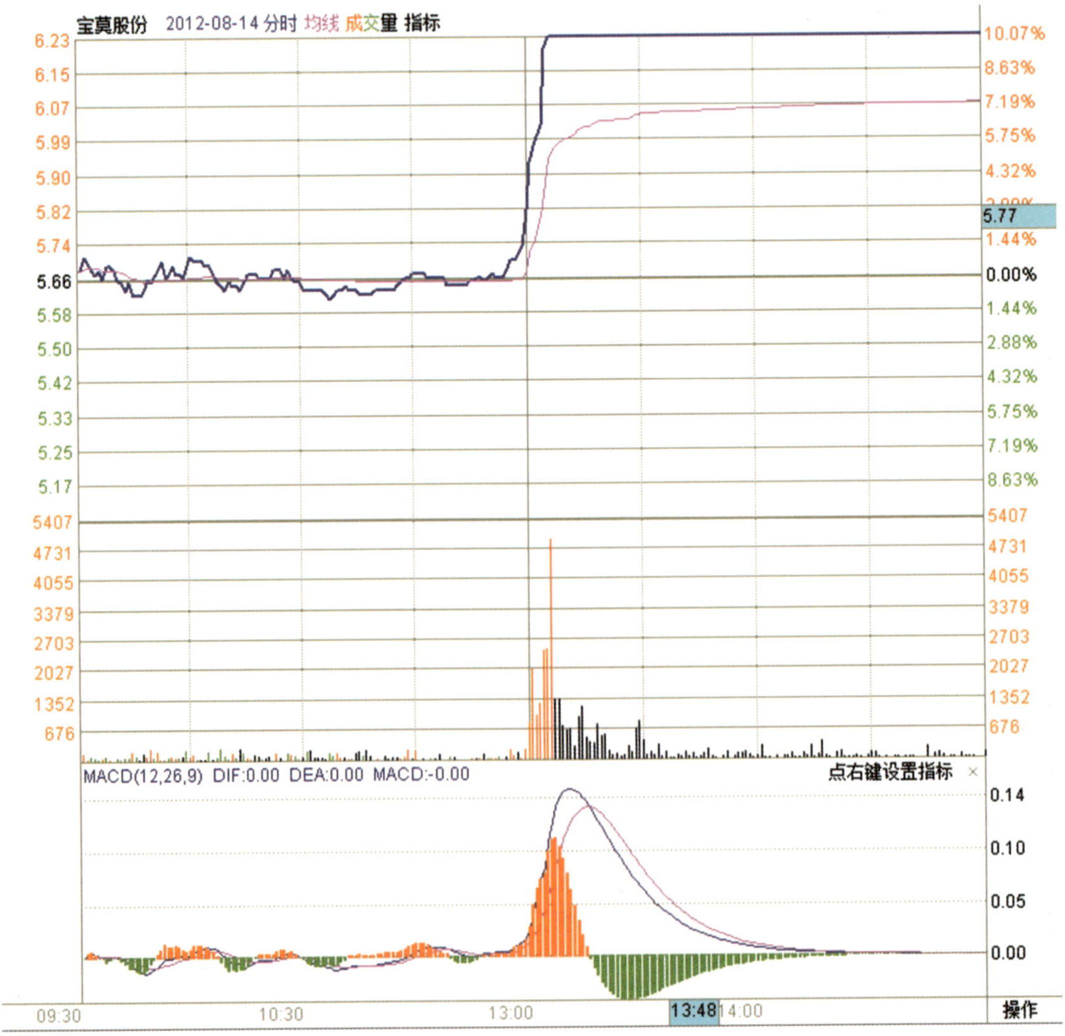

图例 186 涨停式起涨点

职业操盘手临盘实训要点：

（一）从盘口来看，这是比较典型的控盘特征。

（二）也就是说，在起涨点出现的时候，主力已经高度控盘。

（三）上午的走势一直比较平淡，冷清，这是刻意压制股价的结果。

（四）下午一开始就疾风暴雨式发起攻击，迅速涨停。

（五）这是出其不意的操盘手法。当天来不及进场的可能性很大，因为这是突然启动，很突然，来不及反应，因此，要在随后选择低点进场。

【道破涨停天机】实战图谱 187

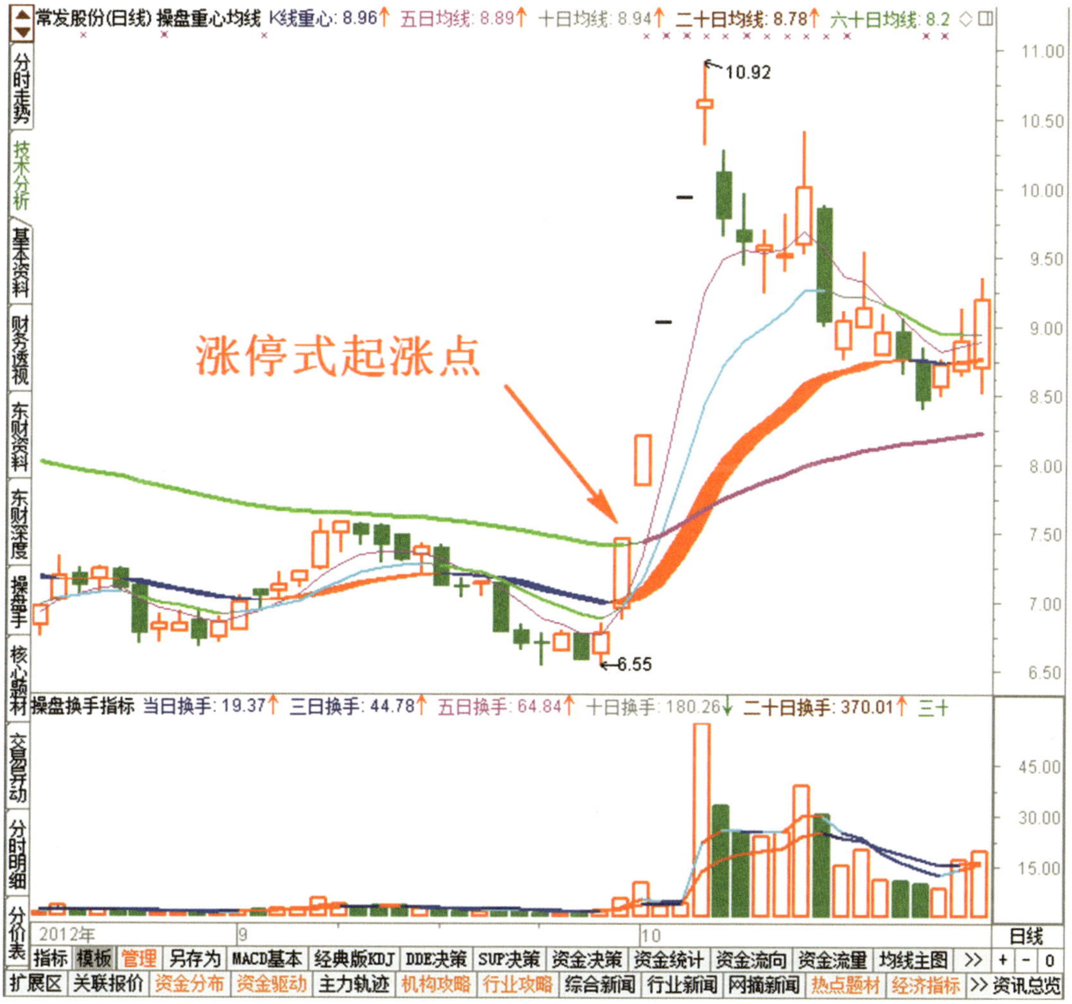

图例 187　涨停式起涨点

职业操盘手临盘实训要点：

（一）该股的走势也是比较突变式的起涨。

（二）这样的走势往往是受消息刺激，或者是游资炒作引发的。

（三）一般来说，这种还没有经过充分蓄势就出现的起涨点持续性差。

（四）行情的持续性不会很久，因此，如果当天来不及买进，可以在 3 天内进场，超过 3 天，就尽量不要进场了，因为风险比较大了。

（五）现在这种短炒式的起涨点很多，要谨慎参与。

【道破涨停天机】实战图谱 188

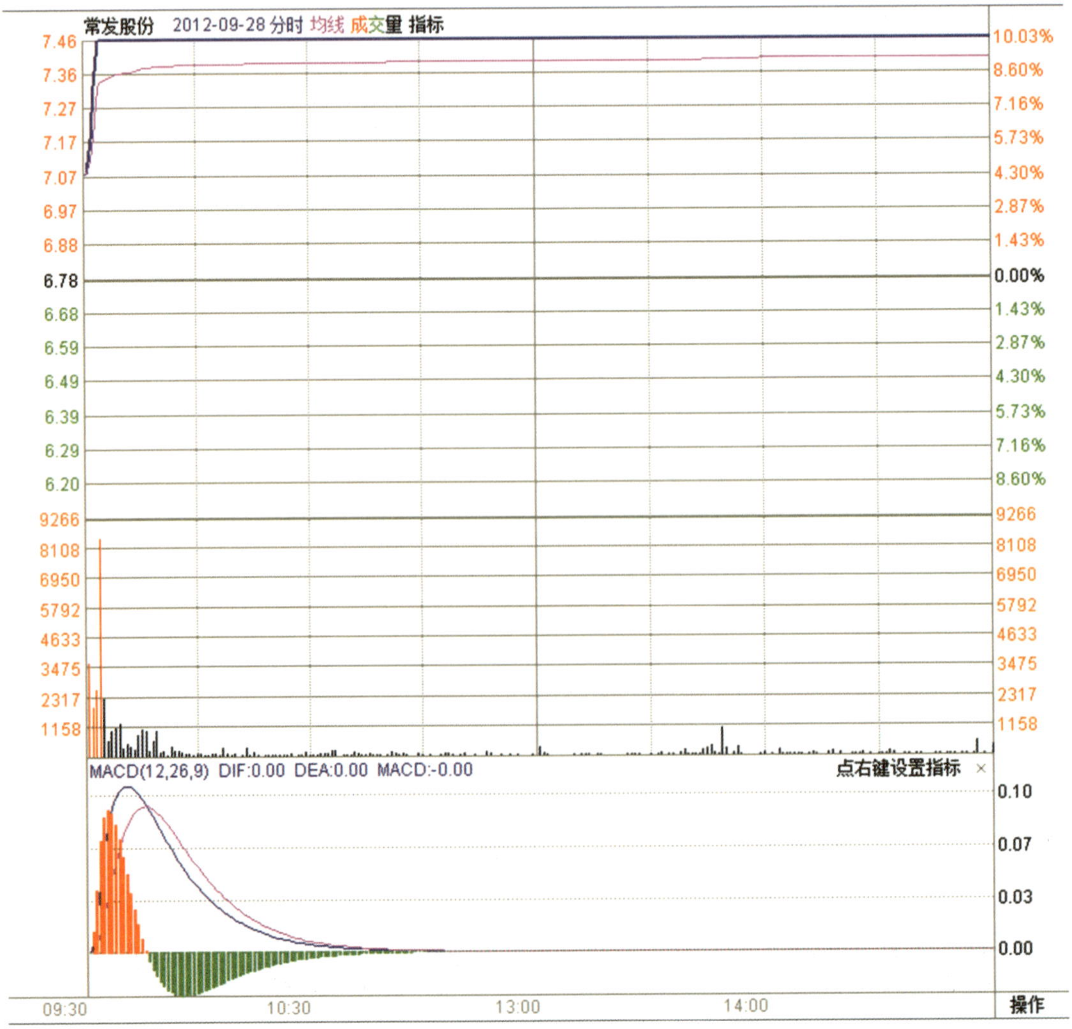

图例 188 涨停式起涨点

职业操盘手临盘实训要点：

（一）从盘口来看，竞合竞价阶段直接跳空高开。

（二）开盘之后，一波直拉，快速涨停。

（三）这样的走势很突兀，如果不是提前埋伏，基本上来不及买进的。

（四）如果次日出现可以买进的机会，可以积极进场，大胆操作。

（五）这种走势通常是短线主力凶狠的炒作，一旦放出大成交量，也就宣告炒作结束。因此，类似这样的起涨点，比较难以把握，需要谨慎对待。

【道破涨停天机】实战图谱 189

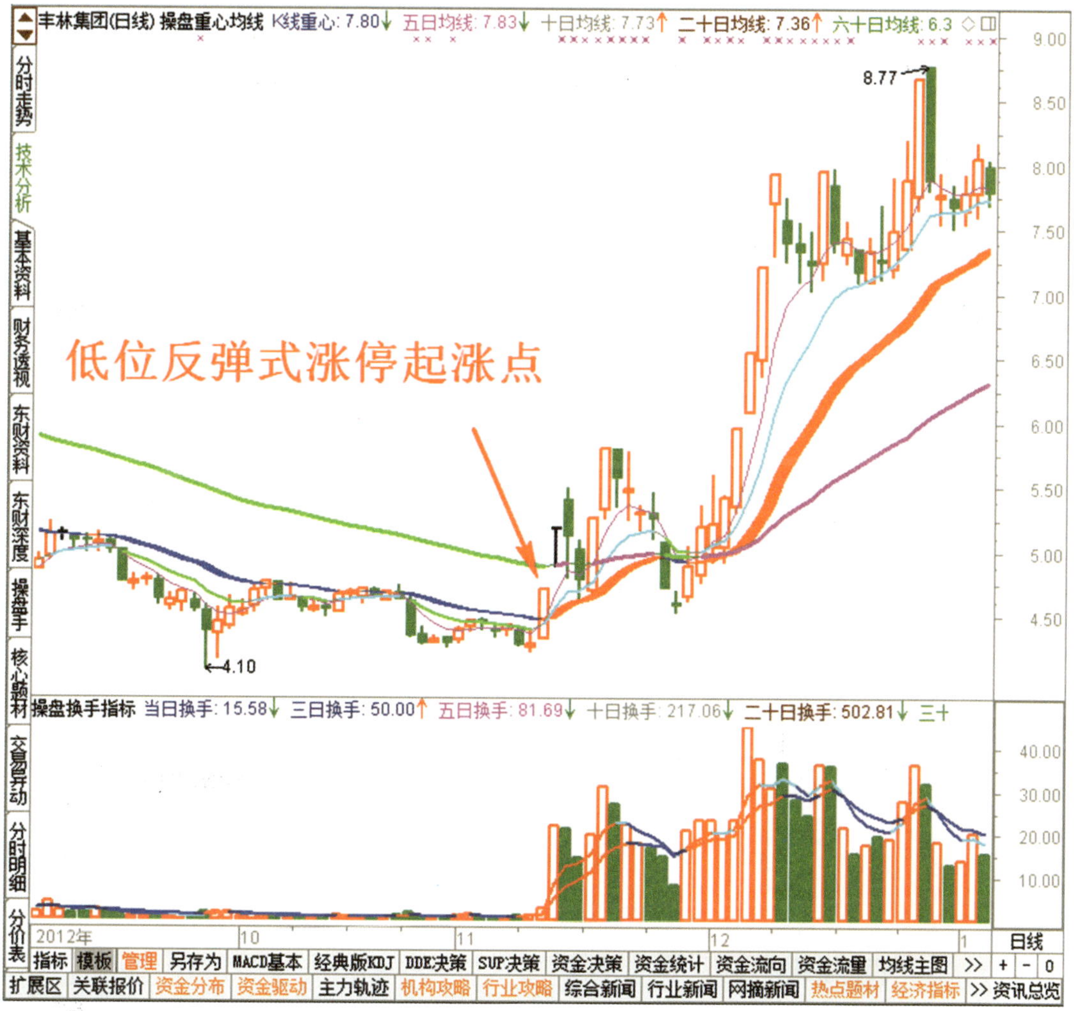

图例 189　涨停式起涨点

职业操盘手临盘实训要点：

（一）这是比较有计划的起涨点，在起涨之前，已经出现明显的止跌信号。

（二）因此，在操作上，可以比照前期低点，作为试探性建仓的依据。

（三）但是，如果不是长期跟踪分析，在实战中也很难在第一时间发现这样的机会。因此，为了提升操作绩效，操盘手每天复盘的时候，要把出现止跌信号的品种列出来，作为自选股，在次日开盘时重点观察，一旦异动，可以试探性进场。

（四）由于上方面临着决策线的压力，因此，仓位不宜过大。

（五）如果没有机场，也可以保持观望，静待股价回落之后再说。

【道破涨停天机】实战图谱 190

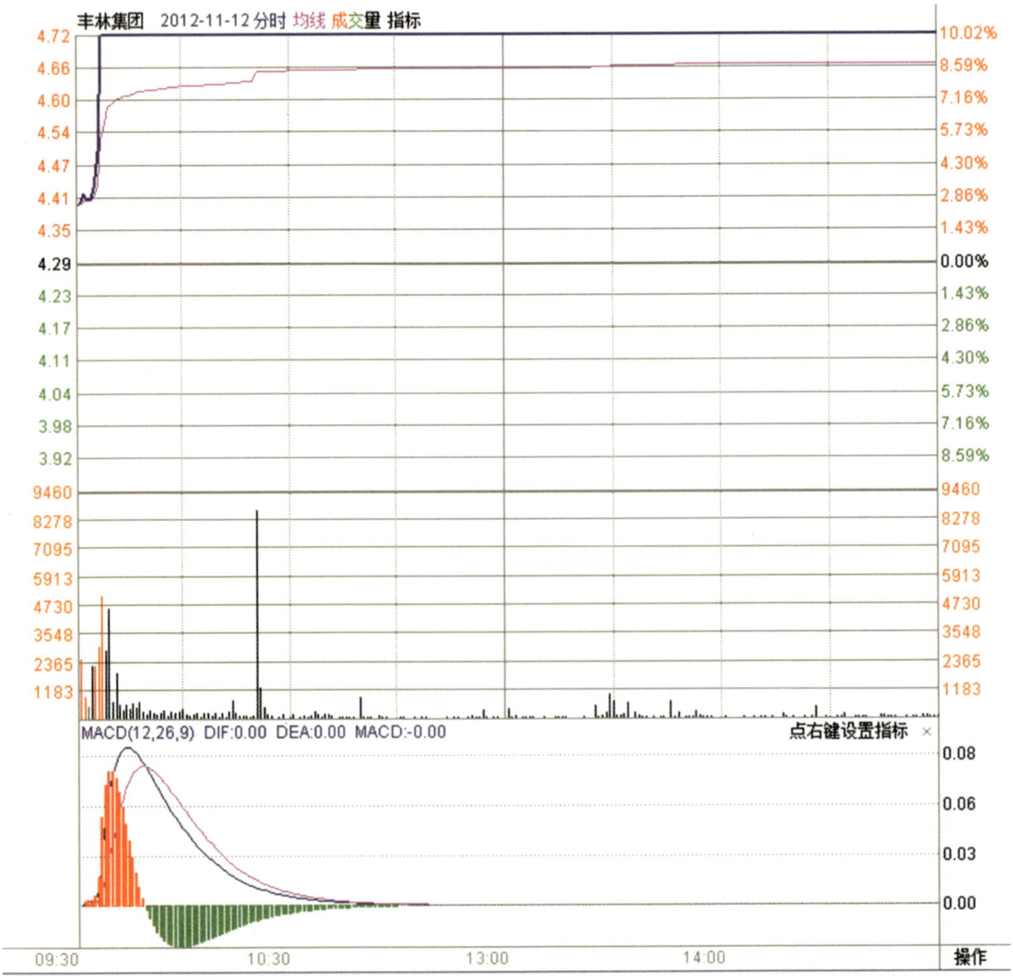

图例 190 涨停式起涨点

职业操盘手临盘实训要点：

（一）从盘口走势来分析，集合竞价的时候出现高开，说明多头开始出动。

（二）开盘之后，稍作停顿就发起攻击性拉升，一波就涨停了。

（三）这种急速的拉升往往来不及洗盘，会导致随后抛压比较大。

（四）这是操盘手必须解决的问题，因此，随后展开整理就是必须的。

（五）因此，对于未进场的投资者来说，不要心急，耐心等待机会。

第二节　涨停板腾飞点实战案例

【道破涨停天机】实战图谱 191

图例 191　涨停式腾飞点

职业操盘手临盘实训要点：

（一）涨停式的腾飞点属于非常凶悍的腾飞点。

（二）可以分为天梯式涨停腾飞点和跑道式涨停腾飞点。

（三）具体的内容可以参见《腾飞点》新编彩图版。

（四）不管是哪一种腾飞点，凡是以涨停的方式腾飞，都比较凶悍。

（五）因此，一旦出现这样的方式腾飞，就说明主升段到来了。

【道破涨停天机】实战图谱 192

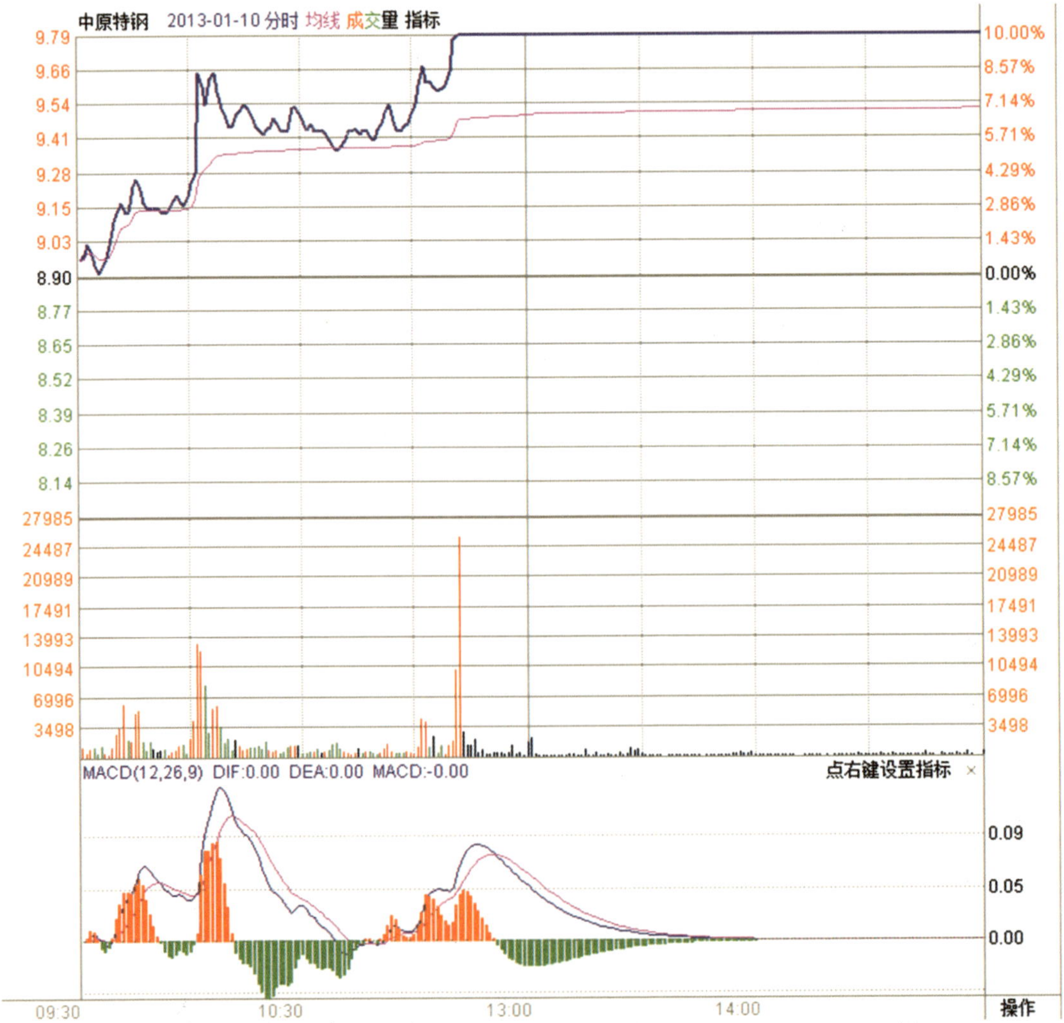

图例 192 涨停式腾飞点

职业操盘手临盘实训要点：

（一）涨停式腾飞点既是快速获取暴利的交易模型，也可能使陷阱。

（二）因此，在决定是否参与炒作的时候，要仔细观察盘口的走势。

（三）注意观察出现涨停的时间，是不是具有投机特征。

（四）注意观察涨停的波形，是不是具有明显的对敲特征。

（五）注意观察涨停的量峰，是不是带有可怕的诱多特征。

【道破涨停天机】实战图谱 193

图例 193　涨停式腾飞点

职业操盘手临盘实训要点：

（一）腾飞点在出现的时候，往往需要消化前期的压力位。

（二）因此，这种涨停就不是起涨点那样往往量能不大。

（三）凡是需要放量过平台的位置出现腾飞点走势，量能往往比较大。

（四）由于消耗比较多的动能，因此，腾飞之后，往往需要休整。

（五）在操作上，遇到这样的腾飞点，可以小仓位试探性买进。

【道破涨停天机】实战图谱 194

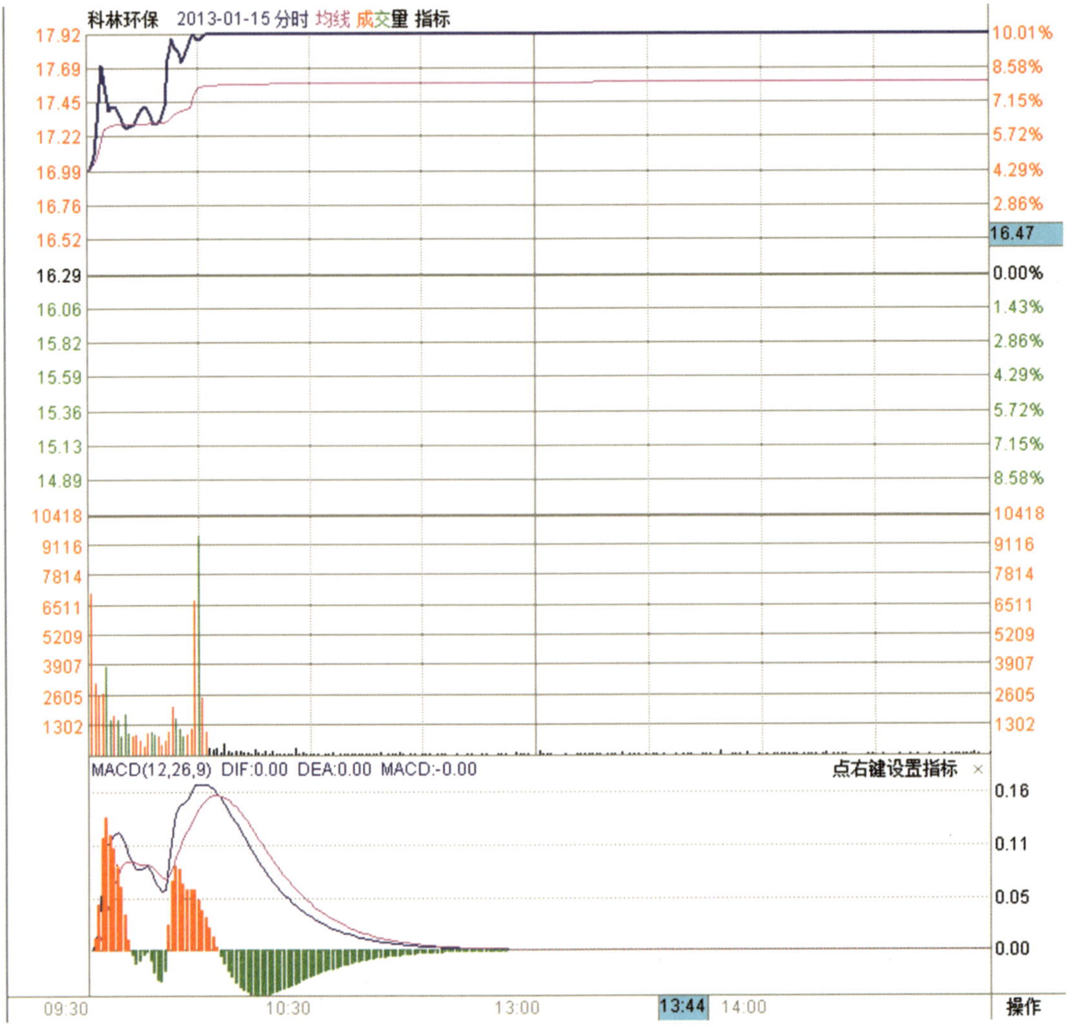

图例 194 涨停式腾飞点

职业操盘手临盘实训要点：

（一）从盘口走势来看，早盘高开，快速拉升的途中遭遇比较大的抛盘。

（二）此时可以观察均价线是否构成支撑，如果支撑成立，则进场。

（三）如果回落的时候是缩量的，可以在量峰萎缩的时候进场。

（四）如果均价线被击穿，则不要急于进场，耐心等待低点出现。

（五）由于面临前期的高点压力，因此当天的仓位不宜过大。

【道破涨停天机】实战图谱 195

图例 195 涨停式腾飞点

职业操盘手临盘实训要点：

（一）这种走势的腾飞点比较经典，在腾飞之前，出现了很经典的蓄势。

（二）在缓慢的爬升蓄势过程中，已经比较有效的消化了前期的压力。

（三）因此，当股价放量穿越决策线，出现腾飞时，压力已经不大。

（四）操盘手临盘实战的时候，可以把决策线被突破作为进场依据。

（五）如果成功突破决策线，就大仓位进场，否则就保持观望。

【道破涨停天机】实战图谱 196

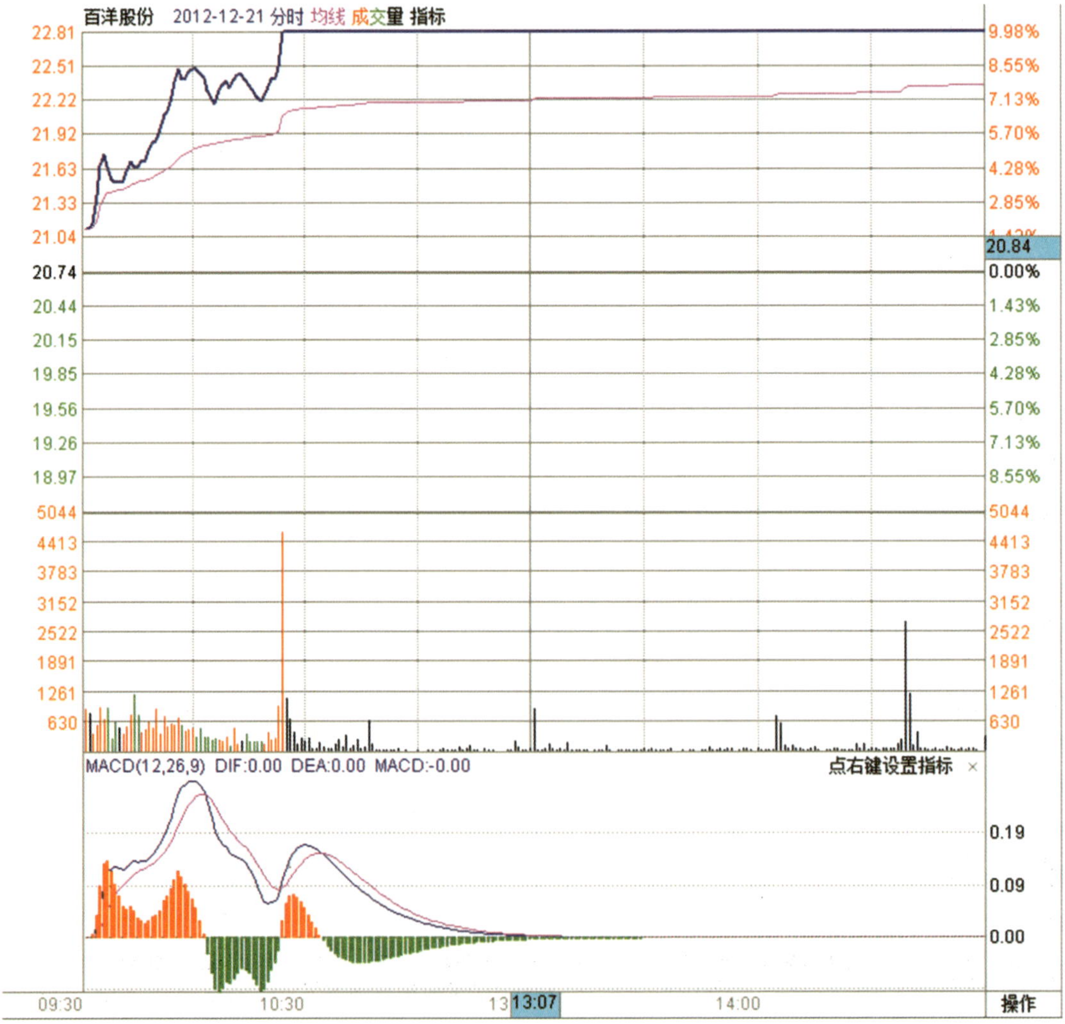

图例 196 涨停式腾飞点

职业操盘手临盘实训要点：

（一）临盘实战的时候，操盘手首先要判断当天操盘力度的强弱。

（二）判断的依据可以是当天的开盘价是否被击穿。

（三）也可以是当天的均价线是否被击穿，或者是前收盘价是否形成支撑。

（四）如果开盘价、均价线构成支撑，说明当天的拉升力度很强。

（五）这时候，就可以考虑在均价线附近选择低点进场。

【道破涨停天机】实战图谱 197

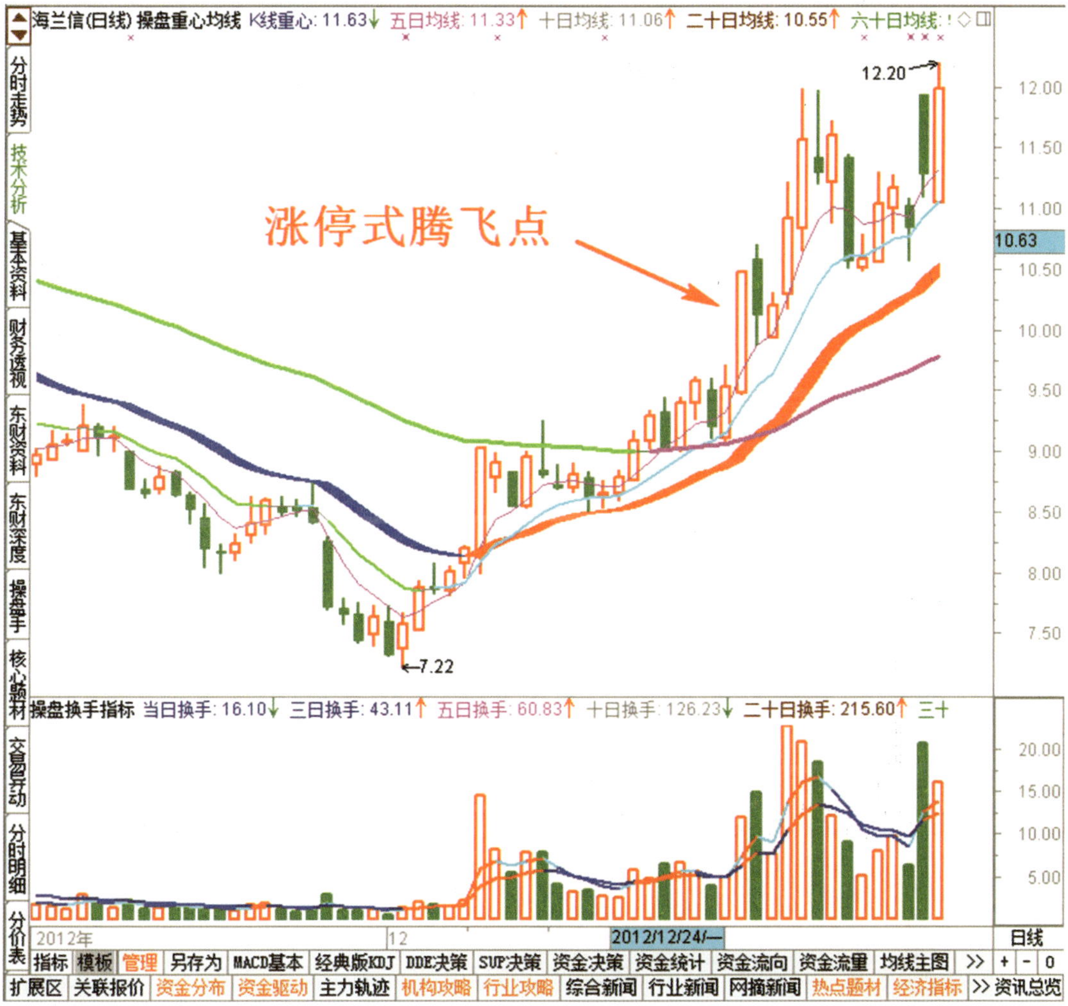

图例 197　涨停式腾飞点

职业操盘手临盘实训要点：

（一）这是比较强势的腾飞点，在出现腾飞点之前，均线已经多头排列。

（二）凡是决策线还没有被有效突破之前，是不可能出现腾飞点的。

（三）因此，当股价成功地站稳在决策线之上，出现腾飞点走势的时候，就要考虑积极进场，因为此时一旦穿越前期的整理平台，就有可能进入主升阶段。

（四）在操作上，可以把前期的整理平台作为观察基准。

（五）只有当整理平台被有效突破之后，才积极参与短线操作。

【道破涨停天机】实战图谱 198

图例 198　涨停式腾飞点

职业操盘手临盘实训要点：

（一）从盘的走势来看，今天的走势很微妙。

（二）早盘首先需要消化近期的压力位。

（三）因此，早盘放量拉升，出现很多抛盘，属于正常。

（四）这时候，不宜过早的介入，而要耐心观察突破是否成功。

（五）只有当突破成功之后，才可以大胆的进入，积极进场。

【道破涨停天机】实战图谱 199

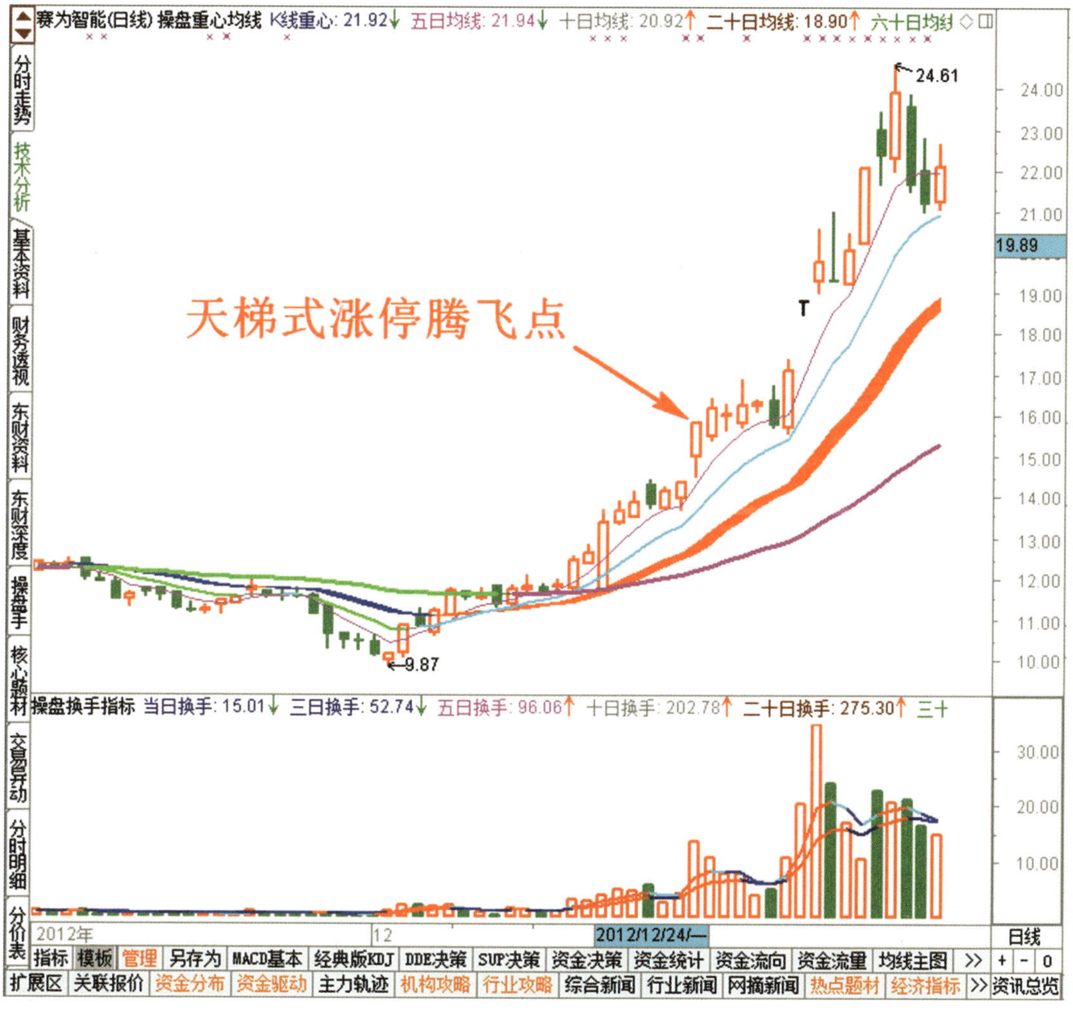

图例 199　涨停式腾飞点

职业操盘手临盘实训要点：

（一）这是比较常见的天梯式腾飞点，很经典的走势。

（二）这种走势比较有规律，是主力高度控盘的结果。

（三）这是主力有意培育市场，给市场刻画出一种规律。

（四）这是操纵的需要，是在为后期的出货打好铺垫。

（五）在操作上，第一次出现这样的走势时，可以积极参与。

【道破涨停天机】实战图谱 200

图例 200　涨停式腾飞点

职业操盘手临盘实训要点：

（一）从盘口的走势来看，主力的意图可以看得更加清楚。

（二）盘中围绕均价线反复震荡，上窜下跳，但最后拉升，涨停了。

（三）如此走势，反复演练几次之后，散户就会被麻痹了。

（四）散户一旦认为主力最终还是拉升的，就会大胆追高。

（五）一旦这样的思维定式出现了，主力的操纵目的就达到了。

熟读《金刚经》多年，自以为有所得。某日，偶遇一山中修炼的大师。

大师问我，什么是空？

我说，空即是有。

大师摇头微笑不语。

我说，空即是无。

大师仍然不说话。

我说，空，是眼睛看得到，或者看不到心里却感受得到，但又实际得不到的东西。

大师反问我，你没有得到吗？

我说，我得到了啊。

大师问我，你得到了什么？

我左思右想。我这一辈子确实得到不少，名利、财富、香车、宝马，人生病苦穷困幸福财气都一一享受了，这应该算是得到吧。但要具体说出来，却又没有重点。

大师看着我，半晌，再问，你得到了什么？

我突然一脸茫然。我实无所得。我之所得，实为空也。

大师大笑，你是没有所得啊。

我无语，汗如雨下。情急之下，不觉醒来，乃南柯一梦也。

《心经》有云：色即是空，空即是色。色是指什么，空又是指什么？或又云：是故空中无色，无受想行是，无苦集灭道，无智亦无得。

佛性空灵，可渡我娑婆凡心。

股市投资既要有大智慧，也要有小技巧。技术一道包含智慧与技巧，可谓不胜枚举。

一些读者朋友来信，说到学习的困惑，总是无所得，不名所以，经常出错，导致损失惨重。这也难怪，佛祖悟道，岂在一天两天，而贵在坚持矣。

学习是一件很严肃的事情。

有些人总是不会认真地处理这个事情，对所有技术都抱有批判的眼光与态度，这虽然可以看作是自己的独立性格，但于学习一道，却是犯了大忌。

殊不知，你不能对学习抱有敬畏心，就无从认真心，更别说要站在大师的角度来看待问题了。你的失败就是很正常的现象。

去寺院拜香。我用一个拜字，表明了敬畏心、认真心。

其实，你跪下，你拜的并不是佛祖，而是你自己。

心，供在那个台上，法相庄严，不由你不拜。